JN273121

人間理解のための心理学

中城 進 編著

北大路書房

まえがき

　私たちは，自身と接している他者の気持ちを知りたいという気持ちをもっています。「この人はいったい何を考えているのだろうか」「この人は，何を意図し，何を求めて私に近寄るのだろうか」「この人の発言の裏にある真意とは，いったい何なのであろうか」と，自分に近づいて来る人に対してその心を量ろうとします。異様な行動を示されたときには，その人の気持ちやその人の健康状態や攻撃心の有無を知りたいとも思います。自身が接近する場合でも，同様です。「この人は，接近する私をどのように思っているのだろうか」「どのようにして，自分の気持ちを伝えたらよいのだろうか」「この人にどのようにしたら好ましく思われるのだろうか」「どのようにこの人を説得できるのだろうか」とも考えます。しかし，私たちは，実際に相手の心を知ろうと試みてみると，人の心を探ることはなかなかに難しいものであることを思い知らされます。

　私たち執筆者も，若い頃に人の心を理解したいとの思いを抱き，心理学を探究する学徒となりました。心理学とは，人の心やその状態，様々な能力やその成長や発達，集団の中での人の心や行動を探究する学問です。人間を理解することは簡単そうに思えるのですが，実際に専門的な観点から人間理解に取り組んでみますと，それが大変困難であることを思い知らされます。「理解した」と一瞬は思えても，その後に「その理解は，本当に核心を突いているのか」という囁きの声が自身の背後から繰り返し襲ってきます。それでも，私たちは，膝を屈することなく，真実の解明に自身の生きる目的を見つけています。

　このたび私たちは，はじめて心理学を学ぶ人のために，心理学概論のテキストを作成しました。私たちは，先行する多くの探究者の心理学研究から学び，自身の足下を確かめ，基本的な事項を学び直すつもりで各領域において執筆を行いました。入門的なところで間違いなく書き，偏りなく，わかりやすく紹介することを心がけました。

　"人の心の神秘に触れたい"という初学者の気持ちに応えるその一歩として本書を作成いたしました。

2014年1月20日
執筆者代表　中城　進

目　次

まえがき　i
目　次　ii

第1章　心理学の歴史 …………………………………………………… 1

第1節　精神分析学を支える人びと　1
第2節　実験心理学を支える人びと　3
第3節　知能研究を支える人びと　4
第4節　性格心理学を支える人びと　6
第5節　発達心理学を支える人びと　6
　　1. 日誌形式の子どもの観察記録　6
　　2. 観察叙述から理論的解釈へと　8
　　3. 発達の初期経験　9
　　4. 母子関係　9
　　5. 青年心理学　10
　　6. 生涯発達　11
第6節　学習心理学を支える人びと　11
第7節　ゲシュタルト心理学を支える人びと　12
第8節　社会心理学を支える人びと　13
第9節　認知心理学を支える人びと　14
第10節　臨床心理学を支える人びと　15

第2章　心と脳 …………………………………………………………… 17

第1節　心のありか　17
第2節　脳の全体構造と神経細胞　18
　　1. 全体構造　18
　　2. 神経細胞とシナプスの構造　18
第3節　脳の構造と働き　21
　　1. 脳幹　21
　　2. 間脳　22
　　3. 大脳　23
第4節　脳の発達と変化　29
　　1. 脳の形成　29
　　2. 脳機能の発達　30
第5節　ミラー・ニューロンと共感　30
第6節　児童虐待と脳　31

第3章　親子関係 ………………………………………………………… 33

第1節　哺乳類としてのヒトの親子関係の特徴　33
　　1. 人間の発達の特殊性と可塑性　33
　　2. 授乳による母子関係の成立　34

第2節　胎生期の親子関係　36
　　1. 胎児の発育と母体からの影響　36
　　2. 親という意識の芽生えと育ち　37
第3節　新生児期の親子関係　40
　　1. 新生児期特有の親子関係　40
　　2. 親子関係に影響を与える要因　43
第4節　子どもの成長と親子関係の変化　46
　　1. 第一反抗期　46
　　2. 第二反抗期　47

第4章　発　　達 … 49

第1節　発達の定義　49
第2節　胎児期の発達　49
　　1. 卵体期　49
　　2. 胎芽期　50
　　3. 胎児期　50
第3節　新生児期　51
　　1. 初期体験　51
　　2. 新生児の身体的特徴　52
　　3. 運動・知覚の発達　52
　　4. 対人関係　53
　　5. 性格の個人差　54
第4節　乳児期・幼児期　55
　　1. ライフサイクルから見た発達の課題　55
　　2. 身体・運動の発達　56
　　3. 認知の発達　57
　　4. 言語の発達　61
　　5. 社会性の発達　62
　　6. 感情と自己意識の発達　63
第5節　児童期　64
　　1. ライフサイクルから見た発達の課題　65
　　2. 身体・運動の発達　65
　　3. 認知の発達　65
　　4. 言語の発達　66
　　5. 社会性の発達　66
第6節　青年期　67
　　1. 身体の発達　67
　　2. 認知の発達　67
　　3. ライフサイクルから見た発達の課題　68
第7節　成人期　69
　　1. 身体の発達　69
　　2. ライフサイクルから見た発達の課題　69
第8節　老年期　70
　　1. 身体の発達　70
　　2. 認知の発達　70
　　3. ライフサイクルから見た発達の課題　71
　　4. 喪失体験とサクセスフル・エイジング　72

第5章　感覚・知覚 …………………………………………… 73

- 第1節　感覚と知覚の関係　73
- 第2節　感　　覚　74
  1. 感覚の種類　74
  2. 感受性の限界　75
  3. 時間による感覚の変化　76
  4. 感覚の相互作用　77
- 第3節　知　　覚　78
  1. 知覚の性質　78
  2. 知覚と物理的客観的世界とのずれ　81

第6章　動機づけと情動 ……………………………………… 89

- 第1節　動機づけ　89
  1. 人の行動をどう理解するか　89
  2. 動機の種類　90
  3. 動機の階層性　94
  4. 内発的動機づけ・外発的動機づけ　95
- 第2節　欲求が充足されない状況　96
  1. フラストレーション　96
  2. 葛藤　97
- 第3節　情　　動　99
  1. 情動とは何か　99
  2. 情動生起のメカニズム　102

第7章　知　　能 ……………………………………………… 105

- 第1節　知能とは　105
  1. 知能をどう考えるか　105
  2. 知能の構造　106
- 第2節　知能の発達　108
  1. 知能の発達変化　108
  2. 遺伝と環境　110
- 第3節　知能検査　111
  1. 知能検査の歴史的変遷　111
  2. 代表的な知能検査　112
- 第4節　創造性　113

第8章　学　　習 ……………………………………………… 115

- 第1節　学習とは何か　115
  1. 生得的行動と獲得性行動　115
  2. 学習の定義　115
  3. 連合理論と認知理論　116
- 第2節　連合理論　116
  1. パブロフの古典的条件づけ　116
  2. ソーンダイクの試行錯誤学習説　120
  3. スキナーの道具的条件づけ　121

第3節　認知理論　125
　　1．トールマンの潜在学習説　125
　　2．ケーラーの洞察学習説　125
　　3．バンデューラのモデリング　125
第4節　学習における諸現象　127
　　1．集中練習と分散練習　127
　　2．全習法と分習法　128
　　3．学習曲線と高原現象　128
　　4．学習の転移　128
　　5．過剰学習　128

第9章　記　　憶　……………………………………………………… 129

第1節　記憶とは　129
第2節　記憶の実験の始まり　129
第3節　記憶の測定法　130
第4節　記憶の分類　131
　　1．記憶の分類　131
　　2．感覚記憶　132
　　3．短期記憶　132
　　4．長期記憶　133
第5節　記憶のシステム　135
　　1．維持リハーサル　135
　　2．精緻化リハーサル　136
第6節　記憶の方略　136
　　1．言語的ラベリング　136
　　2．リハーサル　136
　　3．精緻化　137
　　4．体制化　137
　　5．処理水準　137
　　6．生成効果　137
第7節　想起の現象と忘却の理論　138
　　1．エビングハウスの忘却曲線　138
　　2．レミニセンス　138
　　3．系列位置効果　139
　　4．プライミング効果　141
　　5．忘却の理論　142
第8節　日常生活における記憶　143
　　1．自伝的記憶　144
　　2．フラッシュバルブ記憶　144
　　3．展望的記憶　144

第10章　性　　格　……………………………………………………… 145

第1節　性格とは　145
　　1．性格とパーソナリティ　145
　　2．性格の構造　146
　　3．性格の一貫性　147
第2節　性格のとらえ方　147

v

         1. 類型論　148
         2. 特性論　150
    第3節　性格測定の方法　152
         1. 観察法と面接法　152
         2. テスト法　153
         3. テスト・バッテリー　155
    第4節　発達過程における性格の形成　155
         1. 性格の形成に影響する遺伝の要因　156
         2. 気質の影響　156
         3. 児童期までの性格の形成　157

第11章　適応とストレス　……………………………………………… 163

    第1節　適　応　163
         1. 適応の概念　163
         2. 生理的適応と心理－社会的適応　163
         3. 外的適応と内的適応　164
         4. 適応機制　164
    第2節　ストレス　164
         1. ストレスと適応　164
         2. ストレッサーの種類　167
         3. 認知的評価とコーピング　168
    第3節　ストレスと不適応　171
         1. ストレスと心身症　171
         2. ストレス障害　174
    第4節　ストレス・マネジメント　175
    第5節　適応的な生き方　177

第12章　発達障害　……………………………………………………… 179

    第1節　発達障害とは　179
    第2節　知的障害　179
         1. 知的障害の定義　179
         2. 知的障害と適応的障害　180
         3. 知的障害の分類　181
         4. 知的障害の要因　181
         5. 知的障害の対応　181
    第3節　学習障害　183
         1. 学習障害の定義　183
         2. 学習障害の症状　183
         3. 学習障害の要因　184
         4. 学習障害への支援　185
    第4節　注意欠如多動性障害　186
         1. 注意欠如多動性障害の定義　186
         2. 注意欠如多動性障害（ADHD）の症状　186
         3. 注意欠陥多動性障害（ADHD）の要因　188
         4. 注意欠如多動性障害（ADHD）への支援　189
    第5節　自閉スペクトラム症／自閉症スペクトラム障害　189
         1. 自閉症スペクトラムとは　189

         2. 自閉症スペクトラム障害の定義　190
         3. 自閉症スペクトラム障害の症状　191
         4. 自閉性スペクトラム障害の要因　193
         5. 自閉症スペクトラム障害への支援　194

第 13 章　精神障害と心理的支援（心理療法） ………………………… 197
    第 1 節　精神障害　197
         1. 精神障害の概念　197
         2. 統合失調症　198
         3. うつ病（抑うつ性障害）　199
         4. 双極性障害　201
         5. パーソナリティ（人格）障害　202
         6. 摂食障害　204
         7. 嗜癖　205
         8. 強迫性障害　207
    第 2 節　心理的支援（心理療法）　208
         1. 精神分析・精神分析的療法　208
         2. 来談者中心療法　209
         3. 認知行動療法　211

第 14 章　個人と集団 …………………………………………………… 215
    第 1 節　対人認知　215
         1. 印象形成　215
         2. 対人魅力　218
    第 2 節　社会的影響　222
         1. 社会的促進と社会的抑制　222
         2. 傍観者効果　222
         3. 説得的コミュニケーションと態度変容　223
    第 3 節　集　　団　224
         1. 集団の特性　224
         2. 集団の種類　226
         3. リーダーシップ　227

引用文献　231
人名索引　249
事項索引　252

第 1 章　心理学の歴史

　心理学という学問は，いつ，どのようにして誕生してきたのであろうか。実験心理学を支持する人びとは心理学実験室を「心理学」の誕生と理解している。確かに，実験心理学は心理学実験室の設置をもって誕生したと言えるであろう。しかし，心理学は，実験心理学に限られるわけではなく，様々な領域の諸々の学派の心理学がある。それらの流れを理解すると，実験心理学の登場をもって心理学の誕生とは言い切れるものではない。この章では心理学の歴史を概観する。

● 第 1 節　精神分析学を支える人びと

　医師メスメル（Mesmer, F. A., 1734-1815）は，『人体に及ぼす遊星の影響』（1766）において，宇宙に満ちている磁気の絶えざる流れの働きの下にあって，人間の内部での磁気的な液体の調和と均衡を保つことで健康を保てるし，それらが保てない場合には様々な病気を引き起こすことになる，と考えた。メスメルは，このような考え方に基づいて，パリでヒステリーなどの病気を対象として動物磁気（animal magnetism）を使う治療を行った。メスメルは，患者に接触することによって，メスメルの動物磁気がメスメルから患者に伝わり，あるいは患者の身体から余分な動物磁気を外へと流させることをして，患者の内部の動物磁気の調和と均衡とを保つという治療を行った（Mesmer, 1779）。1784 年，フランスの科学アカデミーは，メスメルの治療行為に対する特別委員会を開いて，動物磁気説なるものを検討した。委員たちは，メスメルの動物磁気説を否定したのだが，メスメルの暗示の効果については着目した。メスメルの治療法は，治療に暗示の効果を役立てたことを評価すれば，催眠治療の始まりにあたるであろう。

　英国のマンチェスターの外科医のブレイド（Braid, J., 1795-1860）は，『神経催眠学』（1843）を発表し，メスメル主義の磁気現象は，磁気液体とは何も関係がなく，神経性睡眠であるとした。ブレイドは，それを「催眠術（hypnotism）」と命名した。ブレイドは，催眠をかける際に，患者の視線を輝く物体に集中させるという方法を採

第1章 —— 心理学の歴史

用した。

　フランスの哲学者・心理学者のリボー（Ribot, T. A., 1839-1916）は，『理性の心理学』（1886）で，催眠による実験研究を著した。リボーは，催眠をかける際には，睡眠時にみられる兆候（「まぶたが重くなってきた」などの兆候）を患者に向かって穏やかな口調で何度も繰り返し伝えた。そして，催眠を起こす要因は，動物磁気などという身体的な作用ではなくて，言語的暗示の力によるものであると主張した。言語的暗示によって「眠る」という観念が患者の心に浸透していき，その観念が定着することで催眠状態となる，とリボーは考えたのであった。

　ナンシー大学医学部教授のベルネーム（Bernheim, H., 1840-1919）は，『催眠状態また覚醒における暗示について』（1884），『暗示的治療：催眠術の本質と効用についての一論文』（1890），『催眠術，暗示，精神療法：最近の研究』（1891）を出版し，催眠を，ヒステリーと関係あるものとして見ずに，他者に影響を及ぼす暗示と関係が深いものとして理解した。また，ベルネームは，覚醒状態における暗示でも，催眠状態における暗示と同様の効果がある，と主張した。

　シャルコー（Charcot, J. M., 1825-93）は，1878年に催眠術の研究を志し，1882年にはサルペトリエール病院に設けられた神経症クリニックの講座を担当した。シャルコーは，ヒステリー患者を催眠療法で治療し，ヒステリー麻痺の原因を心的外傷に求めた（Charcot, 1885, 1887）。

　リボーの弟子のピエール・ジャネ（Janet, P., 1859-1947）は，心理的要因の優位性を認めた。ジャネは，「下意識（subconscience）」という用語を使用し，心理的要因としての下意識の役割の重要性を説いた。ジャネは，心理的緊張の概念と心理機能の層構造の関連を考えた。ジャネは，神経症や精神病では，高度の緊張を必要とする機能が侵されるが，他方，より低次層の自動的な機能は下意識の領域で存続していると考えた（Janet, 1889）。

　シグムント・フロイト（Freud, S., 1856-1939）は，神経症の治療のために人間の深層の心理の研究を重ねて，精神分析学を体系化した。フロイトは，誕生とともに，人には欲求の主体・精神活動があって，生命とは欲求の充足にあると理解した。フロイトは，意識，前意識，無意識という層があって，人格は自我とイド（エス）と超自我という領域から構成されていると考えた（フロイト，2006 − 2012）。

　フロイトの弟子のアドラー（Adler, A., 1870-1937）は，オーストリアの精神科医であり，『器官劣等性の研究』（1907）において，劣等感をもって自身の弱点を把握し，その弱点の克服によって誰よりも強くなろうとする意志を「権力への意志」と呼んだ。そして，アドラーはその弱点の補償を目的として生きる人間の様態を追求した（Adler, 1907）。フロイトのもう一人の弟子のスイスの精神科医のユング（Jung, C. G., 1875-1961）は，分析心理学を創始し，「無意識」を「個人的無意識」と普遍的な「集合的無

意識」に分類し，深層心理学を探求した（Jung, 1935）。

● 第 2 節　実験心理学を支える人びと

　グリニッジ天文台の台長のマスクライン（Maskelyne, N., 1732-1811）は，24 歳の助手キンネブルグ（Kinnebrook, D.）の遅い観測報告を問題視して，彼を 1796 年の冬に罷免した。キンネブルグは，1795 年には 0.5 秒，また 1796 年には 0.8 秒も遅い観測報告を行っていたが，1816 年にこのことがドイツの天文学雑誌に紹介された。その出来事に興味をひかれたドイツの天文学者のベッセル（Bessel, F. W., 1784–1846）は，自分の観測値と他の天文学者の観測値を比較し，観察においては個人誤差がみられることを確認し，個人誤差の修正のための方程式を提案した。これらの一連の出来事を契機にして，人間の反応時間が生理学者の関心の対象となった（Mollon & Perkins, 1996）。

　ドイツのライプチヒ大学の解剖学・生理学のウェーバー（Weber, E. H., 1795-1878）は，『触覚論』（1834）で，身体各部位の触空間閾の測定や重さの比較による弁別閾を発表した。ウェーバーの弟子のフェヒナー（Fechner, G. T., 1801-1887）は，『精神物理学提要』（1860）において，物質界の感覚器官の物理的刺激（光，音，重さなど）と，その刺激によって生じた精神界の感覚との間の関係性を論じた。フェヒナーは，このような関係性を証明するために精神物理学を体系化した。ヘルムホルツ（Helmholtz, H. L. F. von, 1821-1894）は，物理学や生理学を研究していたのだが，心理学における測定の可能性を示唆したウェーバーやフェヒナーの影響を受けて，色彩や視覚に関する『生理学的光学概論』（1856 - 66）を発表し，また聴覚の分野における神経生理学的な接近法を使用しての『音楽理論のための生理学的基礎としての音の感覚について』（1863）を著し，"知覚" や "感覚" の分野における実証的研究の基礎を構築した。

　1879 年に，このような生理学的な研究を基礎にして，ライプチヒ大学の哲学教授のヴント（Wundt, W., 1832-1920）は哲学部に実験心理学のための心理学研究室を創設し，また 1881 年に『哲学研究』誌を創刊した。ヴントは，生理学の方法を心理学に用いて研究し，『生理学的心理学綱要』（1873 - 74）や『心理学綱要』（1896）を出版している。しかし，ヴントは，哲学的態度を保持し続けており，『論理学』（1880 - 83），『倫理学』（1886），『哲学体系』（1889）などの著作を公表し続けた。ヴントの研究方法は，心と身体の二元論で構成されており，身体の研究方法としては生理学的な方法を採用し，心の研究方法としては個体の直接経験を内観という方法によりこれに接近するというものであった。さらに，ヴントのこの方法は，意識過程を「要素」に分解して，要素どうしの結合の具合を分析し，その法則性を明らかにしようと

するものであった。

ドイツのエビングハウス（Ebbinghaus, H., 1850-1909）は，感覚と知覚の領域の研究を越える実験方法を考案し，高次機能としての記憶に適用し，その成果を『記憶について』（1885）に著した。エビングハウスは，無意味綴りを実験材料とし，自分自身を被験者として，記憶した内容が時間経過とともに忘却される過程を研究した。横軸に時間，縦軸に保持量として，その過程を保持曲線として表した。その保持曲線では，最初の約60分間では急激に降下するのであるが，その後はなだらかな下降となる曲線を描いた。

● 第3節　知能研究を支える人びと

世界で最初の知能検査（intelligence test）は，フランスの心理学者のビネー（Binet, A., 1857-1911）と医師シモン（Simon, T., 1872-1961）によって開発された。1881年に，フランス政府は国民皆教育を決定し，1904年には，公教育省は，精神遅滞児のための教育制度を審議する委員会を設置して，普通学校からの知的障害児の選別を行うことにした。公教育省は，その選別の道具として，知能検査の作成をビネーに依頼したのであった。

1905年に，ビネーとシモンは『異常児の知能水準の診断のための新しい方法』（Binet & Simon, 1905）という知能検査を発表した。その知能検査は30の試問から構成された簡単な検査であった。その知能検査においては知能障害の測定に重点が置かれていた。1908年には，ビネーとシモンは，「発達が遅れている者」「発達がゆっくりしている者」「正常な者」「正常以上の者」という4段階に分類する方法を採用した『子どもにおける知能の発達』（Binet & Simon, 1908）を発表した。1911年には，ビネーとシモンは『就学児童における知能水準の測定に関しての新しい研究』（Binet, 1911）を公にした。ビネーの検査法と考え方は，数年を経ずして，ヨーロッパ，アメリカ，日本などの近代諸国に紹介された。

ドイツにおいては，ボーベルターク（Bobertag, O., 1879-1934）は『ビネー式知能検査（Binetarium）』（1911 - 12）を公表した。ドイツでは，ビネーの知能検査はBinetariumと呼ばれた。ドイツのシュテルン（Stern, W., 1871-1938）は知能の相対的な位置づけを精神年齢（mental age : MA）と暦年齢（chronological age : CA）の比で表す知能指数（Intelligence Quotient : I. Q.）で示すことを提案した（Stern, 1912）。

アメリカでは，ターマン（Terman, L. M., 1877-1956）がビネーたちの知能検査から「スタンフォード＝ビネー式知能検査」（1916）を作成し，またメリル（Merrill, M. A.）の協力のもとに『改訂版・スタンフォード＝ビネー知能検査』（1937）を発

表した。その後，「スタンフォード＝ビネー式知能検査」は1960年版（Terman & Merrill），1986年版（Thorndike, Hagen, & Sattler），2003年版（Roid）と改訂され続けている。ターマンは，シュテルンの考え方に基づいて，知能を表す方法として，精神年齢を暦年齢で割った値に対して百分比で表す知能指数を採用した。つまり，ターマンは，知能測定値を，精神年齢（MA）と暦年齢（CA）と知能指数（IQ）の関係としてとらえて，「IQ ＝ MA ÷ CA × 100」という式で表した。

イギリスでは，バート（Burt, C. L., 1883-1971）が，『ビネー検査による知能の測定』（1914a,b）や『心理的・学校的検査』（1922）でビネー式知能検査を紹介した。

日本においては，三宅鉱一（1876-1954）らが，『医学中央雑誌6巻1号～3号』（1908）でビネー式知能検査の1905年版を「智力測定法」という論文に掲載し，また『通俗病的児童心理講話』（1910）を刊行した。市川源三は，1908年版のビネー式知能検査に基づいて『知能測定及個性の観察』（1911）を著した。上野陽一（1883-1957）は，1922年に『教育学術界』誌上で1908年版と1911年版を紹介して解説を行った（中村・大川，2003）。日本で本格的にビネー式知能検査を標準化したのは，久保良英（1883-1942）であった。久保は児童研究所紀要の第1巻に「小學児童の智能査定の研究」（1918）を掲載した。鈴木治太郎（1875-1966）は，鈴木ビネー尺度の初版となる『実際的個別的智能測定法』（1930）を刊行した。田中寛一（1882-1962）は，1937年版のスタンフォード改定版をもとにして，『田中びねー式智能検査法』（1947）を出版した（中村・大川，2003）。

知能検査には，個別式知能検査と集団式知能検査がある。個別式知能検査には，『ビネー式知能検査』や『ウェクスラー式知能検査』などがある。ニューヨーク大学ベルヴュー病院に所属していたウェクスラー（Wechsler, D., 1896-1981）は，個別知能検査としてWBIS（Wechsler, 1939）を開発した。その後，ウェクスラーは，幼児や児童に適用するWISC（Wechsler, 1949），成人用のWAIS（Wechsler, 1955），就学前児童を対象としたWPPSI（Wechsler, 1967）を開発した。集団式知能検査は，第1次世界大戦の頃に，多数の兵士をその能力に応じて適性に配置する必要があったことからアメリカにおいて軍隊の再編成のために開発されることになった。ヤーキーズ（Yerkes, R. M., 1876-1956）たちは多数の兵士の能力を短時間で測定するために集団式の知能検査を開発した。それらの集団式知能検査は，言語検査の陸軍アルファ検査（Army Alpha Test）や非言語検査を特徴とする陸軍ベータ検査（Army Beta Test）であった（Yerkes, 1921）。このような集団式知能検査は，大量の兵士の能力を短時間で測定できるので，不適格者の排除や適性配置を可能とすることになった。

第1章 ── 心理学の歴史

● 第4節 性格心理学を支える人びと

　学問的な名称をもって性格なるものが議論されたのは，ドイツの哲学者バーンゼン（Bahnsen, J., 1830-81）による『性格学』（1867）が初めてである。しかし，性格についての論究は，古代まで遡ることができる。たとえば，アリストテレス（Aristotelēs, 384-322）の弟子テオプラストス（Theophrastus, 372-288 B.C.）は，古代ギリシャの諸々の人物を紀元前4世紀の後半期に『人さまざま』（319 B.C./テオプラトス，1982）で描いた。

　性格研究においても類型的な把握が様々に行われた。古くはガレヌス（Galenus, C., 129-199）の体液による気質の類型論があり，近代になってクレッチマー（Kretschmer, E., 1888-1964）の体型に注目した類型論（Kretschmer, 1921）や，了解心理学を提唱したディルタイ（Dilthey, W., 1833–1911）の世界観の類型と性格との間の関連の類型論や，シュプランガー（Spranger, E., 1882–1963）の内面化された価値観による類型論（Spranger, 1914）や，ユングの心的エネルギーとしてのリビドーの方向性として判断される「内向型」か「外向型」かの類型論などが登場した（中城，2006）。

　その後に，精神分析学や社会心理学や神経生理学などからの影響もあって様々な性格理論が提出された。性格を構成する因子に注目して，それらの因子を分析する方法を採用する性格特性という考え方が登場した。性格特性論では，人間は性格を構成する様々な因子を保有しており，各々の人間の性格の違いとはそれらの因子の量的な違いにある，と考える。オルポート（Allport, G. W., 1897-1967）は『パーソナリティ』（1937）や『パーソナリティの型と成長』（1961）を出版した。キャッテル（Cattell, R. B., 1905-98）は，『パーソナリティの記述と測定』（1946）や『パーソナリティ』（1950）を著して，性格研究に因子分析や階層的構造の観点を導入した。現在では，性格特性論は，5つの因子で統一する傾向を有するようになって，ビッグファイブ（Big Five）説として展開されている。

● 第5節 発達心理学を支える人びと

　人間の成長や発達に焦点を当てた研究は，現在では発達心理学という名称になっているが，以前には『児童心理学』という名称で呼ばれており，それ以前は『児童研究』と呼ばれていた。それ以前には，子どもの観察記録がある。

1．日誌形式の子どもの観察記録

　"人間自然の秩序を明らかにする"ということを目的とした一連の哲学的な研究の

後に，自身の息子や娘を対象として観察を念入りに行うという日誌形式の観察研究が登場してきた。それらの観察研究は，自身の子どもの行動を対象としての観察叙述であった。

ドイツの哲学者のティーデマン（Tiedemann, D., 1748-1803）は，自身の息子の身体的・知的発達に関して，出生時（1781）から2歳半までを規則的に観察し，また分析を行って，その観察記録を『ヘッセン州報』誌で公刊した（1787）。

哲学者テーヌ（Taine, H. A., 1828-93）は，ダーウィン（Darwin, C. R., 1809-82）の『種の起源』（1859）の影響下にあって，進化論の観点から自身の娘を対象として念入りな観察を行った。テーヌは，その観察を即座に記録し，個体発生と系統発生との類似性に注意しつつ子どもと動物の知的能力を比較し，「人類と児童における言語獲得についての覚書」（1876）にまとめて，『哲学評論』誌に報告した。テーヌのこの覚書は「子どもにおける言語獲得について」（1877）として『マインド』誌に翻訳された。

1859年に，ダーウィンは『種の起源』を発表した。この著作は，進化論の立場から系統発生と個体発生，適応，個体差，淘汰などの考え方で構成されており，それ以後の子どもの研究に対して強い影響を与えた。また彼は，テーヌの覚書に刺激を受けて，すでに自身の子どもの行動観察を37年前に行っていたとして，『マインド』誌に「一児童の伝記的素描」（1877）を発表した。

生理学者プライヤー（Preyer, W., 1841-97）は，ダーウィンの『種の起源』の影響のもとで，3年をかけて，"毎日，少なくとも朝，昼，夕の3回"（Reuchlin, 1957/1990, p.92）で自身の息子を綿密に観察して，『子どもの精神』（1882）を出版した。

ボールドウィン（Baldwin, J. M., 1861-1934）は，1888年に生まれた自身の娘の観察記録をまとめて，「右利き手・左利き手の起源」（1890）として『サイエンス』誌に掲載した。ビネーは，2人の娘に関しての観察記録を「幼児における長さと数の知覚」（1890）として『哲学評論』誌に掲載した。シン（Shinn, M. W., 1858-1940）は，幼い姪について綿密に観察を行い，姪の観察記録とプライヤーの著作での観察記録との比較を行って，「一児の発達に関する覚書」（1893 – 99）を大学の紀要論文として発表した。シンはこれらの論文を一つにまとめて『子どもの記録』（1900）として出版した。シュテルンは，妻とともに自身の3人の息子の言語活動に焦点を当てて，誕生から6年間かけて，毎日，日誌形式の観察を行った。シュテルンは，それをまとめて『子どもの言語』（Stern & Stern, 1907）として発表した。ギヨーム（Guillaume, P., 1878-1962）は，観察における客観性に考慮し，自身の息子や娘の観察を行って，『子どもの模倣』（1925）を発表した。

このように，自身の子どもを観察対象にして，日誌形式で観察記録を取るという研究が登場してきたが，このような観察記録の研究は，自身の子どもを対象とするために偏りが生じ，客観性の欠落が問題視されるようになった。そこで，子どもの観察者

第1章 —— 心理学の歴史

たちは，その後，観察記録の取り方に関して客観性を意識するようになった。

2. 観察叙述から理論的解釈へと

　子どもの観察研究の記録の叙述の後に，観察法や質問紙法などを使って個体の発達過程の平均像を把握するという方法を通して，人間の成長に関しての普遍的な法則を求めようとする研究が生まれてきた。

　スタンレイ・ホール（Hall, G. S., 1844-1924）は，ダーウィンの『種の起源』の強い影響下にあって，ダーウィンの弟子のヘッケル（Haeckel, E. H., 1834-1919）の『有機体の一般形態学』（1866）での"個体発生は系統発生を繰り返す"という反復説を支持した。ホールは，アメリカの就学期の多くの子どもたちに対して質問紙を用いた調査を行って，同一の暦年齢でもってその調査結果を整理し，子どもたちの平均的な成長・発達の姿を提示するという児童研究を行った。ホールは，このような手続きを行って，『新入学児の心的内容』（1883）を出版した。

　アメリカの発達心理学者ゲゼル（Gesell, A. L., 1880-1961）は，"成長・発達の法則"と"成長・発達の主要因"を探究した。ゲゼルは，"自然科学的な法則と同様に，人間にも不可侵である絶対的な法則が存在する"と考えて，映画記録などの観察方法によって，0歳から青年期にわたる発達の行動目録を各年齢で細かく分けて収集し整理することを通して一般的・生得的な発達の系を明らかにしようとした（Gesell, 1928, 1934; Gesell & Thompson, 1938; Gesell, Amatruda, Castner, & Thompson, 1939; Gesell et al., 1940; Gesell & Amatruda, 1941）。また，ゲゼルは"成熟こそが人間の成長や発達における主導的な要因である"とする成熟優位説を主張した。ゲゼルは，一卵性双生児を対象とした学習と成熟に関する研究を行って，学習要因に対する成熟要因の優位を主張した（Gesell & Thompson, 1929）。

　ピアジェ（Piaget, J., 1896-1980）は，ルソー研究所での最初の頃の研究活動においては，自身が生物学の研究で習得していた純粋な観察手法を採用して，さらに純粋な観察手法に臨床的検査を導入することによって，その客観的な観察研究をさらに展開した。ピアジェは子どもの思考とおとなの思考とが質的に異なっていることに気づいていた。ピアジェは，その質的差異を知能の構造の発達変化ということで説明をしようとした。ピアジェは，知能構造の発達過程の仮説を立てて，その仮説を検証するために臨床的検査を導入しての観察を行ったのであった。ピアジェは，自身で工夫した実験課題を子どもに提出し，その実験課題を解かせて，その解答の作業に関して子どもから上手に会話を引き出し，その会話の分析を通して子どもの思考の背後にある知能構造やその発達過程を検証しようとしたのであった。ピアジェは，臨床的方法と客観的観察法をもって収集した情報に基づいて，『子どもにおける言語と思考』（1923），『子どもにおける判断と推理』（1924），『子どもにおける世界観』（1926），『子どもに

における物理的因果性』(1927),『子どもにおける道徳判断』(1932) を発表した。その後に，ピアジェは，0歳からの初期発達を扱った『子どもにおける知能の発生』(1936),『子どもにおける実在の構成』(1937), また『子どもにおける象徴の形成』(1946),『知能の心理学』(1947) を出版した。

3. 発達の初期経験

比較行動学の研究によって，生活体の成長・発達における初期経験の重要性が明らかとなった。比較行動学者のローレンツ (Lorenz, K. Z., 1903-89) は，ガンやカモやアヒルのヒナドリを対象とした観察を行って，インプリンティング (imprinting：刷り込み，刻印づけ) という「親」の認識の現象を発見した。それは，ガンやカモやアヒルのヒナドリが生後のきわめて初期の短時間のうちに行う，やり直しのきかない，初期学習という現象であった (Lorenz, 1949)。ヘス (Hess, E. H., 1916-1986) は，実験によって，ガンやカモは孵化後の16時間前後に見る「動く」物体に最もインプリント (imprint) されやすいことを発見した (Hess, 1958)。

4. 母子関係

ヒトの発達初期の「母親−子ども」の関係の重要性を私たちに気づかせた現象として，ホスピタリズム (hospitalism) がある。戦災孤児や棄児などを収容していた「孤児院」や施設等では，子どもの罹病率・死亡率はきわめて高い状態にあった。これらの現象はホスピタリズムと呼ばれた (Bowlby, 1951)。ホスピタリズムの原因を巡って，スピッツ (Spitz, R. A., 1887-1974) は，"ホスピタリズムの原因は，乳児期に子どもが母親から分離されることによって，母親からの愛情供給が停止されることにある"という「愛情供給」説を主張した (Spitz, 1945, 1946, 1951)。それに対して，ボウルビィ (Bowlby, J., 1907-90) は"ホスピタリズムの原因は，乳児期に子どもが母親から分離されることによって，母子関係の喪失感を味わうことに原因がある"とする「愛情喪失」説を唱えた (Bowlby, 1958, 1960, 1969, 1973, 1980)。両者ともに，ホスピタリズムの発生原因は母子関係の剥奪にあると指摘し，母子分離障害という分析方法を生み出した。

何ゆえに母子関係は成立するのであろうか。その問いに答えて，シアーズ (Sears, R. R., 1908-1989) は，学習心理学の立場から，"赤ん坊が生理的動因である一次的動因の低減を母親に依存しているために，母親に愛着が形成されることになる"とする二次的動因説を主張した (Sears, 1944, 1951)。それに対して，ボウルビィは"生得的な対人行動を基盤として，自身を守るために特定のおとなに愛着を抱いていく"と主張した (Bowlby, 1969)。赤ん坊は，自身よりも力の強い見知らぬおとなから危害を加えられたり誘拐されたり遺棄されたりという危険に対して力による自身の防御方法

第1章 ── 心理学の歴史

をもっていない。そこで，赤ん坊は，危険から自身を守って生き延びるために，周囲に常時いるおとなを味方につけて自身を守ろうとするのである。

ハーロウ（Harlow, H. F., 1905-81）は，リーサスモンキー（アカゲザル）を使った実験で，哺乳瓶を有する針金製の代理母親と哺乳瓶のない布製の代理母親とをケージの中に置いて，子ザルを観察した。子ザルは，針金製の代理母親のところでお乳を飲んでも，すぐに布製の代理母親の方へと移動して，抱きついていた。子ザルは，食欲を満たすことのできる針金の代理母親よりも，温かく肌触りのよい代理母親に愛着行動を示した（Harlow, 1958; Harlow & Zimmerman, 1959; Seay, Alexander, & Harlow, 1964, Harlow & Harlow, 1969）。

エインズワース（Ainsworth, M. D. S., 1913-99）は，ストレンジ・シチュエーション法を使用した実験で，乳児期の母子間の愛着の質について観察と分析を行った。その実験とは人見知りの激しい頃の乳児が母親に連れられて見知らぬ部屋（実験室）へと行き，そこで見知らぬ人（実験者）に会う。乳児は，この見知らぬ人に預けられ，母親は退室するが，しばらくして戻ってくる。エインズワースは，この時の乳児の様子を観察し，その愛着の質を「回避型」「安定型」「アンビバレント型」に分類し，母子間の愛着の質的な違いを論じた（Ainsworth, Blehar, Waters, & Wall 1978）。

5. 青年心理学

子どもの研究の進展とともに，年齢的に上の青年にも研究の焦点が当てられるようになってきた。ホールは，科学的な学問として青年を対象として研究を行って，『青年期』（Hall, 1904）を刊行したこともあって，「青年心理学の父」と呼ばれた。シャーロッテ・ビューラー（Bühler, C., 1893-1974）は，多数の若者の日記を分析し，その心理的特徴によって17歳の頃を境として青年期を二分し，否定的傾向の強い前期を「思春期」とし，肯定的傾向の強い後期を「青春期」と呼んだ（Bühler, 1922）。シュプランガーは，『青年の心理学』（Spranger, 1924）を著して，客観的に妥当性のある認識で精神的事象を意味あるものとして把握するという了解心理学による青年の理解を主張した。シュプランガーは，ある青年を理解するためには，青年自身の主観的体験の理解にとどまるのではなく，その青年の生活やその歴史的・社会的環境を認識するべきであると主張した。ホリングワース（Hollingworth, L. S., 1886-1939）は，『青年の心理学』（1928）で，青年期の発達は児童期と連続してゆっくり進むと主張した。ドイツの心理学者レヴィン（Lewin, K., 1890-1947）は，青年期というものは子どもとおとなの中間の時期であって，その両面の心理的特性を有することから境界人（marginal man）と名づけた（Lewin, 1939）。ブロス（Blos, P., 1904-97）は，青年期を"第2の個体化過程（second individuation）"として把握した（Blos, 1967）。

6. 生涯発達

　それまで「発達」という概念は誕生から成熟までの変化という意味で把握されていたが，それで十分なのかという問題意識をもつ研究者が現れた。そして生まれてから死ぬまでの変化のことを「発達」と考える研究者は，生涯にわたる発達的変化を扱うようになった。ハヴィガースト（Havighurst, R. J., 1900-91）は，幼児期（0～5歳）から児童期（6～12歳），青年期（13～17歳），成人期（18～30歳），中年期（31～55歳），老年期（56～X歳）という生涯の段階を設定し，それらの各段階での発達課題を主張した（Havighurst, 1953）。エリクソン（Erikson, E. H., 1902-94）は，8つの段階で生涯を理解し，各々の段階での発達課題を論じた（Erikson, 1982）。中年期や高齢期の発達の研究にも取り組まれるようになった。

● 第6節　学習心理学を支える人びと

　ロシアの生理学者パブロフ（Pavlov, I. P., 1849-1936）は，イヌの胃の消化腺に関する実験研究を行っていたときに，眼前において餌を未だ見ていないのにもかかわらず，餌を運んで来ている飼育員の足音や餌を入れた容器の音を聴くだけで，その実験用のイヌが唾液を垂らしてしまうという現象に気づいた。パブロフはイヌを被験体としてこの現象を解明した（Pavlov, 1923, 1927）。この学習の現象は，後の研究者から「古典的条件づけ（classical conditioning）」と呼ばれた。

　パブロフの研究は，ワトソン（Watson, J. B., 1878-1958）らのアメリカの行動主義心理学に大きな影響を与えた。ワトソンは，幼児に白いネズミと不快な音を用いた古典的条件づけを行った。その幼児は白いものを見るだけで恐怖反応を引き起こすほどになった（Watson, & Rayner, 1920）。ソーンダイク（Thorndike, E. L., 1874-1949）は，問題箱からのネコの脱出の実験を行って，試行錯誤学習（trial-and-error learning）の説を提唱した（Thorndike, 1898）。アメリカの心理学者スキナー（Skinner, B. F., 1904-90）は，ラットやハトがレバーを押すと餌が出てくる仕掛け（いわゆるスキナー箱）の実験装置を考案して，学習に関する多くの実験を行って，道具的条件づけ（instrumental conditioning）の説を提唱した（Skinner, 1938）。パブロフやソーンダイクやスキナーなどの学習理論は「連合理論（stimulus-response theory）」と呼ばれている。連合理論とは，条件反射に代表されるような刺激と反応が結びつくことによって学習が成立するという考えである。

　連合理論とは異なる認知理論（cognitive theory）の研究が登場するようになった。認知理論とは，学習過程における思考，判断，推論などの認知的役割を強調する考えである。トールマン（Tolman, E. C., 1886-1959）は，ネズミの迷路学習の実験から試行錯誤学習を批判し，学習は餌のような報酬がなくても成立するという潜

在学習（latent learning）の説を唱えた（Tolman & Honzik, 1930）。ゲシュタルト心理学の流れをくむケーラー（Köhler, W., 1887-1967）は，チンパンジーの問題解決状況における道具の使用や制作に関する様々な実験を行って，洞察学習（insightful learning）の説を唱えた（Köhler, 1917）。バンデューラ（Bandura, A., 1925- ）は，人の観察学習の研究から，モデリング（modeling）による学習を提唱した（Bandura, Ross, & Ross, 1961, 1963; Bandura, 1965）。トールマンやケーラーやバンデューラなどの学習理論は，認知理論あるいは「記号－意味学習説（sign-significate theory）」と呼ばれている。

● 第7節　ゲシュタルト心理学を支える人びと

　ゲシュタルト心理学（Gestalt Psychology）の成立に大きな影響を与えた研究は，オーストリアの物理学者・哲学者のマッハ（Mach, E., 1838-1916）の『感覚の分析への貢献』（1886）やオーストリアの心理学者エーレンフェルス（Ehrenfels, C. von, 1859-1932）の『ゲシュタルト性質について』（1890）である。マッハは，『感覚の分析への貢献』で，円や四角などの形を構成する色や線などの要素が変わったとしても，またメロディを構成する音が変わったとしても，形やメロディそのものは変化がないと指摘した。エーレンフェルスは，『ゲシュタルト性質について』で，あるメロディを移調しても同じメロディに聞こえるし，また正方形はその色・大きさを変えても4辺が適正に保持される限り正方形に見えるというように，全体を構成している部分や要素に変化が加えられても，1つの全体はあるまとまりをもった形態質を有すると指摘した。

　ゲシュタルト心理学の創始者と呼ばれているドイツのウェルトハイマー（Wertheimer, M., 1880-1943）は，仮現運動（見かけの運動）の研究を通して，その運動は要素的な感覚に分解できるものではなく，1つの全体（ゲシュタルト）をなすものであると説明した（Wertheimer, 1912）。彼は「全体は部分の総和ではない」として要素主義を否定した。彼の共同研究者には，『類人猿の智慧試験』（Köhler, 1917）を出版したケーラーや，『知覚－ゲシュタルト心理学序論』（Koffka,1922）や『ゲシュタルト心理学の原理』（Koffka,1935）を著したコフカ（Koffka, K., 1886-1941）がいる。ケーラーは，ゲシュタルトは物理的世界にも心的世界にも存在するものであって，"物理的に経験され知覚されるということはゲシュタルトを構成する脳内の中枢神経系の過程が機能的に存在しているということである"とする「心理物理同型説」を唱えた（Köhler, 1920）。コフカは，心理物理同型説の立場に立つのだが，生理的対応過程の追究よりも現象や行動の世界の分析を重視した。コフカの行動分析では，対象とする行動は，刺激に対しての反応の集合として把握されるのではなく，

"刺激 – 反応"による部分的な変化が他の部分へとまた全体へと影響を与えるような力学的システムとしての"場"に依存して生ずるものとして把握された。この"場"とは，当該の個人によって認知されている世界のことである。

ケーラー（1929）やコフカ（1935）たちは，ゲシュタルトという思考様式は社会における様々な問題を解釈する際にも適用可能であると指摘した。このような態度は，レヴィンなどの社会心理学へと繋がっていった。

第8節　社会心理学を支える人びと

「社会心理学」という名称は20世紀に入って使用されるようになった。社会学者のロス（Ross, E. A., 1866-1951）は，社会学と心理学を融合させて，『社会心理学』（1908）を著した。マクデューガル（McDougall, W., 1871-1938）は『社会心理学入門』（1908）で社会心理学という名称を使用した。テイラー（Taylor, F. W., 1856-1856）は，産業と心理学との結合として，『科学的管理の原理』（1911）で職場における人員配置や時間管理の徹底的な合理化による作業の効率化を主張した。実験心理学者のヴントは，人間の心理の高次過程へと研究領域を広げ，諸々の民族の精神的所産としての言語，芸術，神話，宗教，社会，法律，歴史，文化に取り組んで，その成果を10巻にもわたる『民族心理学』（Wundt, 1900～20）として公刊した。

レヴィンは，ウェルトハイマーやケーラーの影響を受けて，「力」の観点から社会状況下にある組織の全体性の構造の形成や安定性や変化を説明した（Lewin, 1938a, b）。レヴィンは，人は経験を通して構造化される空間を有していると理解した（Lewin, 1935）。その空間は，物理的な世界とは独立した心理学的世界に存在する「生活空間」の概念であった。レヴィンは，生活空間の概念を用いて"緊張""コンフリクト""誘発性""要求水準"などの人間の行動に関しての実験研究を行って，トポロジー心理学（Topologie psychology）と呼ばれる力学的な理論を提起した（Lewin, 1936）。また，レヴィンは，リピット（Lippitt, R.）やホワイト（White, R. K.）とともにグループ・ダイナミックスという集団力学の研究も開拓し（Lewin, 1939a, 1947, 1948; Lewin, Lippitt, & White, 1939b），さらにアクション・リサーチという研究方法を提唱し，数々の研究に力を注いだ（Lewin, 1951）。

精神科医のモレノ（Moreno, J. L., 1889-1974）は，ある集団の中の，個人と個人との間に存在する関係や反発力を統計的方法によって記述できる量的技術としてのソシオグラム（sociogram），またソシオメトリック・テストを案出し（Moreno, 1934, 1951），さらに心理劇と社会劇という精神療法を開発した（Moreno, 1946, 1953, 1959, 1969）。

第1章 — 心理学の歴史

● 第9節　認知心理学を支える人びと

　認知という要因の重要性に関しては，学習心理学における認知理論に関する議論においてもなされていた。1950年代以後に，サイバネティックスの研究やコンピュータの登場による人工知能研究によって，認知心理学に大きな変化が現れることになった。

　数学者のウィーナー（Wiener, N., 1894-1964）は，生物も機械も高等な知的知能を有することは可能であって，それを情報伝達と自己制御という概念で統一的に理解する新たな学問領域として『サイバネティックス』（1948）を著し，新たな分野を切り開いた（Wiener, 1954）。応用数学者のシャノン（Shannon, C. E., 1916-2001）は，ベル研究所在勤中に「通信の数学的理論」（1948）を論文で発表し，それまで曖昧な概念だった「情報」について数量的に扱えるように定義し，革新的な情報理論という新たな数学的理論を構築した。さらに，シャノンは，機械翻訳の先駆者の1人として広く知られている数学者のウィーバー（Weaver, W., 1894-1978）の解説を付けて，『通信の数学的理論』（Shannon & Weaver, 1949）を出版した。あらゆる情報を数学的に処理する方法としての情報処理理論は，認知心理学の研究にも大いに影響を与えた。ウィーナーやシャノンたちの研究は，学習心理学の枠組みを認知心理学の研究の枠組みへと広げることになって，人間の認知研究を促すことになった。ミラー（Miller, G. A., 1920-2012）は，『マジカル・ナンバー7±2』（1956）で人間の情報処理容量について検討した。ブロードベント（Broadbent, D. E., 1926-93）は，人間の注意や入力情報が選択されて記憶へと至る過程を機械モデルで示した（Broadbent, 1957, 1958）。しかし，ナイサー（Neisser, U., 1928-2012）は，単純に機械モデルで人間の主体的な認知活動を把握しきれるものかと疑問を呈し，これを批判した（Neisser, 1976）。情報が処理される過程として知覚や記憶や思考を統一的に把握する観点は，しだいに定着していき，アトキンソン（Atkinson, R. C., 1929- ）とシフリン（Shiffrin, R. M.）の二重貯蔵モデル（1968, 1971）や，リンゼイ（Lindsay, P. H.）とノーマン（Norman, D. A., 1935- ）の『人間情報処理』（1972）へと及ぶようになった。

　コンピュータの登場と人工知能研究も大いに認知心理学研究に影響を与えることになった。ニューエル（Newell, A., 1927-92）とサイモン（Simon, H. A., 1916-2001）とショー（Shaw, J. C., 1922-91）は，1955年にチェスのプログラム "the first artificial intelligence program"（Newell, 1955）を，1956年にはホワイトヘッド（Whitehead, A. N., 1861-1947）やラッセル（Russell, B., 1872-1970）のPrincipia Mathematicaの定理が証明できる「ロジカルセオリスト（Logic Theorist）」（Newell, & Simon, 1956）というプログラムを，1958年にはチェスも幾何の証明も病気の診断も作曲もできる「一般的問題解決者 General Problem Solver（G.P.S.）」（Newell, Shaw, &

Simon, 1958）を発表した。ニューエルたちは，心理学者とランド研究所でセミナーをもち，交流を行った。その場に参加していたミラーたちは，人工知能の研究の影響を受けて，『プランと行動の構造』（Miller, Galanter, & Pribram, 1960）を著した。その著書で，ミラーたちは，研究対象の重点を行動から認知過程へと移動して，表象過程の重要性を指摘し，TOTE（Test-Operate-Test-Exit）という行動の基本単位としてのフィードバック回路を提案した。

1940年代後半頃から，要求や期待や態度などの心理を説明するために，その人間の過去の経験などの人格的・社会的要因や認知過程を重要視するニュールック心理学と呼ばれる研究の動向が生まれた。ピアジェとヴィゴツキー（Vygotsky, L. S., 1896-1934）の理論を統合しようとしたブルーナー（Bruner, J. S., 1915- ）の『思考の研究』（Bruner, Goodnow, & Austin, 1956）や『認識能力の成長』（Bruner, Olver, & Greenfield, 1966）はこの流れのなかにある。

● 第10節　臨床心理学を支える人びと

精神分析学によって無意識の領域に研究の焦点が当たるようになった。無意識の層の検査のための投影法心理検査が開発された。スイスの精神科医のロールシャッハ（Rorschach, H., 1884-1922）は，インクの染みを使用して，『ロールシャッハテスト』（1921）を開発した。モーガン（Morgan, C. D., 1897-1967）とマレー（Murray, H. A., 1893-1988）とは，行動は内面的な欲求と環境からの圧力との相互作用によって規定されるとする"欲求＝圧力"理論に基づいて，『主題統覚検査（TAT）』（1935）を開発した。スイスの心理学者コッホ（Koch, K., 1906-58）は，木を描かせる検査として『バウム・テスト』（1949）を開発した。

クライン（Klein, M., 1882-1960）は，子どもの精神分析的治療に取り組み，遊戯療法を創始し，また対象関係論の理論の基礎構築に貢献した（1935, 1946, 1964）。対象関係論は，フェアーベン（Fairbain, W. R. D., 1889-1964）（1952）やガントリップ（Guntrip, H., 1901-1975）（1971）やウィニコット（Winnicott, D. W., 1896-1971）（1971）などによって発展した。

フランクル（Frankl, V. E., 1905-97）は，フロイトの快感原則やアドラーの権力への意志という思考方法とは異なって，人間の本質を生きる場としての実存に求めて，実存分析（後に「ロゴセラピー」と名乗ることになった）を提唱した（Frankl, 1983）。フランクルは，人間を身体と心と精神とからなる統一体として理解し，そのなかの精神を重要視した。スイスの精神科医のビンスワンガー（Binswanger, L., 1881-1966）は，フッサール（Husserl, E., 1859-1938）の現象学やハイデッガー（Heidegger, M., 1889-1976）の哲学の影響のもとに，クライエントとセラピストとを世界のなかにと

もに存在しているパートナーとして把握する「現存在分析」を提唱した（Binswanger, 1947, 1992）。つまり，ビンスワンガーは，セラピストが行うべきことは，精神分析学のようにクライエントの言動を理解し解釈することではなく，クライエントの世界をクライエントの観点から，ありのままに理解することである，と主張したのであった。

ロジャーズ（Rogers, C. R., 1902-87）は，既存の指示一辺倒の心理療法に異議を唱え，クライエント（相談者）に内在する生きる力を尊重し，クライエント自身の方向性に基づいてその力を発揮する方法でカウンセラーが援助するということを考え（Rogers, 1942, 1961），クライエント中心療法を創始した（Rogers, 1951）。ロジャーズもセラピストの役割をビンスワンガーと同様に考えたのである。また，ロジャーズは，クライエントの人格変容にはセラピストの態度が強く影響しているとして，セラピストの「共感的理解」「無条件の肯定的配慮」「自己一致」を説いた。

また，マズロー（Maslow, A. H., 1908-70）は，本来の自己あるいは真実の自己を追求する自己実現理論を提唱した。マズローの自己実現理論では，「生理的要求」「安全欲求」「所属・愛情の欲求」「自尊欲求」「自己実現欲求」という5つの欲求の階層が構想されている（Maslow, 1943）。

1950年代末あたりから，学習心理学（行動主義心理学）からも行動療法が生まれた。リンズリー（Lindsley, O. R., 1922-2004）やスキナーらは，精神病患者の行動形成にオペラント条件づけを用いたのだが，その研究報告書のなかで「行動療法」という言葉を初めて使用した（Lindsley, Skinner, & Solomon, 1953; Lindsley, & Skinner, 1954）。ラザルス（Lazarus, A. A., 1932- ）は，行動，感情反応，感覚，イメージ，認知，対人関係，薬の必要性／生物学的介入という7つの要因からクライエントを査定し，それに応じて治療を行うという多面的な行動療法を提唱した（Lazarus, 1971, 1981）。ウォルピ（Wolpe, J., 1915-97）は，『逆制止による心理療法』（1958）や『行動療法技術』（Wolpe & Lazarus, 1966）や『行動療法の実際』（1969）で不安や恐怖の治療法として系統的脱感作法を提唱した。また，アイゼンク（Eysenck, H. J., 1916-97）は，神経症は学習によって作られているとして，行動療法による治療を主張した『行動療法と神経症』（1960）や『心理療法の効果』（1966）を刊行した。

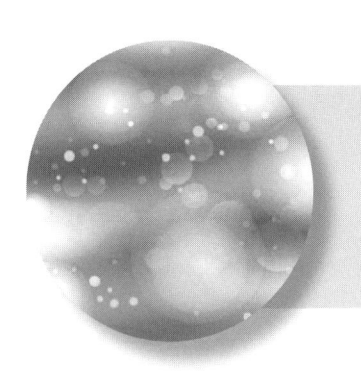

第 2 章　心と脳

● 第 1 節　心のありか

　私たちは日常，様々に「心」を働かせながら生活している。心はどのようなものなのだろうか？

　太古の人類が心を働かせ創意工夫していたことは，採集や狩猟道具の使用からも推測できるが，人類はいつ頃から他者への思いやりや美しさを感じる心を有するようになったのだろうか。発掘されたネアンデルタール人の遺跡からは，動くことができないほど深い傷を負いながらもその傷の癒えるまで仲間に庇(かば)われたと考えられる人骨や，死者に美しい花を手向けた跡が発見された（NHK スペシャル，1993）こともあって，ネアンデルタール人には思いやりや美しさを感じる心があったことが推測されている。

　では，形に見えない心はどこにあるのだろうか。心のありかは古代から関心をもたれてきた。古代エジプトの『死者の書』には，神が死者の生前の行為を裁くために心臓と真実の羽を秤(はかり)にかけている場面が残されており，心は心臓にあると思われていたようである。古代ギリシャのプラトンのように精神は脳にあると考えた人もいたが，その弟子アリストテレスのように心臓にあるとする考えをもつ人も多く，長い間，心は胸，特に心臓にあるとされてきた。胸の中心にあるのは，心の変化に伴って拍動が変化する心臓であることがその理由であろう。かつては心のありかを求めて心臓を解剖したこともあった。

　今でも心臓という臓器の名称を日本語では心（の）臓（器）と書くし，英語やドイツ語でも心と心臓は同じ言葉で表される。現代の私たちは，神経科学の進歩により，心は脳と関連しているということを知的に理解しており，心臓に心のありかを求めてはいない。しかし，実感としては，悲しみや苦しみに「胸が張り裂けそう」になったり「胸がつぶれそう」になったりするし，悲惨な状態には「胸が痛み」，不安に「胸が騒ぎ」，恋をすれば「胸がときめく」ことになる。このような変化は，脳が感覚器官から入ってくる様々な情報を処理し，感情を生起させ，その結果として自律神経系に影響を与え，心臓の拍動が変化することで起こるのである。つまり，脳という臓器

第2章 ── 心と脳

そのものに心があるのではなく，ネットワーク構造である脳が活動した結果として心の働きが起こるのである。では，脳の働きをその構造から見てみよう。

● 第2節　脳の全体構造と神経細胞

1．全体構造

人の脳は一つの神経管から発し，"魚類の脳""爬虫類の脳""哺乳類の脳"という生命進化の歴史をたどる。成人の基本的な脳の重さは，日本人の男性では1,350～1,400g程度，女性はそれより軽い1,250～1,300g程度とされている。脳の重さの差は，男女の体格差などにも関係しており，頭の良さとは無関係である。天才といわれた人の脳の重さも，平均よりも重い場合もあれば軽い場合もある。

脳はブドウ糖をエネルギー源として使用しており，身体全体の消費エネルギーの20％近くを消費する。酸素の消費量も体全体の20～25％であり，酸素の供給が停止すると脳に損傷が起こる。

柔らかく傷つきやすい脳は，外側から頭髪，頭皮，頭蓋骨に守られ，さらに頭蓋骨の内部では硬膜，蜘蛛膜，柔膜で守られている。蜘蛛膜と柔膜の間は無色透明の脳脊髄液で満たされ，脳は髄液の中で浮かんでいる状態になっており，何重にも外部の衝動から守られている。

2．神経細胞とシナプスの構造

(1) 神経細胞の構造

脳はおもに神経細胞（neuron，ニューロン）とグリア細胞（glial cell）で構成されている。脳の神経細胞は，全体の1割程度であり，情報伝達に直接関わる。脳ではグリア細胞が9割を占め，神経細胞を空間的に支えたり栄養を与えたりするほか，情報処理にも関わっている。

神経細胞は細胞体と細胞から出る突起で構成されており，突起には樹状突起（dendrite）と軸索（axon）がある。樹状突起の特に長いものを軸索（神経線維）というが，軸索の末端には樹状突起があり，また枝分かれしている。軸索は絶縁体である髄鞘（ミエリン鞘，myelin sheath。図2-1中の黒く塗りつぶされた部分）という膜で覆われると情報伝達速度は非常に速くなる。無髄神経は秒速1m程度の情報伝達速度であるが，髄鞘化された運動ニューロンの伝達速度は，ネコの場合で最速で秒速100m，ヒトでは60m程度である（Pinel, 2003）。

(2) シナプスの構造

　神経細胞から発せられた信号は樹状突起や軸索によって次の神経細胞に伝わるが，神経細胞どうしが直接につながっているわけではない。この神経細胞どうしのつなぎ目の構造をシナプス（synapse）と呼び，信号の送り手である軸索の末端部と，受け手である次の神経細胞の接点には20nm（ナノメートル，1nmは100万分の1mm）程度のすき間（シナプス間隙）がある。

　図2-2のように，電気信号を受けると，カルシウムイオンがシナプス小胞から神経伝達物質（化学物質）をシナプス間隙に放出させ，電気信号は化学信号に変換される。受ける側のレセプター（受容体）で神経伝達物質がキャッチされると，レセプターの

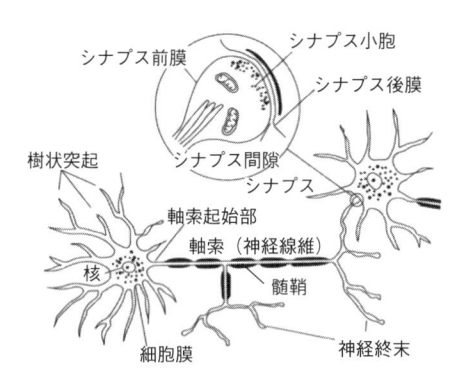

図2-1　神経細胞の構造（山本，2000, p.8）

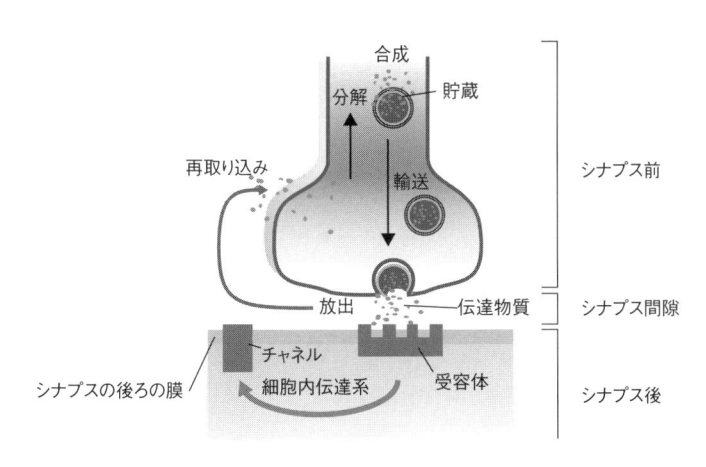

図2-2　シナプスでの伝達（渡辺，2007, p.36）

第2章 ── 心と脳

トンネルが開いてナトリウムイオンが流れ込み，電位差が生じる。化学信号から再び電気信号になった情報は次の神経細胞へとつながっていく。この信号伝達に何らかの支障が生じたり，十分に機能が発揮できなかったりすることが発症に関わると考えられている疾病や障害もある。そうした疾病や障害に対しては神経伝達に関わる薬が使われる。たとえば統合失調症にはドーパミンに関わるものが使われるし，うつ病や注意欠如多動性障害（ADHD）などにはセロトニンに関わるものが使われる。

(3) 神経伝達物質の働き

神経細胞内で合成される神経伝達物質には，おもに4種あり，モノアミン類，アミノ酸，アセチルコリン，神経ペプチドがある。おもな神経伝達物質には，神経細胞を興奮させる働きをもつモノアミン類のアドレナリン，ノルアドレナリン（ノルエピネフリン），ドーパミン，アミノ酸のグルタミン酸のほか，アセチルコリンなどがある。一方，神経細胞の興奮を抑制する働きをもつものには神経ペプチドのエンドルフィン，モノアミン類のセロトニン，アミノ酸のγアミノ酪酸（GABA）などがある。ノルアドレナリン，セロトニン，アセチルコリン，ドーパミンなど，それぞれの神経伝達物質によって作用する神経回路が異なる（Andreasen, N. C., 2001; 平山，2003）。

- アドレナリン…ノルアドレナリンから酵素によって作られた物質で驚いたときによく放出されるため，「恐怖のホルモン」とも言われる。
- ノルアドレナリン（ノルエピネフリン）…恐怖感，不安感，緊張感を感じるときに出る物質である。「怒りのホルモン」ともいわれ，脳を覚醒させ，強く活性化させる。心拍や呼吸などの自律神経に関わる脳幹の青斑核から分泌され，脳全体にいきわたる神経回路を構築している。
- ドーパミン…楽しいと感じたときに出る快感物質であり，元気や積極性に関わる物質でもある。ドーパミンの特徴としては快感に慣れてしまうと，快と感じたレベルを再度得るために，それ以上の快感レベルが必要になる傾向がある。ドーパミンを最も多く活用しているところが前頭連合野であり，集中力，抑制力，共感能力，ワーキングメモリなどに関与している。
- アセチルコリン…記憶・学習・認知・睡眠に関与している物質である。不足すれば，記憶や判断が困難になる。アセチルコリンを伝達物質とする神経は脳幹の線状体から始まり，記憶に関わる海馬や情動に関わる扁桃体を通って前頭葉と側頭葉に伸びている。アセチルコリンが不足すればアルツハイマー病を引き起こし，逆にアセチルコリンが過剰になれば，パーキンソン病になると考えられている。パーキンソン病はドーパミン不足でも引き起こされる。
- エンドルフィン…モルヒネのような鎮痛作用があり，多幸感をもたらすことから

脳内麻薬ともいわれる。
● セロトニン…満足や幸福を感じると分泌される物質で，特に膚(はだ)に触れられたときに適量が満たされる。セロトニンの神経回路の基本が構成される時期は生後2年とされることから，子どもの発達にはスキンシップが必要だと言える。セロトニンが増えれば好奇心が起こり，性格は陽気・社交的になるが，不足すると気分は低下し，うつ状態になる。セロトニンは「怒りのホルモン」であるノルアドレナリンの活性を抑制する働きもあるため，不足すれば攻撃的・衝動的になり，食欲や性欲が強まる。

第3節　脳の構造と働き

脳は，脳幹，間脳，大脳，小脳の4つに分けられる（脳幹に間脳を含める場合もある）。

1. 脳幹

脳の下部中央にあるのが脳幹であり，大脳を支える幹という意味をもつ。脳幹は系統発生的に最も古い脳であり，哺乳類にとって最も重要な，呼吸・意識・体温調節などの生命維持機能を調節する領域である。したがって，大脳や小脳に問題がなくても脳幹が損傷すれば生きていることはできなくなる。脳幹は中脳(ちゅうのう)，橋(きょう)，延髄(えんずい)で構成されている。

(1) 中脳

中脳は，視覚・聴覚の中継点で，眼球運動や身体の平衡，姿勢の保持(つかさど)を司る。ま

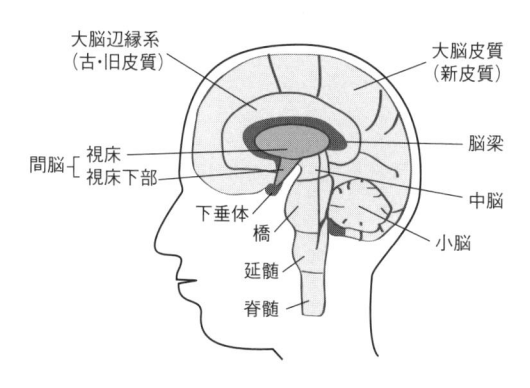

図2-3　脳の構造（永江，2004, p.6）

た。脳幹は大脳から脊髄および小脳に向かう情報とその逆方向の情報伝達の中継も行っている。

(2) 橋（きょう）

橋には，三叉（さんさ）神経，外転神経，顔面神経などの神経核があり，咀嚼（そしゃく）や呼吸を調節する。

(3) 延髄

延髄は，呼吸や循環，発声，咀嚼などの働きの中枢である。延髄は脊髄へとつながっている。

(4) 網様体

脳幹を構成するのは中脳・橋・延髄であるが，脳幹全体に広がる神経細胞と神経線維（軸索や樹状突起のうちの長く伸びているもの）が入り交じったものを網様体という。睡眠のレム睡眠・ノンレム睡眠と覚醒のリズムを調節する。

2. 間脳

間脳は，左脳と右脳の間にあり，視床と視床下部からなる。

(1) 視床

視床は脳幹の上部にある中枢神経系の最大の神経核で，間脳の80％の大きさを占め，120の神経核の集合体でできている。神経核とは脳の内部の神経細胞の集まりをいい，神経系の分岐点や中継点として機能しているが，視床は脊髄や脳幹からの感覚情報（嗅覚以外）を大脳皮質に伝える中継点である。これらの感覚情報が，大脳皮質の特定の感覚野に伝えられることにより知覚が生じる。視床の上部には松果体がある。松果体は眠りや概日リズムに関わるホルモンであるメラトニンを分泌する。

(2) 視床下部

視床下部は，内臓の働き，呼吸，体温，血圧，脈拍，血糖値，水分調節などを無意識下で自動的にコントロールする自律神経系の中枢であり，生命の維持に重要な機能を果たす内分泌（ホルモン）系を支配して，生命維持に不可欠な機能を司る。また，本能的な行動の中枢であり，それによって引き起こされる情動の中枢でもある。

自律神経系には緊張させる交感神経系と緊張を緩める副交感神経系とがあり，それぞれ拮抗し合って働く。危険に対しては，敵と戦ったり素早く逃げたりして生き延びることができるように，心拍数の増加，血管の縮小，血圧の上昇，皮膚や消化器系へ

図2-4 脳の営み（永江, 2004, p.7）

"よく"生きてゆく
"うまく"生きてゆく
"たくましく"生きてゆく
生きている
新皮質
辺縁皮質
脳幹
小脳

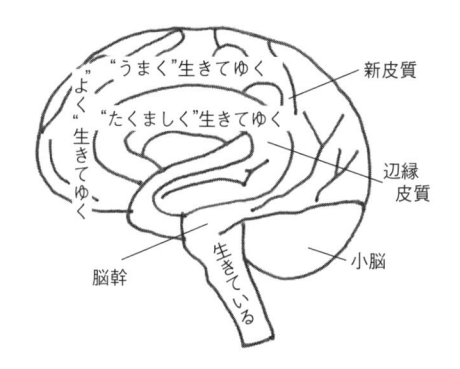

生きている……反射活動・調節作用
　　　　　　　──脳幹・脊髄系
生きてゆく
　たくましく…本能行動・情動行動
　　　　　　　──大脳辺縁系
うまく………適応行動 ｜
よく…………創造行動 ｜──新皮質系

の血流量の減少と筋組織への血流増加などがみられる。くつろいだ状態では，副交感神経系が働き，心拍数の減少，血管の拡張，血圧の降下，消化器系への血流量の増加などがみられる。このように，外敵から身を守ろうとする場合には交感神経系が優位に働くが，外敵がいなくても刺激の受け取り方によってストレスと感じて緊張すると，交感神経系が優位になる。日常生活で交感神経系が優位に働き続けると，副交感神経が働きにくくなり，自律神経系のバランスが崩れて体調不良に陥る。

　視床下部の下垂体は，視床下部からの指令を受けてホルモンの分泌を支配する器官であり，前葉と後葉に分けられる。前葉は成長ホルモン，甲状腺刺激ホルモン，副腎皮質刺激ホルモン，性腺刺激ホルモン，乳腺刺激ホルモンを分泌する。後葉は出産後の子宮収縮や乳汁分泌，愛情形成に関わるホルモン（オキシトシン）や抗利尿ホルモンを分泌するほか，前葉で作られたホルモンを放出する働きがある。

3. 大脳

(1) 大脳の構造

　脳の最大の部分が大脳（全重量の8割）である。大脳は，表面が厚さ2〜3ミリ程度の神経細胞（ニューロン）が凝集した大脳皮質に覆われている，脳の最高中枢である。大脳には，神経細胞を空間的に支えたり，栄養を与えたりして神経細胞の働きを助けるグリア細胞と，それらをつなぐ神経線維，血管などが密集している。

　大脳には，その成立順によって，左右によって，大脳皮質の部位によって，それぞれ機能が異なる。

(2) 古い脳と新しい脳

　進化に伴って古い脳の上に新しい脳ができたため，古い脳ほど脳の内側・下側にあ

第2章 ── 心と脳

る。発生順に古皮質，原皮質，大脳皮質に分けられる。

①古皮質
　嗅覚に関わって発生した脳で，最も古い脳であるが，人間では退化している。

②原皮質
- 大脳基底核…大脳の最も奥（基底部）にあり，尾状核，被殻，淡蒼球から成り立ち，視床を囲むような形で左右の大脳辺縁系に隣接しており，運動の開始や表情などに関わっている。
- 大脳辺縁系…大脳の内側の脳梁の周りにある皮質で，大脳の縁にあることから大脳辺縁系と呼ばれる。大脳辺縁系には，記憶に関わる海馬と，情動に関わる帯状回・脳弓・側坐核・扁桃体（扁桃核…アーモンドのような形状）等が含まれる。

　扁桃体は情動の中枢とも言われ，本能的な情動（快・不快，喜怒哀楽，恐怖）や行動に関わる領域である。大脳新皮質で判断された情報に対し，扁桃体で情動が発生し（恐怖など），安全かどうか自分の生命を守るための価値判断をする。扁桃体で発生した情動に伴って視床下部の内分泌系，自律神経系を刺激されて心拍数が上がり，ホルモン分泌が変化して，逃げるか戦うかするための筋肉が緊張する。それらの情報をもとに，大脳皮質の前頭前野で逃げるか戦うかの行動を決定するのである。

　私たちは激しい情動をコントロールできず，思わぬ行動に出てしまうことがある。これは，情動に伴い神経伝達物質のアドレナリンやノルアドレナリン，ドーパミンなどが放出されると，これらの神経伝達物質は論理的に理解しようとする新皮質よりも素早く，脳全体に緊張・怒り・快楽などを働きかける。このため，大脳皮質の働きが抑え込まれてしまい，激しい情動に対して理性やコントロールが効きにくくなるので

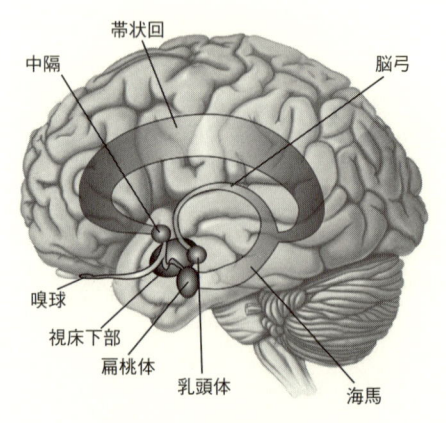

図2-5　大脳辺縁系

ある。

　海馬は，扁桃体の隣にあり，情動的な記憶を含めた，記憶に重要な役割を果たす。記憶が長期記憶（脳の複数の部位が関わっている）として保存されるまでの一時的な記憶の整理に関わっている。

③大脳皮質

　最も外側にあり，新しい皮質であるため，大脳新皮質ともいわれる。大脳皮質の厚さは2～3mm程度であり，140億個程度の神経細胞（ニューロン）が凝集した組織である。大脳皮質は運動と知覚の最高中枢で，知・情・意や言語などに関わっている。系統発生的に最も新しい脳であり，人類で最もよく発達しているため，"人類の脳"とも呼ばれる。人間らしく，よりよく生きていくための脳である。大脳皮質は領域ごとにそれぞれの機能が分担（機能局在）されている。

(3) 左右の脳

　大脳は深い溝によって左右の大脳半球に分けられているが，溝の底部では脳梁によって左右の脳につながり，左右脳が連携している。左脳と右脳は同じような形をしているが，機能は左右で異なる。左右の脳神経は延髄で交差しており，左脳は身体の右側の運動や感覚，視野の右側，計算や言語，論理的思考などに関わり，右脳は，身体の左側の運動や感覚，視野の左側の視覚，空間認知，芸術などの非言語的な観念に関わる。図2-6は左脳の分業の図であるが，右利きの人の96％と左利きの人の70％は言語野が左脳にある（Bloom, F. E., Nelson, C. A., & Lazerson, A., 2001; Bear, M. F., Connors, B. W., & Paradiso, M. A., 2007）。

　ラマチャンドランとブレイクスリー（Ramachandran, V. S. & Blakeslee, S., 1998）は，左右の脳の機能について次のように説明している。左脳の機能は信念体系や現実モデルを作ることと新しい体験を信念体系にはめ込むことであり，今までのモデルに

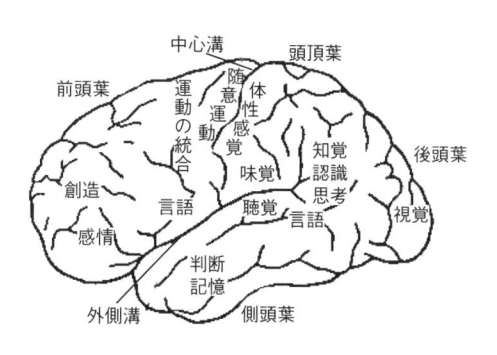

図2-6　脳の分業（時実，1962，p.80）

第2章 ── 心と脳

合わない新しい情報を受け取ると，フロイトのいう防衛機制の否認や抑圧によって現実を維持しようとする。右脳は，現状を疑って全体的な矛盾点を探し，異常に反応してモデル全体の改変を行う。したがって，右脳が損傷を受けると現実チェックができなくなる。

(4) 大脳皮質の各領域

左右の大脳半球は，それぞれ中心溝，外側溝，頭頂後頭溝の3つの溝によって前頭葉，側頭葉，頭頂葉，後頭葉の4つに分かれ，領域（野）ごとに機能を分担している。それぞれの頭葉には部位によって機能の分業がみられ，感覚や運動に直接関係している部分と，そうでない部分があり，直接に関係していない領域を連合野という。ブロードマンは52区に分けたが，全体的な輪郭は図2-6のようになる

①前頭葉

前頭葉は，大脳の前方にあり，大脳皮質の容積の3分の1を占める。話すなどの言語や運動，人間らしい精神活動に関わる機能をもつ。

- 前頭連合野（前頭前野）…情動のコントロール・計画・未来の予測・決定・思考・意志・創造・情操などにかかわる高度な精神機能に関わる人間らしい機能をもつ脳の領域である。人を好きになることも前頭連合野の機能の一つに含まれるが，大脳辺縁系の本能的な好き嫌いとは異なり，人柄に魅かれるなどの美意識や価値基準によって影響される。
- 運動前野…前頭連合野からの情報をもとに運動の開始や手順を計画し，運動野に指示を出す。
- 運動野…身体の各部に相応する神経細胞により全身の随意運動をコントロールする。運動野のどのあたりがどの運動をコントロールするかはおおよそ決まっている。運動野（体性運動野）と頭頂葉にある感覚野（体性感覚野）について，"脳の中の小人（ホムンクルス）"として図示したものが，図2-7，図2-8の右側である。
- 前頭眼野…視覚的にとらえた対象に向かって眼球の随意運動をコントロールする。
- ブローカ野…言葉を話す，字を書くなどの言語の筋肉運動に関する機能をコントロールする。

②側頭葉

側頭葉は，感覚や言語の理解に関わる機能をもつ。

- 側頭連合野…記憶や言語理解のほか，感覚認知の仕組みに深く関与する。
- 味覚野…舌や口からの味覚情報を受け取り，味の質や強さを識別する。
- 聴覚野…耳の内耳にある蝸牛が受け取った聴覚情報を認識する。
- 聴覚連合野…聴覚野が受け取った情報を統合し記憶する。

- ウェルニッケ野…話し言葉や書き言葉の理解を司る。神経経路を通じて前頭葉のブローカ野と接続する。

③頭頂葉

頭頂葉は、知覚・認知・理解などの機能をもつ。

- **頭頂連合野**…視覚情報をもとに空間的な位置関係を把握したり、感覚情報を統合して認識したりする。
- **体性感覚野**…皮膚や筋肉、関節などが受けた感覚を認識する。図 2-7、図 2-8 の左側。

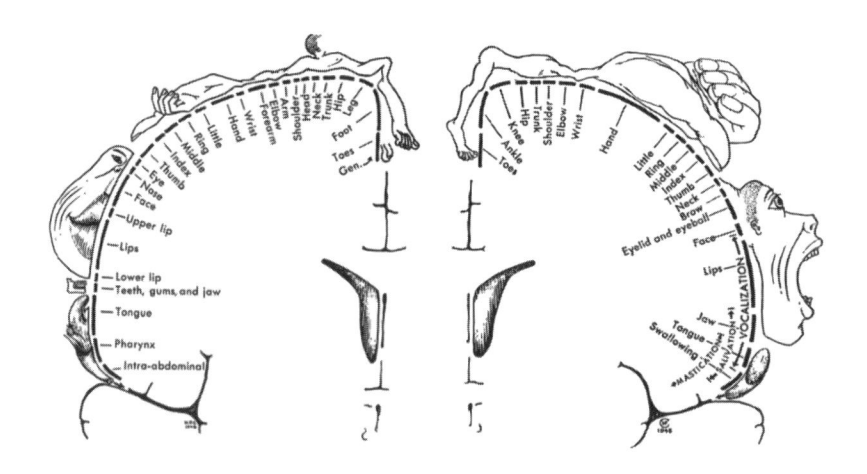

図 2-7　体性感覚野（左）と体性運動野（右）のホムンクルス（身体に符合させた脳の配置）
（Penfield, W., 1950, p.44, p.57）

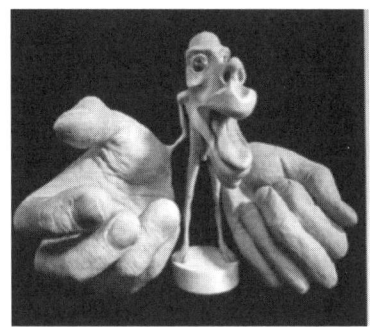

図 2-8　立体ホムンクルス体性感覚野（左）と体性運動野（右）（感覚野、運動野ともに手の占める割合が大きい）（ロンドン自然史博物館蔵、Blakeslee, S. & Blakeslee, M., 2007, p.33）

第2章 ── 心と脳

- ●体性感覚連合野…受け取った感覚情報の複雑なものを整理,分析する。
- ④後頭葉
  後頭葉は,視覚情報の処理などの機能をもつ。
  - ●視覚野…網膜がとらえた視覚情報を受け取る。
  - ●視覚連合野…視覚野が受け取った視覚情報を分析,統合し,記憶する。

それぞれの領域は役割を分担しながら互いに関連をもっている。たとえば,リンゴを見ると,目からの情報が脳の視覚野に入り,その情報が前頭前野で認知され判断されてリンゴという言葉を意識し,運動野とブローカ野を通して,言葉に出すことができるようになる。

(5) 小脳

小脳は姿勢を調節し,筋肉運動を協調させることがおもな働きであるが,習い覚えた反応の記憶も小脳にあると考えられている。大脳の後ろ側にある脳で,重さは大脳の10％程度だが神経細胞の数は1,000億個以上あり,シワが多く表面積は大脳の75％程度である。運動をコントロールする中枢で,大脳や脊髄と連絡しており,姿勢を保ち筋肉のバランスを調整する機能をもっているため,小脳が損傷すると平衡感覚を調節できなくなったり運動がぎこちなくなったりする。小脳の左側は身体の左側に,右側は身体の右側の運動に関係している。小脳は体で覚える記憶についても関与しており,水泳や自転車の乗り方など,一度習得してしまうと相当の期間が空いていても運動が可能であるのは,小脳の働きによるのである。

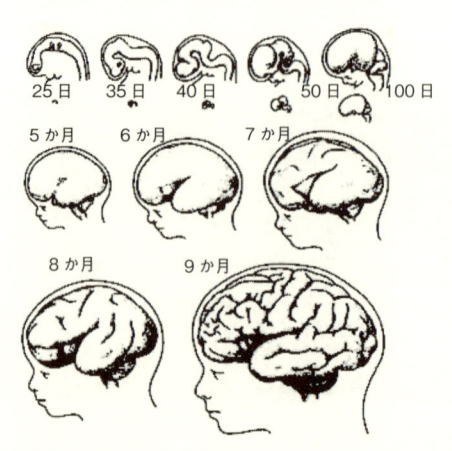

図2-9 胎児の脳の発達(吉田,2003,p.40)

第4節　脳の発達と変化

1．脳の形成

　受精後2週間目に入ると外胚葉（皮膚や神経系のもと）・中胚葉（筋肉や骨格のもと）・内胚葉（内臓のもと）の3つの胚葉が形成される。受精後18日頃に外胚葉から神経板が形成され，22日頃に神経板から神経管ができて，神経系が形成される。30日頃には神経や脊髄などのおもな領域の原始的な形がみられるようになり，神経管の上部が脳に，それ以外が脊髄になる。受精後17週になると脳の基本形が完成し，出生までの間に大脳皮質と小脳皮質は発達し続けて大脳皮質の神経細胞（ニューロン）の数もおとなと同じ140億個にまで増大する（脳全体の神経細胞の数は千数百億個）。出生時の脳重量は400g程度（体重の13%程度）である。

　出生後数年頃までにシナプスの数が劇的に増え，その後，必要なシナプスの結合を強化して不必要なシナプスが削除されていき（シナプスの刈り込み，pruning），適

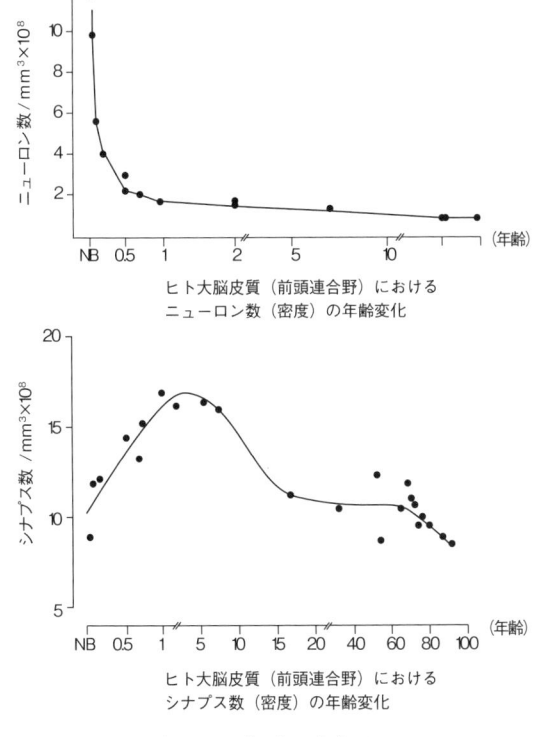

ヒト大脳皮質（前頭連合野）における
ニューロン数（密度）の年齢変化

ヒト大脳皮質（前頭連合野）における
シナプス数（密度）の年齢変化

図2-10　ニューロン数とシナプス数の変化（澤口，1999，p.73，p.75）

第2章 —— 心と脳

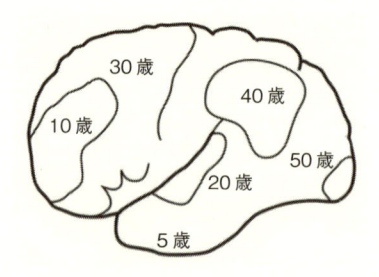

図 2-11 発達年齢が異なる脳番地 (加藤, 2008, p.71)

応的な情報の伝達回路に再編成され，神経伝達の効率が上昇する。

2. 脳機能の発達

　出生後は大脳皮質の神経細胞の数は増えないが，脳は急速に重量を増し，6歳頃でおとなの約90％程度の重さにまでなる。これは神経細胞から延びる軸索や樹状突起，脳を支える繊維細胞やグリア細胞が増えることによるものである。脳がうまく働くかどうかは重さによるものではなく，情報伝達システムがいかに機能するかによって左右される。遺伝的な要素以外に，よく使われる（練習が繰り返される）伝達システムほど，よく機能するようになる。

　加藤（2008）によれば，脳はよく発達する時期が脳番地（領域）によって異なり，最初に五感から情報が脳に入力する領域が，そして，その情報を受け取り解析する領域が発達する。その後は，高度で詳細な情報連絡網が脳の部位間でお互いに緻密に構築される。成人しても経験によって脳が変化していくと考えられるため，様々な領域を使い，しっかりした情報伝達のネットワークを作り上げることで，よい脳（うまく機能する脳）に育てていくことが可能だという。

● 第5節　ミラー・ニューロンと共感

　自分ではない他の誰かの苦痛や苦悩を目にすると，自分がそのような経験をしたかのように他者の苦痛や苦悩を感じることがある。たとえば，映画やドラマの登場人物に共感し，登場人物と同じような感情を自分が経験する。この他者の行動を見るだけで自分が実際にその行動をしたときと同じように活動するニューロン（ミラー・ニューロン）は，リゾラッティとシニガリア（Rizzolatti, G. & Sinigaglia, C., 2006）によれば，研究者が食べ物をつかむのを見ているサルの脳では，見ているだけで，実際にサルが手を動かして食べ物をつかむときと同じパターンの神経細胞の活動が運動前野でみられた。また，イアコボーニ（Iacoboni, M., 2008）は，人間を対象とした実験に

おいて，背景が何もない状態と，食事の支度が整えられた状態，食後の散らかった状態のそれぞれでカップをつかむ行動を見た場合では，食事の支度が整えられているなかでカップをつかむ行動（より明白な意図が推測される）にはミラー・ニューロンが強く活性化したことが示されたという。

　これは観察した他者の運動を自分の運動イメージと結びつけることにより，他者の運動の理解や予測を可能にしていると考えられている。このように，鏡のような特性をもつ脳があることが，感情を含めた他者の心の状態を理解し，共感する能力の基盤になっている。しかし，自分が他者と同じように感じる共感は，ミラー・ニューロンだけによるものではなく，他者との関係性（好き嫌いや親密かそうでないか）やその人自身の感受性によっても異なるのである（福島，2009）。

● 第6節　児童虐待と脳

　親が飼育を放棄したため，代理母親でハーロウが育てた有名なリーサスモンキー（アカゲザル）の実験（第3章　親子関係参照）がある。幼児期まで隔離されて成長したサルは，必要な母性的養育や他のサルとの社会的経験がない状態にあり，社会的な行動ができず，自傷行為を行ったり，攻撃性が強く，性的にも適切な行動をとることができなかった（Harllow, H. F., 1971）という。

　ではヒトはどうなのだろうか。児童虐待は，身体的虐待，ネグレクト（育児放棄），心理的虐待，性的虐待に分類されるが，友田（2012）は著書の序文で，タイチャー（Teicher, M. H.）の次のような言葉を紹介している。「子ども時代に激しい虐待を受けると，脳の一部がうまく発達できなくなってしまう。そういった脳の傷を負ってしまった子どもはおとなになってからも精神的なトラブルで悲惨な人生を背負うことになる。」

　友田によれば，脳の画像診断から，虐待を受けて育った人は，脳自体の機能に永続的なダメージを受けることがわかっており，前頭前野や左右の半球のアンバランス，脳梁，小脳などが虐待により小さくなるという影響がみられ，なかでも大脳辺縁系，特に海馬が小さくなることが報告されている。また，脳の部位によっても虐待を受けた年齢による影響が異なるが，これらは，虐待による心的外傷が，ストレスホルモン（副腎皮質ステロイドホルモン）分泌や神経伝達物質の変化を促し，大脳辺縁系や前頭葉などの出生後も発達を続ける脳の領域にダメージを与えることによるものと考えられている（Teicher, M. H. et al., 1993）。

　虐待件数は社会的認知により通報されやすくなったこともあって，日本では児童相談所への相談件数が年々増加し，66,000件を超えている。この件数は相談件数であって実数はもっと多いに違いない。虐待を受けて育った人は親になった場合に自分が虐

第2章 —— 心と脳

待されたのと同じように自分の子どもを虐待するという"虐待の世代間連鎖"が言われるが，オリヴァー（Oliver, J. H., 1993）によれば，虐待を受けた人が親になった場合に自分の子どもを虐待する親は3分の1，普段は問題がないがストレスが高まったときに虐待をしてしまう親は3分の1である。これは，逆に言えば，3分の1の人は虐待を受けても自分は子どもに虐待せず，3分の1の人はストレスが高まらなければ虐待をしないとみることもできる。精神的なトラブルを抱えやすくなる，ということは，ストレスも高まりやすくなることであるといえる。不幸にして虐待の被害者になってしまった人に対して，ストレス対処などの心理的社会的支援を適切に行うことが，子どもの脳の健全な発達を支え，親自身の精神的トラブルを減らし，虐待の世代間連鎖を減らしていくことにつながるといえる。

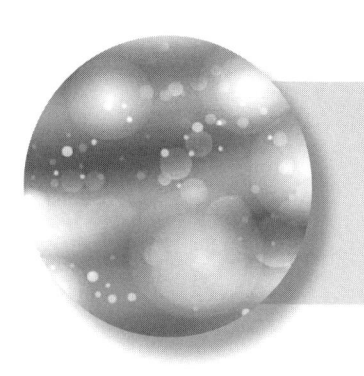

第3章　親子関係

● 第1節　哺乳類としてのヒトの親子関係の特徴

1．人間の発達の特殊性と可塑性

　様々な動物の発達を比較してみると，ヒトの子どもは，出生時の状態と成体に達するまでの長さに際立った特徴がある。

　まず，ヒトの出生時の状態の特徴は"二次的就巣性"という言葉に代表される。ポルトマン（Portmann, A., 1956）は，誕生直後の赤ん坊の状態により，動物を就巣性と離巣性の2つに分類した。哺乳類で就巣性のものはネズミ，ウサギ，イヌ，ネコなどであり，生まれた子どもには体毛が生えておらず，目や耳などの感覚器官は閉じられており，体温は外部の温度に依存し，出生後しばらくは自力で移動できない。また，ほとんどは妊娠期間が比較的短く，一度に産む子どもの数が多い。離巣性のものはウマ，ウシ，サル，クジラなどであり，生まれた子どもは出生後すぐに移動することができ，自力で乳を吸いにも行ける。また，妊娠期間が比較的長く，一度に産む子どもの数が少ない。

　哺乳類の中でも，原猿，サル，類人猿，ヒトなどの霊長類は，妊娠期間が比較的長く，一度に産む子どもの数が少ないという点では離巣性の特徴をもっており，出生直後から自力で移動できる典型的な離巣性にはあてはまらないものの，どちらかといえば離巣性に分類されることが多い。しかし，ヒトの場合は特殊である。ヒトの新生児は，感覚器官が刺激を取り入れられるように完成されているが，運動器官が特別に未熟な状態で生まれる。ポルトマンは，本来の離巣性の状態で生まれるためには約21か月の妊娠期間が必要だが，そうなると非常に難産になるため，早産が通常化したと考え，これを生理的早産と名づけた。生理的早産により，本来は就巣性ではないヒトが未熟な状態で生まれることになったのである。これを二次的就巣性と名づけた。

　二次的就巣性であることによって，ヒトは他の動物に比べて，その成長に生得的能力よりも学習の影響のほうが大きいという特徴をもつようになった。

　もう1つの特徴は，成体に達するまでの長さである。

第3章 ── 親子関係

表 3-1 霊長類の妊娠からおとな期までの長さの比較 (Napier, J. R. & Napier, P. H., 1985, p.59)

	妊娠期間（日）	乳幼児期（年）	青少年期（年）	おとな期（年）	寿命（年）
キツネザル	120-135	0.5	2	11+	14-15
マカク	165	1.5	6+	20	27-28
テナガザル	210	2	6+	20+	30-40
オランウータン	264	3.5	7	30+	40-50
チンパンジー	228	5	10	30	40-50
ゴリラ	258	3	8-10	27+	40-50
ヒト	266	6	14	50+	70-75

　表 3-1 は，霊長類の成長の期間を比較している。霊長類の社会的行動の発達は，ふつう3つの段階に分けられる。表中の「赤ん坊」とは母親にすべて依存している段階，「子ども」とは母親から独立しているが，まだ性成熟には達していない段階，「おとな」とは性的に成熟した段階である。ヒトの場合，乳幼児期は6年，青少年期は14年であり，他の霊長類よりも長い。成体に達するまでの期間が長引くことは，社会生活の中で学習する期間が長くなることを意味する。

　ヒトは二次的就巣性という出生時の特徴と成体に達するまでの期間の長さにより，成長過程で環境の影響により変容する可塑性が，特に大きくなった。

　ヒトの可塑性を大きくする要因として，もう1つ，インプリンティングの現象がある。

　ニワトリやアヒルなどの離巣性の鳥類のヒナには，生後まもなくから親を追従する姿がみられる。これがインプリンティング（imprinting）と呼ばれる現象であり，自然状況下では，母鳥が追従対象となるように仕組まれている。親子関係の成立に寄与し，生存可能性を高める適応的な仕組みである。人間には，鳥類のような明瞭な刻印づけの現象は知られていないが，乳児期の親子の相互認知，愛着の形成，思春期の恋愛感情などにはインプリンティングに似た特徴がある。インプリンティングは，遺伝情報に支配された行動であるが，同時に環境の影響を受けて変容する柔軟性のある行動でもある。

2. 授乳による母子関係の成立

　親による子への世話は，あらゆる脊椎動物で観察される。なかでも，哺乳類では妊娠・授乳はメスにしかできないため，必ず母親による世話行動がある。哺乳類での育児は95％までがメスによるものであり，オスがするのは例外的である。父親による積極的な世話行動（新生児に対する運搬，給餌，防衛，衛生行動）は，一夫一妻

型（ペア型）で生活する種でみられるが，類人猿で積極的な世話行動がみられるのは，ヒトだけである（長谷川，2006）。

　哺乳類では母子関係は自然に成立するように仕組まれており，人の場合も同様である。新生児はお腹がすくと泣く。そのとき，口唇やその周辺に乳首などのものが触れるとそちらに首を向け（口唇探索反射），吸いついたものをリズミカルに吸い始める（吸啜反射）。これらは，原始反射と呼ばれる。正常な新生児に観察される反射的行動の一種であり，お腹がすけばお乳が飲めるように仕組まれた生得的な行動である。

　母親が母乳を与えることもホルモンの働きによる生得的な基盤をもつ。母乳は，赤ん坊が乳首を吸うことで反射的に分泌される。乳頭や乳房への吸啜刺激が，母親の脳下垂体前葉からはプロラクチン，脳下垂体後葉からはオキシトシンというホルモンを分泌させる。プロラクチンは腺胞の分泌細胞に働き，母乳を生産・分泌させる。プロラクチンは，鳥類においてはその投与によって巣作りや抱卵が促されることが知られており，養育行動を促すホルモンとして注目されている。オキシトシンは，赤ん坊の姿を見る，泣き声を聞く，匂いをかぐといった精神的刺激によっても分泌され，母乳分泌だけでなく，母体の子宮収縮を引き起こし，出産後の出血を減少させ，気分を落ち着かせる。このように授乳は出産後の母体にとって非常に有益な行為であり，母親もまた，生理的に授乳をするように生まれついているのである。

　赤ん坊はその未熟さゆえに親を頼り，乳を求める。そして母親は，ホルモン分泌により安静につながる授乳をする。この哺乳動物固有の行動が，他の哺乳類と同様，ヒトにおいても緊密な母子間の関係を作り出す基盤となっている。

　哺乳類のなかでも，ヒトは特に，世話をする親の行動が学習による影響を受けやすいという特徴がある。

　ハーロウ（Harlow, H. F. & Mears, C., 1979/ 梶田（他訳），1985）によれば，実験的に親や仲間から隔離されて育ったサルは，出産後自分の子どもを無視したり，子ザルの顔を床に押し付けたり，子ザルの脚や指を噛み切ったりといった行動をし，自分が産んだ子どもであるのに自分で育てることができない。

　同様の例が，多くの動物園からも報告されている。松沢（2001）によれば，日本には，2001年現在380匹ほどのチンパンジーがおり，そのうち240匹ほどが動物園にいる。こうした飼育環境で育てられたチンパンジーの場合に，オスでは性交ができないことがあり，メスでは子どもを産んでも半数が育児拒否をするという。具体的には，母ザルが赤ん坊を産んだとたんにギャッと言って逃げてしまい抱かない，授乳ができないのである。赤ん坊のほうは，母ザルにしがみつき，乳首を探し，その乳首を吸うという反射をもって生まれているのだが，親がそれに応じた育児行動ができないのである。

　このようにサルにおいても，育児行動に必要な学習がなされないで育つと育児がで

第3章 ── 親子関係

きなくなるが，ヒトはさらに環境の影響を受ける可能性が高い。人間の親子関係は生物学的基盤をもつが，学習による影響が大きい。新生児の遺棄，児童虐待，育児ストレス，親子の心理的癒着など親子関係における問題現象には，こういったヒトの特性が関わっている。

● 第2節 胎生期の親子関係

1. 胎児の発育と母体からの影響

　かつては，生まれたばかりの赤ん坊は何もできない無力な存在であると考えられていた。しかし，近年の研究成果により，赤ん坊は生存のための様々な能力をもつ有能な存在であると認識されるようになっている。さらに，超音波画像による研究などが進み，胎児についても，その発育についての新たな発見があり，子宮内でも生後と同様の行動をしていることが知られるようになった。

　妊娠8週から38週目（受精後10週から40週目）までを胎児期と呼ぶ。妊娠8週目には，鼻，口，目，耳ができ，手足の区別がつき，指が完全に分かれ，心拍動がしっかりとし，腎臓が機能し，嚥下運動も行い，四肢の屈曲・伸展運動なども始まっている。胎児の感覚は，妊娠のかなり早い時期から機能し，視覚は，妊娠22週頃に，母体腹壁を介して強い光を与えた場合に胎児心拍数が増加する。聴覚は，24～27週で音に対して胎児の心拍数や胎動が変化する。したがって胎内で胎児は，子宮動脈の血流音，母親の心臓音，母親の声などの音を聞いている。母親の声は，振動波となり羊水を震わせて直接胎児に届くので，胎児は母親の声の音色や話し方のリズム，スピード，イントネーションを子宮内で聞いている。

　母体が胎児の発育に与える影響は大きい。母体の心疾患，糖尿病，高度の貧血などの疾患，妊娠高血圧症候群，栄養失調，喫煙，アルコール・薬物摂取などは胎児の発育に問題を生じさせる。たとえば，1日30本以上のたばこの喫煙により，通常は6%である低出生体重児の出生率が33%と高くなる。出生体重も平均して150～250g少なくなる。これは，血中のニコチンが胎盤への血流を妨げることにより胎児への栄養や酸素などの補給が十分にできなくなり，発育不全が生じることによるものである。また，母体の怒りや憎しみなどの感情はアドレナリンの分泌を促し，アドレナリンは血管を収縮させ，胎盤の血流が妨げられる。したがって，母親の心理的ストレスが長期間にわたると，胎児によくない影響がある。胎教という言葉があるが，これは，胎児によい影響を与えるためには，妊婦が心の平静を保つことが大切であることを意味する言葉である。母体の状態が胎児に影響することが古くから認識されていたのである。

2. 親という意識の芽生えと育ち

　親であるという意識は，妊娠，出産，育児期を通して徐々に形成される。母親の場合には280日の妊娠期間を胎児とともに過ごし，出産後は哺乳により密接な関わりをもつ。一方，父親の場合には胎児期には間接的な関わりしかなく，育児に関わる時間は母親よりも少ないというのが一般的である。親としての意識の形成過程は母親と父親では異なる。

(1) 母親の場合

　母親になることを自分のこととして感じる大きな契機は，妊娠だろう。「妊娠ですね」という医師の言葉で妊娠が確かになる，家族とともに妊娠を喜ぶ，「おめでとうございます」という祝福の言葉とともに母子手帳を受け取る，悪阻（つわり）により自分の体の変化を感じる，受診した産院で「お母さん」と呼ばれる，超音波映像で胎児の画像を見る，胎動を感じる，出産の準備をする，出産後のことを家族と話すなど，妊娠中のこうした出来事によって，母親になるという心構えが少しずつできていく。

　妊婦が胎動を感じるようになるのは，妊娠16〜20週頃である。研究によると自分の胎内に子どもがいると意識するのは，胎動を感じた時であるという回答が最も多く，胎動により母親であることの実感が高まる。

　岡本と菅野と根ヶ山（2003）は，妊婦に胎動を感じたときに考えたこと，思ったことを日記として記録してもらい，親意識の形成過程について分析している。それによれば，胎児イメージの変化には2つのターニングポイントがある。29〜30週と33〜34週である。29〜30週で，胎児を人間の赤ちゃんとして実感できるようになり，赤ちゃんの状態をより複雑にイメージするようになる。33〜34週で，それまで自分自身に対する応答と解釈していた胎動が，自分以外の人や音に対する応答へと変わる。すなわち，妊婦と胎児の対面的関係から，そこに第三項を介入させるように妊婦自身の主観が変化するのである。

　具体的には，胎児の体についての記述が，28週以前は「グルグル。魚が泳いでいる感じ。」というように胎児を魚，虫，モグラなど，「人間以外」のものとして記述することが多いが，29〜30週で「人間以外」は激減し，「足」が激増した。また，胎児の「気持ちや考え」を語る割合が一時的に減少した。33〜34週で「足」について語る割合が一時的に減少し，「気持ちや考え」を語る割合が増加した。

　母親がお腹に語りかけ，それに同期して胎動が生じることがある。その場合の胎児の応答の対象を母親であるとするものを「母への応答」，母親以外の夫や物音であるとするものを「他への応答」と分けると，33〜34週で，「母への応答」が減少し，「他への応答」が増加した。

　このように母親は，胎動を手がかりとして，妊娠中から主観的に母子関係を築きは

第3章 —— 親子関係

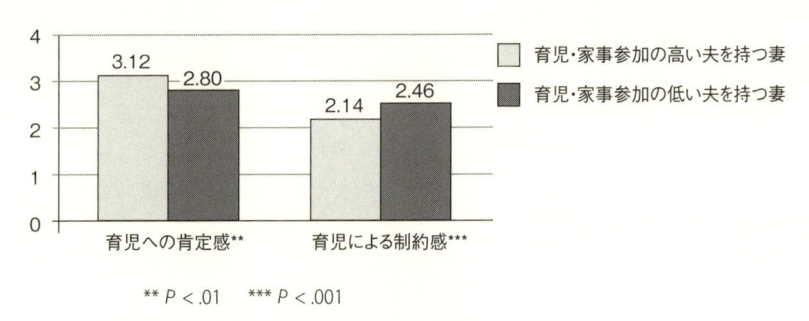

```
育児・家事参加の高い夫を持つ妻
育児・家事参加の低い夫を持つ妻

育児への肯定感**    3.12  2.80
育児による制約感***  2.14  2.46
```

** P＜.01　*** P＜.001

図 3-1　父親の育児参加と母親の育児感（柏木・若松，1994 より作図）

じめ，妊娠後半になるにつれて胎児を外の世界の広がりのなかにイメージするようになる。こうして心理的な分離を進め，出産への心の準備をしている様子が読み取れる。

　しかし，すべての人がこのような心的過程を経るわけではなく，親意識の芽生え・育みがないままに出産する人もいる。望まない妊娠や家庭生活に問題があることは親意識の発達にマイナスの影響を与えることが多いだろう。親意識の芽生え・育みを支える要因とは何であろうか。

　大日向（1988）は，妊娠6か月から出産後4か月までの母親について調査をし，妊娠の計画・夫婦関係・生活状況・育児経験・子ども観など，妊娠を迎える姿勢の背後にある要因が，妊娠当初の妊娠の受容とその後の母親としての心理発達に影響を与えると報告した。母親としての心理発達を支える要因として，「妊娠に対する自我関与の程度」と「夫との関係」の2点が重要であると指摘している。

　「妊娠に対する自我関与の程度」とは，妊娠を自身の人生の問題としてとらえ人生の中にどのように位置づけるかということである。妊娠当初から妊娠を人生の中に位置づけ，妊娠したことに対しての肯定的感情をもち続けた母親は，出産を楽しみにし，出産後も子どもに強い愛情をもつ。しかし，当初は妊娠を困ったと受け止めたが，しだいに肯定的に受け止めるようになり，出産後には子どもに愛情をもつ母親もいる。ここで重要なことは，当初に肯定的な感情をもったか否かではなく，妊娠を自分の問題としてとらえ，理解し，受け入れたかどうかなのである。「夫との関係」では，夫との間の心理的に充足した関係が妻の精神的安定に影響を与える。

　こうして，親は子どもを育てながら，しだいに親として成長する。

　小野寺（2003）は，幼児をもつ親に，育児することで生じた自己の変化について尋ねた。それによれば，親になったばかりの頃の母親は，日々の生活に対する負担感が強く，イライラすることが多い。だが，そうした苦労を乗り越えて子育てをしていくうちに人間的に成長し，以前よりもがまん強くなり広い観点から物事をとらえることができるようになったと感じている。

38

こうした母親を支える要因として重要なものが，夫の協力である（柏木・若松，1994；小野寺，2003）。

(2) 父親の場合

子どもが誕生するまでの間，初めて親になる男女は，「子どものことを考えると嬉しい」「子どもの誕生を楽しみにしている」という気持ちとともに「子どもは五体満足で生まれてくるのだろうか」「子どもが生まれると生活が苦しくなってしまうのではないか」といった不安も感じている。女性は親になる実感とともに，妊娠に伴う制約感・家事への負担感を男性よりも強く感じている。それに対して，男性は，一家を支えていくのは自分であり，よい父親になれるという自信を女性よりも強くもつ傾向がある（小野寺・青木・小山，1998）。

八木下（2008）は第1子の誕生を迎える父親に対して，妻の妊娠後期，生後0か月時，生後6か月時にインタビューを行い心理状態の変化について分析した。それによれば，妻の妊娠後期には，夫は子どもができることを喜ぶと同時に経済面や夫婦関係の変化などの不安をもち，無力感，孤立感などの感情の揺れも経験する。葛藤の多い時期だが，父親としての将来像を語り，父親になる心の準備もしている。子どもの誕生時には情緒がもっとも高まるが，マタニティ・ブルーに相当する抑うつ状態と類似の状態になる父親もみられるようだ。生後0か月時には，「ペットを飼っているような心境」「どういうふうに育てたらいいのか」など，子どもとの距離を感じさせる語りと，「育児は面白い」と言いながらも「子どもは手がかかる存在」というように，二面性のある語りが目立つ。現実に父親になったものの「余裕がない」状況にあって

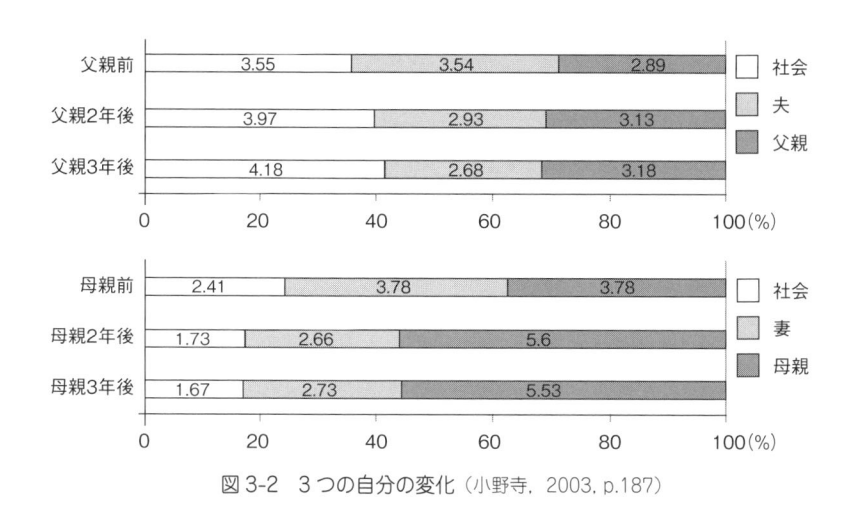

	社会	夫	父親
父親前	3.55	3.54	2.89
父親2年後	3.97	2.93	3.13
父親3年後	4.18	2.68	3.18

	社会	妻	母親
母親前	2.41	3.78	3.78
母親2年後	1.73	2.66	5.6
母親3年後	1.67	2.73	5.53

図3-2 3つの自分の変化（小野寺，2003, p.187）

実感が伴わない状態である。生後6か月になると，子ども側からの働きかけによって父親意識が刺激され，父親としての自覚が強まり，家庭のなかに父親が位置づけられる。また，「家族で外出」のように父親が積極的に家族に関わる場面が出てきて，父親の眼が地域社会への拡がりを帯びたものになっていく。

　小野寺（2003）は，親になる前から親になって3年後までの，役割の位置づけの変化について調べている。図3-2は，全体の自分を10として見た場合に，「社会に関わる自分」「父親としての自分」「夫としての自分」にどのような大きさを割り振るかの変化を表している。父親になった男性では「社会に関わる自分」に割り振る大きさが増えるが，「父親としての自分」の大きさは変化せずに「夫としての自分」の大きさが小さくなっている。小野寺によれば，アメリカでは父親になっても「社会に関わる自分」の大きさには変化がみられないことから，この結果は，父親の役割は仕事をして経済的に一家を支えることだという日本の伝統的な性役割観を反映していると解釈できる。

　一方，女性では「母親としての自分」が大きくなり，「社会に関わる自分」と「妻としての自分」が小さくなっており，父親と母親の役割観の変化の様相はたいへん異なる。

● 第3節　新生児期の親子関係

1．新生児期特有の親子関係

　母親から赤ん坊へ，赤ん坊から母親への相互の働きかけを通じて，母子関係は確立される。乳児期の母子相互作用には，精神面だけでなく生理面での相互作用も存在する（図3-3）。

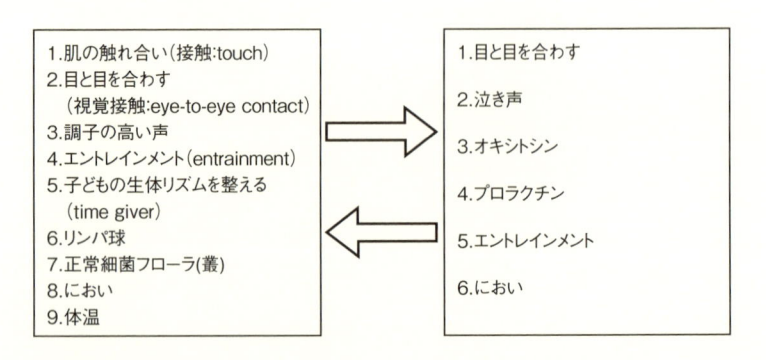

1. 肌の触れ合い(接触:touch)	1. 目と目を合わす
2. 目と目を合わす（視覚接触:eye-to-eye contact）	2. 泣き声
3. 調子の高い声	3. オキシトシン
4. エントレインメント(entrainment)	4. プロラクチン
5. 子どもの生体リズムを整える(time giver)	5. エントレインメント
6. リンパ球	6. におい
7. 正常細菌フローラ(叢)	
8. におい	
9. 体温	

図3-3　生後数日間の母子相互作用
　（Klaus, M. H. & Kennell, J. H., 1976; 仁志田, 2004; 青木ら, 2002 をもとに作成）

(1) 母乳哺育

　第1節で述べたように，母乳哺育は，赤ん坊はお腹がすけばお乳を飲むための働きかけをし，母親は母乳を与えることでホルモン分泌がなされ安静を得る，という生得的な基盤をもつ行動であり，新生児期の母子の身体的相互作用の中心である。スキンシップ，匂いの交換，エントレインメント，視線の交流などの行動も，新生児期には母乳哺育においてもっともよく観察される。日常の哺育の繰り返しにより，母子の心理的なつながりは強化される。

(2) スキンシップ

　育児行動には，抱く，撫でる，頬ずりするなど身体的接触を伴う。なかでも，母乳を与える際の身体接触は非常に密着度が高い。身体接触は，養育者と子どもの皮膚感覚を通しての交流（スキンシップ）であり，感覚を通して情報を交換もしくは共有する行為である。

　おむつだけを付けた赤ん坊を布袋の中に入れ，母親と赤ん坊が素肌の胸と胸を合わせるように抱く哺育方法がある。まるでカンガルーのお母さんが袋に子どもを入れているようであるので，カンガルー・ケアと呼ばれる。これは，低出生体重児などNICU（新生児集中治療室）で治療を受ける子どもたちに多く取り入れられている方法であり，母子のスキンシップを図ることを意図している。NICUで治療を受ける子どもとその母親は，直接触れ合うことが非常に少なくなり，退院後の母子関係がそのためにうまくいかないと考えられる例が多く報告されている。そこで，カンガルー・ケアを取り入れると，赤ん坊の発育にも母親の養育行動にもプラスの影響があることが報告されている。

　スキンシップは親子関係の成立に欠かせない重要な行動である。

(3) 匂いの交換

　赤ん坊の嗅覚は優れていて，自分の母親の乳の匂いと他の女性の乳の匂いを弁別することができる。母親の乳の匂いや体臭を記憶しており，記憶した匂いを嗅ぐことで安心感を得るのである。母親もまた，赤ん坊の甘酸っぱい匂いをかぐだけで母乳が分泌されることがある。母親は赤ん坊の匂いに養育行動を促され，満足感を得る。匂いもまた，新生児期の親子関係にとって重要な要素である。

(4) エントレインメント

　おとなが話しかけるとそれに呼応するかのように新生児が手足を動かすことがみられる。まるで話しかける人の言葉やリズムに同調するかのような行動であり，この現象をエントレインメント（entrainment，同調性，引き込み）という。母親の発声に

対して子が反応し，それに対して母親がまた働きかけるというように，親子の相互作用が発展する。また，お乳を吸うときに，赤ん坊はずっと吸い続けるのではなく，必ず途中で吸うのをやめる。この行動を，授乳の間に何度も繰り返す。赤ん坊が吸うのをやめたときに，たいていの母親は声掛けをしたり，軽く身体をたたいたりさすったりして働きかける。すると，それに呼応するかのように，赤ん坊はまた，乳を吸い始める。これも，母子の相互作用を発展させる行動であると考えられる。

エントレインメントは，親子が自己の生体リズムを変化させ，互いに同調化を図ることによって，時系列的に関係が成立し，身体性の共有や一体感を生むのである。

(5) 視線の交流（eye to eye contact）

生まれて間もない赤ん坊の視力は0.03程度である。これは母親が赤ん坊を抱いて哺乳するときに，母親の目と赤ん坊の目がちょうど合う焦点距離である。また，生後すぐから赤ん坊は注視や追視をする。そこで，乳を与えているときに赤ん坊が母親をじっと見るという状況が生じる。視線が合ったり注視されたりした母親は，赤ん坊に強い関心を抱き，いっそう育児行動を行うようになるのである。

(6) 微笑行動

生後数日の新生児にも，微笑みの表情が観察される。外部からの視覚的刺激によらない，むしろ内因性の運動で，浅い眠りのときに規則的なサイクルで生起する，微笑むような表情を自発的（生理的）微笑と呼ぶ。微笑みはしだいに音刺激や視覚刺激，触刺激により引き起こされることがより多くなり，生後2か月頃には外部刺激に反応して微笑むようになる。これを外発的微笑という。生後3か月頃にはなじみのある人とそうでない人とを識別し，なじみのある人にはより微笑むようになる。これを社会的微笑という。

新生児の自発的微笑は，本人の意思とは関係のない反射的で生理的なものであるが，見る者は関心をもち，養育行動を喚起される。この繰り返しが親子のつながりを強化する。

(7) 模倣行動（共鳴動作）

赤ん坊が覚醒していて機嫌のよいときには，おとなの顔を真似る。この行動は，生後間もない赤ん坊にも生じることが知られている。メルツォフとムーア（Meltzoff, A. N. & Moore, M. K., 1977）は，実験的研究により，生後42分から71時間（平均32.1時齢）の新生児がおとなの舌出しと口の開閉を真似たと報告しており，フィールドらは，平均36時齢の新生児が喜びと悲しみと驚きの3つの顔の表情を弁別し真似たと報告している（池上，1999）。池上は，顔模倣に関する一連の研究を行っている。

未知の人のモデルが示される模倣場面で，1か月児は誰とともにいるかによる影響は受けないが，3か月児，7か月児は母親の膝の上でのほうが，より模倣が生じた。また，1か月児でも顔内部の「目」を注視し「動き」と「目」があれば「人らしさ」選好を示した。すなわち，「顔の模倣は，人と人が醸し出す場面で，人に支えられ，人に対して生起」する（池上，1999）。

エントレインメントと模倣行動はともに，おとなからの働きかけに対して，同調・模倣により応答し，おとなと相互交渉をする能力を示すものである。

2. 親子関係に影響を与える要因
(1) 親側の要因

親子関係のありようは様々なことに影響を受けている。まずは親側の要因であるが，大きくは，親自身の要因，家族・家庭の要因，物理的要因の3つに分けられる。

親の養育態度・養育方法は，子どもの人格形成に影響を与える。

サイモンズ（Symonds, P. M.）は，親の養育態度を，支配－服従，拒否－保護の2軸によって整理し，8つのタイプに分類した（宮城，1960）。愛情が過剰であると，過保護な状態になり，子への干渉や過度の心配をすることになるし，愛情が少ないと，拒否的になり，子を非難し，不満を抱く。権威が強すぎると支配的な状態になり，厳格や過剰な期待となる。権威が弱すぎると親が子に服従的な状態になり，溺愛や盲従となる。愛情も権威もちょうど中庸で，愛情の軸と権威の軸の交差するところが，最も望ましい親の養育態度と考える。

親子関係については，サイモンズの考え方とともに，親から子への一方的な影響を重視する考え方が，長い間存在してきた。だが，現在では，親子は互いに影響しあい，その影響は一方的なものではなく円環的なものであると考えられるようになっている。養育方法とは，授乳の仕方や，基本的生活習慣のしつけ方，子どもの統制の仕方などである。養育態度・養育方法に影響を与えるものが，親自身の被養育体験である。

私たちは，自分が育った社会や環境，人間関係から意識的・無意識的な影響を受けている。自分の上の世代から生活習慣や文化，価値観を受け継いでいる。上の世代から受け継いだものを次世代へと伝えることを世代間伝達といい，養育態度・養育方法などは世代から世代へ受け継がれていく。望ましい養育態度や養育方法で育てられた親が自分の子どもを同様の望ましい態度・方法で育てることは世代間伝達の一例であるが，自分が子どもの頃に虐待された経験をもつ親が自分の子どもを虐待するという世代間伝達もある。

以上の要因に加えて，親の個人特性として重要視されているのが子どもに対する敏感性である。敏感性とは，子どもの出す信号の意味を正しく理解し，タイミングよく，適切に反応できることをいう。泣く，笑う，ぐずるなどの行為には，子どもの様々な

第3章 ── 親子関係

メッセージが含まれている。子どもからのメッセージを正しく読み取り，タイミングよく応えることで，子どもは親と一緒にいることに安心感をもち，親との相互交渉を喜ぶようになる。一方，親は自分の育児に自信がもてるようになり，子どもとの相互交渉を喜ぶようになる。

さらに，妊娠・分娩・育児体験があるか否かなども親自身の要因として考えられる。

次に，家族・家庭の要因とは，配偶者や他の家族成員からの影響である。親子は2人だけで暮らしているのではない。他の家族成員が親子に対して適切な指導やサポートをする場合と，過干渉，あるいは没交渉である場合とでは，影響が大きく異なる。育児には精神的にも体力的にも大きな負担が伴われる。核家族の多い現代では，配偶者，祖父母，友人，育児支援システムによるサポートが親に対して必要とされている。殊に，妻にとって夫の協力は重要であり，夫が育児に協力的であることが，妻の育児におけるストレスを軽減し，育児への肯定的感情を高め，育児そのものもよい状態につながる（原田，2006；柏木・若松，1994；花沢，1992）。

物理的要因とは家の建築構造や近隣との物理的関係のことである。たとえば，住環境に対する不満などに起因するストレスが子育てに対する負担感を強くし，子どもに対する態度やケアにマイナスの影響を及ぼすことが考えられる。また，隣近所に音が漏れやすい場合には，赤ん坊の泣き声が近所迷惑にならないように気を遣って育児しなければならない。

(2) 子ども側の要因

親子関係に影響を与える子ども側の要因は，子どもの発育状況と気質的特徴である。

子どもの発育状況がかんばしくない場合に，親子関係は問題を生じやすい。低出生体重児（出生体重が2,500グラム以下のもの）のように誕生後すぐに保育器などで育てられるようになった赤ん坊は，母子の接触が極端に少なくなる。そのため，退院して手元で育てるようになってからも，母親は自分の子どもという実感がわかない，愛情を感じられないという思いをもつことが少なくない。これは，出産直後からの母子接触の少なさ，子どもの泣く力が弱いために親の注意を喚起できず親が子どもへの応答性をもちにくい，また小さく生んだことへの母親の自責の念，などの複合的な原因によると考えられている。また，視覚的障害をもつ赤ん坊では，目を合わせたり，微笑に反応したりすることが難しく，聴覚的障害をもつ赤ん坊では，親の声掛けに対する反応が難しい。これらのことも，相互交渉に困難を生じさせる。

赤ん坊には，いつも機嫌がよい子やよく泣いてなかなかなだめられない子など，個人差がある。こういった，生得的な基礎をもち，発達初期から発現し，ある程度の持続性，安定性のある行動上の個人差を気質と呼ぶ。気質は，養育される環境との相互作用により，安定化したり変化したりする可変性をもつ。トマスとチェス（Thomas,

表 3-2　子どもの気質の分類（菅原，1992）

1）Thomas & Chess, 1986	
（9次元）	
① 活動水準	身体活動の活発さ
② 接近／回避	新奇な刺激に対する積極性／消極性
③ 周期性	睡眠・排泄などの身体機能の規則正しさ
④ 順応性	環境変化に対する慣れやすさ
⑤ 反応閾値	環境刺激に対する敏感さ
⑥ 反応の強度	泣く・笑う等の反応の現れ方の激しさ
⑦ 気分の質	親和的行動／非親和的行動の頻度
⑧ 気の散りやすさ	外的刺激による気の散りやすさ
⑨ 注意の範囲と持続性	特定の行動に携わる時間の長さ・集中性
（気質タイプの3類型）	
1.「扱いにくい子どもたち」	回避＋新奇な刺激に対する消極性＋ゆっくりした順応＋非親和的行動＋激しい泣き，笑いの反応
2.「エンジンがかかりにくい子どもたち」	最初回避－やがて接近＋最初ゆっくりした順応－やがて順応
3.「扱いやすい子どもたち」	接近＋規則正しい身体機能＋すばやい順応＋積極的な親和的行動＋マイルドな泣き，笑い反応
2）Buss & Plomin, 1984	
（3次元）	
① 情緒性	いらだちやすさ，臆病さ，怒りっぽさ
② 活動性	生活テンポの速さ，エネルギッシュさ
③ 社会性	親和性の高さ
3）Rothbart, 1981	
① 活動水準	身体運動の活発さ
② 肯定的情緒表現	ポジティブな情緒表現の頻度
③ 注意の持続	興味の持続性
④ 鎮静性	ネガティブな情緒状態からの回復性
⑤ 恐れやすさ	新奇な刺激に対する積極性／消極性
⑥ フラストレーション耐性	行動を制限されたときの怒りっぽさ

A. & Chess, S., 1986）によれば，乳児の気質には活動水準，新奇な対象への接近－回避，体内リズムの周期性，順応性，反応閾値，反応の強度，気分の質，気の散りやすさ，注意の範囲と持続性，という9つの側面がある。9つの側面の程度により，気質タイプは3つに分けられる。「扱いにくい子どもたち」「エンジンがかかりにくい子どもたち」「扱いやすい子どもたち」である。「扱いにくい子どもたち」は，睡眠や排泄や空腹などの生理的リズムが不規則で，泣き笑いの反応の現れ方が激しく，環境変化になじむのが遅いという特徴がある。「エンジンがかかりにくい子どもたち」は，新奇な刺激に対して消極的で行動開始に時間がかかるという特徴がある。「扱いやすい

第3章 — 親子関係

子どもたち」は，生理的リズムが規則的で，泣き笑いの反応の現れ方は穏やかであり，気分が安定していて，順応性が高いという特徴をもつ（菅原, 1992）。

親子の相互作用にはお互いの個人的特性が影響し，子どもの側の気質と，親の側の敏感性が重要であると考えられている。たとえば，扱いやすい子どもが敏感性の高い母親に養育された場合には安定した関係が築けるだろうが，扱いやすい子どもであっても敏感性の低い母親に養育された場合には，不安定な愛情関係になることも考えられる。また，扱いにくい気質の子どもであっても，敏感性の高い母親に養育されることで大きな問題を生じることなく安定した関係を築くことができる。逆に，もともと敏感性の高い母親であっても，扱いにくい子どもをもったことにより，子どもの反応の意味が読み取れなかったり，タイミングよく適切な応答を返すことができなかったりして育児を困難に感じるようになることもあるのだ。

● 第4節　子どもの成長と親子関係の変化

1. 第一反抗期

生まれてしばらくの間，赤ん坊は自分の周りの人に対して，誰にでも，微笑行動や発声行動を行う。生後2〜3か月になると，赤ん坊は母親（いつも養育をしてくれる人の意味で用いる）と他の人の区別ができるようになり，母親の姿を目で追うようになる。生後6か月頃には母親には接近や接触を求めるようになる。これは，特定の人との間に情愛的な結びつきができたことを示すものである。この情愛的な結びつきを愛着（attachment）という。この頃から，他の者よりも母親に対して，より微笑や発声をし，母親がいると安心し，母親がいなくなると追いかけたり，泣き叫んだりするようになる。同時に，見知らぬ人を怖がったり嫌がったりする「人見知り」が始まる。人見知りの程度や長さには個人差があるが，長くても2歳頃までにはあまりみられなくなる。人見知りの終わる頃には，親の常時の身体接触や保護も必要としなくなる。これらは愛着形成の過程といわれ，生まれてから2歳頃までの親子関係の中心課題である。

愛着形成により，子どもは親との近接とその維持により安全であるという感覚を得て，親は子どもに全面的に信頼されることによる子どもとの一体感をもつのである。ところが，2歳を過ぎる頃から，「イヤ！」「ダメ！」と親が言うことを拒否し，自己主張をし，悪いことをしても謝らないという行動が多くなる。このように反抗的行動が目立ってくる時期を反抗期という。反抗期には，第一反抗期と第二反抗期があり，どちらも社会性の発達のうえで重要な意味をもつ。

第一反抗期は2歳を過ぎる頃から現れ，3, 4歳頃をピークに，4〜5歳頃まで続く。第一反抗期は，自我の発達と関係している。2歳頃には，表象能力の発達によっ

て，自分の意志や感情や欲求に気づき，親と自分とは違う存在であると認識できるようになり，自分の意志を言語により表現できるようになる。そこで，親の意志や欲求と自分のそれとが違ったときに，親を拒否し，自分の主張を通そうとするようになる。したがって，親にとってはわがままで反抗的と感じられるだろうが，自己を表現して社会的関係を築くための意義のある行動なのである。

この時期のもう1つの特徴として，他の子におもちゃを貸さず自分の所有であることを主張することや，自分の名前のついた様々なものに興味をもつという行動がみられる。そして，親の言うことを聞かずに自分で決定し，自分で行動しようとする。これは，自分の意志を言葉で表現できるようになり，身の回りのこともできるようになった子どもが，自分の能力を試したいという欲求の現れである。この時期の反抗は，子どもの自発性の裏返しであるともいえる。

2. 第二反抗期

思春期（小学校高学年～中学生）には，親や教師などの周りのおとなや権威に対して，相手の要求を拒否し，盛んに自己主張をするようになる。これが，第二反抗期である。

第二反抗期は，親から心理的に自立したい，情緒的自律性を獲得したいという気持ち（心理的離乳）の高まりにより，周囲との間に摩擦や葛藤を生じている状態であって，おとなからすると反抗的と感じられる。近年の知見からは，青年期においても親は愛着の対象であり，親への愛着と自律がともに課題であり，親子間の適度な葛藤が社会性の発達には必要であると考えられるようになっている。

この時期の反抗の様相には個人差があり，本人の気質や，環境により異なったものとなる。たとえば，権威主義的な親である場合には子どもの抵抗が強くなり，民主的な態度の親である場合には子どもの意志を尊重することから子どもの抵抗は弱くなることが考えられる。子どもの心理的離乳は，子どもと親が相互に相手の立場や視点を尊重し態度変容することで果たされ，再び安定した親子関係を築くにいたる。

第一反抗期，第二反抗期はともに，自分の意志と親などの社会的圧力との間の葛藤を克服するなかで，自律性を獲得しながら社会に適応する能力を身につける過程なのである。

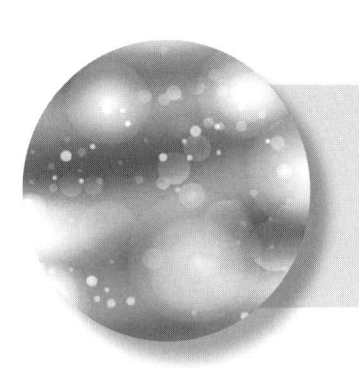

第4章 発　達

● 第1節　発達の定義

　発達は生得的にもつ能力と環境の影響の相互作用によっておこる。広辞苑（1998）によれば，発達は，「生体が発育して完全な形態に近づくこと，進歩してより優れた段階に向かうこと」であり，心理学用語としては，「個体が時間的経過に伴ってその心的・身体的機能を変えていく過程。遺伝と環境とを要因として展開する」としている。つまり，心理学では上昇的な変化だけでなく下降的変化もまた発達ととらえている。生まれる以前のヒトとして生命が宿った時から生命を終え死ぬまでの時間軸の中で，生涯にわたる量的・質的変化を発達のプロセスとして見ていくのである。
　本章では一生を胎児期，新生児期，乳幼児期，児童期，青年期，成人期，老年期に分けて概観する。

● 第2節　胎児期の発達

　胎児期（受精～誕生）とは，母親の胎内で成長発達し，外界に生まれ出てくるまでの期間をいう。妊娠期間は最終月経初日を基準として40週（280日）であり，一般的にはこの数え方で妊娠○○週，妊娠○か月とする。しかし，受精から数える場合は38週（266日）とされる。
　胎児期はその特徴から卵体期，胎芽期，胎児期の3つに分けられる。

1. 卵体期

　卵巣から排出された直径0.1～0.15mmの成熟した1個の卵子は，1回の射精で排出された，1～5億個の精子の内の1個により卵管の中で受精する。精子の大きさは0.06mm程度である。受精した卵が卵の形態のまま，細胞分裂を繰り返しながら子宮に着床するまでの期間（8～10日）を卵体期（細胞期，胚期）という。受精卵自身が染色体や遺伝子の異常などをもつ場合には，その後の発達に影響を与える。

第4章 ── 発　達

2. 胎芽期

　胎芽期（子宮着床〜8週）とは，子宮着床後に子宮内壁に胎盤を形成し，内臓や手足，感覚器官などの身体各部の原型が形成される時期をいう。胎児の発達を妨げる母胎内の要因にはアルコールなどの薬物，放射線，ストレスなどがあるが，特にこの胎芽期は身体の原型が形成される時期であるため，これらの影響を受けると，形成異常などの重篤な影響が現れやすい（Behrman, R., Kliegman, R., & Jenson, H., 2004）。薬物の例としては，ヴェトナム戦争時に散布されたダイオキシンによる多重児などの形成異常，ウイルスの例としては風疹による内臓や感覚器官の形成異常，放射線の例としては原爆性小頭症などがあげられる。受精後3週目くらいから心臓の拍動が始まり，5週頃には身長は2cm，体重4g程度に発達する。胎芽期の終わりには神経系の全体的な構造が完成する。

　図4-1は受精後第8週の胎児で，羊膜に包まれて羊水と呼ばれる液体の中に浮かんでいる姿である。

3. 胎児期

　胎児期（受精後9週〜出生）とは，胎芽期に形成された身体各部が成長増大する時期をいう。母体の栄養状態やアルコール摂取，外的刺激により胎児が影響を受け，発達上の問題が生じる。

　この時期には各器官が機能し，様々な筋肉を使う運動が出始める。8週目前後には最初の筋肉の収縮運動がみられ，13〜14週目には呼吸と口に入ったものを飲み込む嚥下反射が，17週頃から掌に物が触れると握る把握反射がみられるようになる。20週頃には体重460g，身長19cm程度になり，28週目になると目が開き，体重1,300g程度になって頭部を下にするようになる。その後少しずつ身体各部が充実していき，38週に満期を迎えて出生にいたる。

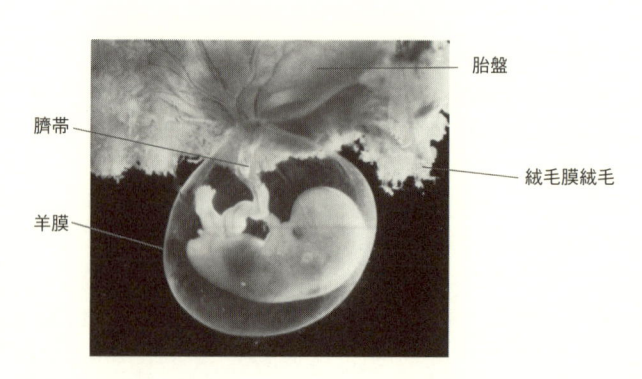

図4-1　第8週の胎児（Martini, F. et al., 2000, p.587）

味覚や嗅覚，聴覚は20週頃までに，触覚は24週目には機能し始め，28週頃を過ぎると母胎の腹壁を通して外部の音も聞こえるようになる。胎内は母体の心音や血流の音，消化器の動きに伴う音などとともに母親の声が直接振動として伝わる他，外部の声や音が腹壁や羊水を通して聞こえているという状態になる。また，この頃には外部から強い光を当てると胎児の心拍数に変化があることから明るさの感覚があり，羊水に甘みを加えると羊水を飲む量が増えることから味覚もあることがわかる。38週頃になると，母親の声と別の女性の声で胎児の心拍数が異なり，母親の声を区別している様子がみられる。

第3節　新生児期

子どもは平均出生体重3,000g程度，身長50cm程度の4頭身で出生する。出生から4週間を新生児期といい，この時期には，母胎内とは大きく異なる温度や，栄養や酸素の摂取などの様々な身体的・環境的変化に適応し生き抜いていくという大きな課題がある。

1. 初期体験

発達の初期の体験（初期経験）の重要性を物語る例として，ローレンツ（Lorenz, K., 1965）の見出したインプリンティング（刻印づけ）がある。卵から孵った灰色ガンのヒナ鳥は生後十数時間以内に目の前で動くものを何でも親として認め，それ以降に本物の親に出会ったとしても修正することはなかった。初めて出会った自分より大きな目前の動くものを親と認める本能行動に学習が加わったものであるが，このよう

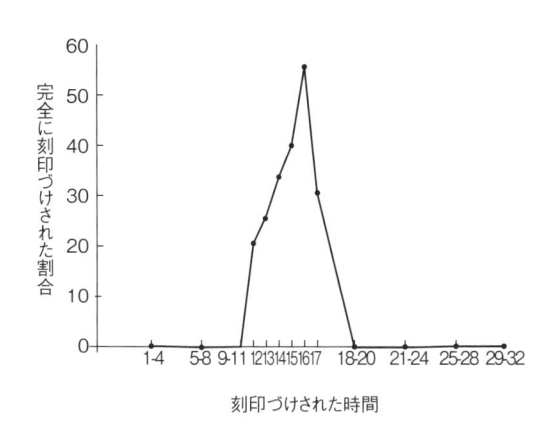

図4-2　臨界期（Hess, E. H., 1973, p.197）

第4章 ── 発　達

に決定的な影響を与え，その後に再学習をできない時期（鳥類では孵化後十数時間）を「臨界期」という。人間の乳児にはその後の環境や経験からの学習がまったく不可能ではないことから，すべて同様に当てはまるとはいえない。しかし初期経験の影響力は強く，その時期を逃すと学習が困難になる「敏感期」があるといわれている。

2. 新生児の身体的特徴

新生児はまだ歩くこともできず，周囲のおとなの世話によらなければ生きることができない状態で生まれてくる。哺乳動物の新生児の研究を行ったポルトマン（Portman, A., 1951）は，単胎で妊娠期間が長く出生直後から移動が可能な離巣性の動物と，多胎で妊娠期間が短く出生後は自力で移動できない就巣性の動物に分類した。彼は，人間が通常は単胎であり，妊娠期間が長いにもかかわらず生後すぐに歩行できないのは，本来ならもう1年ほどの長い妊娠期間が必要であるにもかかわらず，母胎内で頭が大きくなりすぎるため早く生まれてくる"生理的早産"であり，他の哺乳動物とは異なる"子宮外の胎児期"がある，ととらえた。

3. 運動・知覚の発達

(1) 反射

新生児は随意運動の発達は未熟であるが，原始（新生児）反射と呼ばれる生きながらえるための反射機能が胎児期に準備されて生得的に備わっており，原始反射がみられない場合には中枢神経系の障害が疑われる。新生児は，反射を通して自己の身体や身の周りの世界を理解し始める。反射の例としては次のようなものがある。これらの多くは生後3～4か月以内に消失する。

- ルーティング反射（口唇探索反射）…唇の近くに指先や乳首などが当たるとそちらに顔を向け口に入れようとする。
- 吸啜反射…口の中に乳首や指を入れると吸いつく。
- 嚥下反射…口の中に乳などが入ると飲み込む。
  - ＊ルーティング反射や吸啜反射があることで母親の乳首を吸うことができ，口の中に入ってきた乳を嚥下反射で飲み込むことができる。
- モロー反射…あおむけに寝かせた状態から急に頭の位置を下げると，体の中心（正中線）に向かって抱きつくように手や足を動かす。
- 把握反射…新生児は親指を中に入れて手を握っていることが多いが，手を開いているときに掌におとなの指など，物が当たるとそれをしっかりと握りこむ。
- バビンスキー反射…足の裏を棒の先などの硬いものでこすると，指先を扇型に広げる。

(2) 知覚

　感覚は胎児期からある程度機能しており，視覚・聴覚・味覚・触覚・嗅覚のなどの感覚により周囲の刺激を受け入れることができる。たとえば，次のようなものがみられる。

- 視覚…視力は 0.03 程度で，焦点は 25 〜 30 cmに固定されている。これは，母親に抱かれたときに母親の顔を見ることができる視力である。
- 聴覚…母親の声と他の女性の声の違いがわかる。
- 味覚…ほんのり甘いものを好む。
- 触覚…沐浴の湯の温度やミルクの温度が適温でないと嫌がる。
- 嗅覚…酸臭や焦臭を嫌がる。自分の母親の母乳パッドの匂いがわかる。

4. 対人関係

　新生児は自分の力で移動して食物を手に入れることはできない。しかし，まったく無力な存在ではない。反射だけでなく，泣き声や姿により養育行動を促すことから，養育者（母親）に働きかける"力"をもっているとみることができる（図4-3）。それらに養育者が応答することで，人生のごく初期からの人との相互関係が始まる（第3章親子関係を参照）。

　新生児期が人への関心をもつことを見出したのはファンツ（Fantz, R. L., 1961）である。彼は 3 〜 4 か月児を対象に，人間の顔に似た図，同心円の的，丸く新聞の切り抜いた図を提示し，どの図を長く見るか実験（図4-4）を行ったが，その後，新生児にも同じ実験を行った（Fantz, R. L., 1963）。彼によれば，生後 2 日以内の新生児で

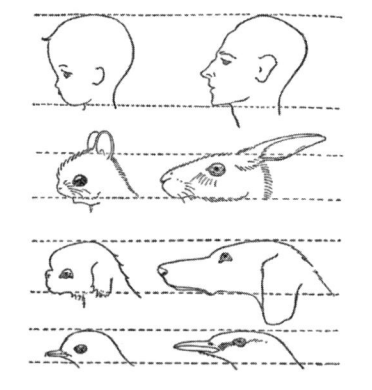

図の左側のかわいいと感じさせる刺激（ベビー図式）により養育行動が触発される。

〈特徴〉張り出した大きな額
　　　　中央より低い位置の目
　　　　丸みのある頬
　　　　身体に比べて大きな頭
　　　　柔らかな身体の表面
　　　　短い手足
　　　　丸みのある身体　など

図 4-3　人間に養育行動を起こさせる図式（Lorenz, K., 1965, p.187）

第4章──発 達

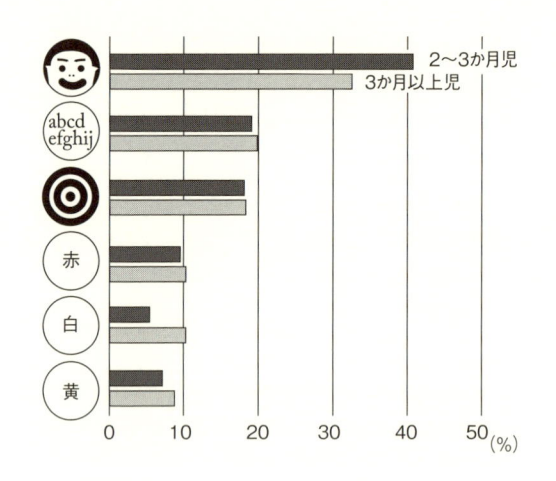

図 4-4 全凝視時間に占める選好注視の割合 (Fantz, R. L., 1961, p.72)

表 4-1 6つの刺激物に対する乳児の注視の割合 (Fantz, R. L., 1963, p.296)

年齢	顔	多重円	新聞	白	黄	赤	P (有意差)
生後 48 時間以内	29.5	23.5	13.1	12.3	11.5	10.1	.005
生後 2〜5 日	29.5	24.3	17.5	9.9	12.1	6.7	.001
2〜6 か月	34.3	18.4	19.9	8.9	8.2	10.1	.001

さえ顔に似た図形を最もよく注視する，という（表 4-1）。

新生児には，母親に抱かれたときに視線が合うことやおとなの話しかけに対して手足を動かして反応すること（エントレインメント），おとなが目の前でゆっくり口をあけたり目を見開いたりすると模倣することもみられ，コミュニケーションするための能力の基礎を備えているといえる。また，まどろんでいるときに，生理的微笑（自発的微笑）がみられるが，これは対人関係とは関係なく，実際には一種の筋肉のけいれんによって起こるものである。しかし，母親は生理的微笑をかわいらしいと感じて，養育行動が促進される。

5. 性格の個人差

性格の違いはトマスとチェスら（Thomas, A., Chess, S., & Birch, 1970）によれば，親の育て方などの影響を受けない新生児期からみられ，「扱いにくい子」「扱いやすい子」「ゆっくりな子」のタイプがある。「扱いやすい子」（全体の 40%）は排泄や空腹，睡眠を訴える行動が規則的で生活リズムが一定し，環境の変化にも安定的で，新しい刺激に積極的であったが，「ゆっくりな子」（全体の 15%）は新しい環境に慣れ

るのに時間がかかり，生活リズムも定まっていなかった。「扱いにくい子」（全体の10%）は泣くなどの情動の現し方が激しく，生活リズムは不規則で，環境の変化に慣れにくかった。残り35%の子どもはどのタイプにも当てはまらなかった。

このような性格の個人差の親子関係への影響をサメロフ（Sameroff, A. J., 1975）は，育てにくい子は親との間でより悪い関係になることが予想されると述べている。

● 第4節　乳児期・幼児期

乳児期・幼児期（4週間～6歳）は心身の発達が著しく，様々な変化が遂げられる時期である。心理的にはパーソナリティの基礎が形成される時期であり，それゆえにこの時期は親や家族，保育者などのおとなとしっかりした心の結びつきを経験することが重要である。また仲間と楽しむことも大切になってくる。

1. ライフサイクルから見た発達の課題

人間のライフサイクル論の観点から人間の発達を8つに分けてとらえたエリクソン（Erikson, E. H., 1959）は，それぞれの時期に獲得すべき課題と対立する危機が存在するとした（表4-2）。危機は破局的な問題という意味ではなく，人は葛藤を乗り越えることによって課題を達成し次の段階に移行することができるという。

エリクソンは乳児期の課題を，「（基本的）信頼」対「不信」の心理的危機の克服としている。キーパーソンである母的な人物に対して，乳児は応じてもらえない不信を経験しつつも信頼を獲得することで，「自分は生きていてよい」「この世は信頼できる」「自分は応じてもらえる存在である」と感じ，他者と自己への信頼を獲得すると

表4-2　エリクソンによる発達段階 (Erikson, E. H., 1959, 1997より一部改変)

段階	発達段階	心理社会的危機	重要な他者	フロイトの心理−性的段階
第Ⅰ期	乳児期	信頼 対 不信	母親（母親的人物）	口唇期
第Ⅱ期	幼児期前期	自律性 対 恥・疑惑	親	肛門期
第Ⅲ期	幼児期後期	積極性 対 罪悪感	家族	エディプス期
第Ⅳ期	児童期	勤勉性 対 劣等感	コミュニティ・学校	潜在期
第Ⅴ期	青年期	自我同一性確立 対 自我同一性拡散	仲間集団	性器期
第Ⅵ期	若い成人期	親密性 対 孤立	友情, 性, 競争, 協力のパートナー	
第Ⅶ期	成人期	生殖性 対 停滞	配偶者, 子ども	
第Ⅷ期	老年期	統合性 対 絶望	「全人類」「わが一族」	

第4章 ── 発　達

いう。彼は，この基本的信頼が青年期の自我同一性（アイデンティティ）の獲得の基礎となるととらえている。

　幼児期前期の課題は，「自律性」対「恥・疑惑」の心理的危機の克服である。子どもは様々にできることが増え，排泄などのコントロールも可能になるが，ときには失敗し，恥ずかしさや自分の能力に疑惑を感じる。

　幼児期後期は「積極性（自主性）」対「罪悪感」の心理的危機の克服である。3歳頃から子どもの生活空間は拡大し，自発的に目的に合わせて行動できるようになる。善悪の意識も形成され，やりすぎて罰せられたり，自分で罪の意識を感じたりするようになる。

2. 身体・運動の発達

　身体は生後1年で最も急速に発達し，体重は約3倍に，身長は約1.5倍になる。新生児反射の多くは3，4か月から半年以内に消失するが，これは脊髄レベルの反射が中枢神経系（脳）の発達によって随意運動に入れ替わっていくからである。随意運動には感覚器官，神経系，骨や筋肉系の発達が必要であり，原始反射の消失の遅れはこれらの発達の遅れを疑わせることになる。

　運動機能には身体の大きな筋肉が働く粗大運動（移動運動・全身運動）と，小さな筋肉が働く微細運動（手の運動）があり，乳幼児期には急速に発達する。

表4-3　運動発達の例（遠城寺式・乳幼児分析的発達検査より一部改変）

	粗大（全身・移動）運動の発達	微細（手）運動の発達
0歳	腹ばいの姿勢であごを持ち上げる（0：1） 首が据わる（0：3） 寝返りをする（0：5〜0：6） 這う（0：8） 高這い（0：10）	把握反射（0：1） 物を掴もうとするができない（0：3） 見たものに手を伸ばして掴む（0：5） 親指と人差し指・中指を向かい合わせてもつ（0：11）
1歳	ひとりで歩く（1：3） 転びながらも走る（1：6）	積み木を3個重ねる（1：6） なぐり書きをする（1：6）
2歳	うまく走る 大きなボールを蹴る	積み木を8個積む 円形の模写ができる
3歳	片足立ちができる ブランコに乗れる でんぐり返しができる	キャッチボールができる 十字の模写ができる ハサミを使う
4歳	疾走できる 三輪車を乗りこなす	ハサミで曲線を切ることができる 小さなボールをキャッチして前方に投げる
5歳	スキップができる ジャングルジムの上まで登れる ブランコをひとりで漕げる	四角形を模写できる 小さなボールをキャッチして側方に投げる

3. 認知の発達

　乳児期から 14, 5歳までの子どもの思考・認知発達を研究したピアジェ (Piaget, J., 1952) は，乳児期の子どもの発達を感覚運動期と前操作期の２つに分けてとらえている（表 4-4）。

(1) 感覚運動期

　ピアジェ (1952; Piaget, J. & Inhelder, B., 1966) のいう感覚運動期 (0歳～2歳) とは，出生直後からの生得的な反射，さらに様々な循環反応（繰り返し）を通して，感覚と運動によって外界や自分の身体を認知する時期をいう。まだ，表象（目の前にない物を思い浮かべるイメージや言語などのシンボル）を使って考えることができない時期である。

①第１段階：反射

　0～1か月　反射を通して外界にあるものを取り入れ（同化），自分のシェマ（認知的枠組み）を変化させる（調節）。たとえば反射を繰り返すなかで母親の乳首に合うように吸啜反射を調節していく。

②第２段階：第１次循環反応

　1～4か月　自分の身体に関して経験した反応を繰り返す。指を動かし，吸うといった２つのシェマを協応させて自分の感覚体験を再現する。

③第３段階：第２次循環反応

　4～8か月　ベッドにつけてあるモビールをベッドの柵を蹴って動かそうとするなど，自分の外側にあるものに関心をもち再現しようとする。

表 4-4　ピアジェによる子どもの認知発達段階

感覚運動期 (0～2歳)	反射（0～1か月）	シンボル・イメージを使えない	論理的思考ができない	抽象的思考ができない
	第１次循環反応（1～4か月）			
	第２次循環反応（4～8か月）			
	二次的シェマの協応（8～12か月）			
	第３次循環反応（12～18か月）			
	前概念的思考期への移行（18～24か月）			
前操作期 (2～7, 8歳)	前概念的思考期（2～4歳）	シンボル・イメージを使える		
	直観的思考期（4～7,8歳）			
具体的操作期 (7, 8～11, 2歳)			論理的思考ができる	
形式的操作期 (11, 2～14, 5歳)				抽象的思考ができる

第4章 ── 発達

④第4段階：二次的シェマの協応

　8～12か月　シェマ（経験による思考や行動の枠組み）を組み合わせて1つの結果を得る。この頃には目の前の物が別の物で隠されて目の前から消えてしまってもそこに物が存在している（物の永続性）という認知をもつとピアジェはとらえている。

　しかし，もっと幼い段階でも物の永続性が理解できているという研究もある。ベイラージョンとグラバー（Baillargeon, R. & Graber, M., 1987）は5か月の子どもに，背の低いまたは高いウサギがスクリーンの後ろを通って移動するのを数回見せた後で，変形スクリーンの後ろを通るウサギを見せる実験を行った（図4-5）。この際，背の高いウサギが凹部分から見えないように移動させると，子どもが驚いた表情をする。これは背の低いウサギが見えなくても問題はないが背の高いウサギは見えるはずだということを理解していることを示している。

⑤第5段階：第3次循環反応

　12～18か月　外界に働きかけて結果を見ようとする。たとえば，欲しい玩具が布の上にあると布を引っ張って玩具を手に入れようとする。

⑥第6段階：前概念的思考期への移行

　18～24か月　言語やイメージを少し使えるようになり，行動を始める前に状況を

● 熟知化場面
　背の低いウサギの場合　　　　　　　背の高いウサギの場合

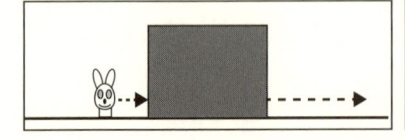

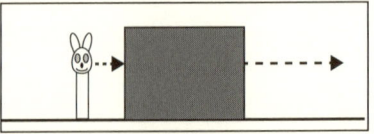

● テスト場面
　起こりうる出来事　　　　　　　　　起こりえない出来事

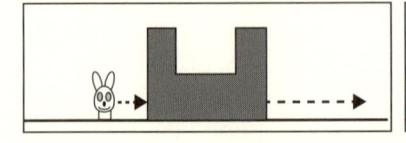

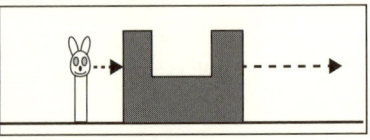

図4-5　ウサギはどこへ行った？（物の永続性の理解）
（Baillargeon, R. & Graber, M., 1987, p.378）

考え，洞察し始めるようになる。

(2) 前操作期（2〜7, 8歳）

この時期は表象（イメージや言語などのシンボル）の使用はできるが，いまだ論理的な思考（操作）ができない時期である。前操作期は，前概念的思考期（2〜4歳）と直観（感）的思考期（4〜7, 8歳）の2つに分けられる。

①前概念的思考期（2〜4歳）

シンボルである言語が発達し，見立て遊びやふり遊び，目の前にいない人の遅延模倣等のイメージを使ったままごと遊びを行い，表象的思考ができる時期である。しかし，分類や関連づけといった概念的な思考はまだできない。

②直観的思考期（4〜7, 8歳）

直観とは論理的思考によらない理解をいう。自分の身の回りの出来事を，自分なりに分類したり，関係づけて理解する概念的な思考はできるが，知覚的・直観的な印象に左右されてしまい，論理的な思考はできない時期である。

この時期には，2つの同じ形の容器に入れられたジュースを同じ量だと認めていても，片方を別の形状の容器に入れると液面の高さに影響されて同じ量だと理解することができない。あるいは同じ数のおはじきを並べ，一方を少し隙間を空けて並べると，同じ数と理解することができない（図4-6）。これは保存の概念が未成立なため，同じものは足したり引いたりしなければ，形が変わっても同じであるという論理的思考ができないことによる。

前操作期の子どもの思考は，自己と他者が未分化なため，認知は自己を中心とした限定的なものになる。ピアジェはこのような認知特性を「自己中心性」と呼んだ。「自己中心性」の例として以下のものがあげられる。

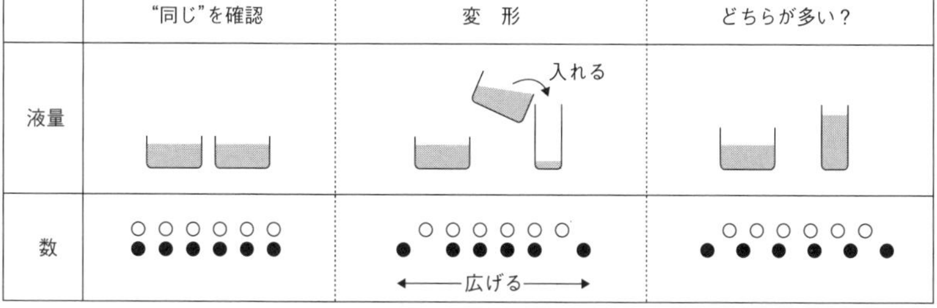

図4-6 保存テスト（Piaget, J., 1970, p.61, p.65)

第4章───発 達

図 4-7 三つ山問題 (Piaget,J., 1948, p.211)

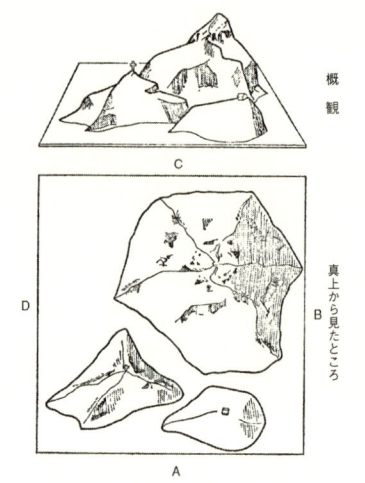

子どもをAから一周させ，C側に椅子に座らせたぬいぐるみを置き，ぬいぐるみから見える絵を選ばせる。

- アニミズム…自分が生きていると同じように無生物にも生命を感じとる。
- 実念論…自分のイメージや空想と現実を混同してしまう。
- 人工論…すべてのものは人間が作ったものであり人間のためにあると思う。
- 三つ山問題…ピアジェは高さの異なる三つの山を使った課題を用い（図4-7），子どもの反対側に座った人形からの見え方を尋ねたところ，4，5歳の子どもは自分の視点からの絵を選び，他者の視点を取ることができず，他者からの視点を考えられるようになるのは7歳頃からだった。

　しかし，後の，フラヴェルら（Flavell, J. H., Shipstead, S. G., & Croft, C., 1976）の報告によれば，自分からは見えても他者からは見えない位置にスクリーンと人形の位置を調整するという，より簡単な課題では，2歳半の子どもでも他者の視点を取りうるという。

(3) 心の理論

　心の理論とは，自分や他者の考え，欲求・感情・意図や行動を予測したり理解したりするときに用いられる知識や理論をいい，他者の信念や考え方を把握する認知の能力であるが，チンパンジーにもみられることをプレマックとウッドラフ（Premack, D. G. & Woodruff, G., 1978）が注目したことから研究が行われるようになった。心の理論の初歩的なものは4歳頃から成立すると考えられており（Perner, J., 1991），それを調べるためにサリーとアンの課題（サリーとアンは一緒にボールを籠の中にしま

ったが，サリーが出かけている間に籠の中に入れてあったボールをアンが玩具箱に入れ替えた。ボールで遊ぼうと戻ってきたサリーはどこを探すか）などの誤信念課題が用いられる。心の理論が成立している場合には，自分の知っている知識（玩具箱に入っている）と区別して，玩具箱に入っていることを知らないサリーの心を推測し，籠の中と正しい答えができる。このような心の理論の発達は，他者の心と自分の心の2つのイメージを同時にもつことができるようになったことを示している。

4. 言語の発達

最初はコミュニケーションの道具として習得される言語は，発達につれて思考機能や行動調整機能をもつようになる。子どもは言語を周囲のおとなの関わりの中で身につけていくことから，親子関係の発達が言語発達にも影響を与える。おとなが子どもに話しかけるときには，自然に平素の話し方よりもゆっくりとはっきりした発音でやや抑揚を大きくして短い言葉で話しかける。このような話し方をマザリーズ（母親語・育児語）といい，子どもが理解しやすく音真似しやすい特徴をもつ。子どもの言語は最初に話し言葉が発達し，次いで書き言葉が発達する。

(1) 話し言葉の発達

- クーイング…生後1か月頃にはクーイング（cooing）と呼ばれる鳩の鳴き声のような喉の奥を鳴らす音が出始める。
- 規準喃語…6か月頃には「ダーダーダー」のような子音と母音を組み合わせた音を繰り返す規準喃語（babbling）がみられるようになり，様々な言語の音素が含まれる音を発するが，その後母国語の音素に集約されていく。周囲のおとながこれらの発声に応じることで，子どもは発声が増え，言語発達が促される。
- 初語…12か月頃には自発的な意味のある初めての言葉（初語）が出始める。子どものよく見聞きする物の名称，「ママ」「パパ」「マンマ」などが多い。
- 一語文…「パパ」という発語が「パパ（の靴だ）」「パパ（がいる）」「パパ（に来てほしい）」など，一つの単語でありながら文脈から文章と同じような意味で使われる言葉を一語文という。その後，1歳6か月を過ぎたあたりからは歩行の発達に伴って新しい経験とともに言語も発達する。
- 命名期…物の名前を「何？」と尋ねるようになる時期であり，語彙は急速に増加する。
- 二語文…1歳半〜2歳頃にかけて，「パパ，カイシャ」のように2つの単語をつなげた二語文が出始める。この二語の順は母国語の語順に則っていて文法使用の始まりとみることができる。
- 時制…2歳半頃にはすべての品詞が出そろい，3歳頃には昨日，今日，明日など

の時制の違いがわかるようになるが，昨日や明日という言葉は前日や翌日とは限らず比較的近い過去や未来を現している。
- 独り言…3歳頃の子どもは遊びながら独り言を言うことが多いが，これは子どもの言語が発達することによるものである。ヴィゴツキー（Vygotsky, L. S., 1956）によれば，3歳頃から子どもはコミュニケーションの道具としての言語（外言）だけでなく，自分の思考の道具としての言語（内言）を使い始める。しかし，まだ内言が発達していないため，考えたことが言語として表出され，独り言になってしまうのである。5～6歳頃になると内言と外言が分化し，独り言を言わずに考えることができるようになる。
- 質問期…「なぜ？」「どうして？」という因果関係を尋ねる質問が出始めるようになる時期であり，3～4歳頃には子どもは自分の周りのものや出来事についての知識を深めていく。
- 構音（発音）…舌の使い方が難しいサ行やラ行の発音は遅れがちになるが（サカナ→タカナ等の置き換え，ラッパ→アッパ等の省略など），5歳頃には構音が完成する。
- 語彙…4～5歳頃になると，おとなと言語だけでのコミュニケーションができるようになる。荻野（1996）によれば，就学時には子どもが使える言葉は2,500語，意味が理解できる言葉は6,000～8,000語に達する。

(2) 書き言葉の発達

4歳頃からひらがなを読み始め，5歳頃にはひらがなを書くことができるようになる。文字を書き始めた頃は，鏡映文字（鏡文字），といわれる鏡に映したかのように左右を逆転させた字を書くことがあるが，空間を認識する能力の発達に伴い消失していく。

(3) 生成文法仮説

どの国の子どもも生後数年という短い期間で母国語の文法のルールを見出し母国語を修得できているが，これは普遍文法という生得的な仕組みが備わっているためではないかとチョムスキー（Chomsky, N., 1965）は考え，生成文法仮説を唱えた。

5. 社会性の発達
(1) 対人関係の広がり

社会性とは，他人との関係や集団生活をうまくやっていく素質や能力をいうが，社会でうまく生きていくためには，その集団に必要とされる様々な習慣を身につけるとともに，社会の中で生きていくためのよい対人関係を作っていく力が必要になる。

第3章でみてきたように，子どもの対人関係は，愛着対象である母親との関係を基盤にして，父母，その他の家族そして家族を取り巻く人たちへと広がっていく。
　子どもは出生直後の母子一体感覚から少しずつ自分と母親は違う存在であることに気づき，心理的に分離するが，1歳半～2歳頃に再び一体感を求めて再接近してくる。2～3歳頃には心の中に依存対象ができあがっているので，不安なことに直面しても母親と安定して離れていることができるようになる（Mahler, M., Pine, F., & Bergman, A., 1975）。
　子どもにとって大切な愛着対象としっかりした愛着関係が形成された場合には，他者は信頼でき，自分は他者に大切にされうるという対人関係への確信をもつ。愛着理論を打ち立てたボウルビィ（Bowlby, J., 1969）は，愛着対象との関係がその後の自分と大切な他者との対人関係のモデル（内的作業モデル，internal working model）となる点でも，愛着関係の重要性を指摘している（Bowlby, 1973）。
　自分と相手（あるいは物）といった二者の関係を二項関係というが，他者との二項関係は0～4か月頃に形成される。9か月頃からは，母親やそばにいるおとなが注意を向けている対象に自分も同調して注意を向けるようになる。これを共同注意といい，1つの対象に対して一緒に目を向けるというコミュニケーションである。共同注意は二項関係（自分と人，自分と物との関係）から三項関係（自分と相手と物または他者との関係）を理解し始めたことを示している。
　10か月から1歳頃になると指さしがみられるが，これも同様に自分の関心あるものを相手と共有している，あるいは自分の要求を相手に伝えようとする姿勢の現れであり，ベビーサインと呼ばれるジェスチャーなどのしぐさによるコミュニケーションは"言葉の前の言葉"とみることができる。

(2) 仲間関係

　子どもは活動範囲の広がりとともに，保育園や幼稚園の中で家族以外のおとなや他の子どもと出会い，様々な経験を通して他者の思いや自己の思いに気づき，感情を共有したり，自分の感情や考えを伝えたりしながら，人と関わる力を身につけていく。3歳頃からは遊び仲間とともに簡単なイメージを共有し，やり取りをしながら遊ぶことができるが，4，5歳頃になると計画的な役割分担によるごっこ遊びを楽しむようになる。

6. 感情と自己意識の発達
(1) 感情と自己意識

　誕生時の感情は興奮しかないとブリッジェス（Bridges, K. M. B., 1932）は考えていたが，ルイス（Lewis, M.）は，誕生時から充足・興味・苦痛の種々の感情があり，

第4章 ── 発　達

生後半年から1年くらいの間に，喜び・驚き・悲しみ・嫌悪・怒り・恐れの感情に分化していくことを見出した。さらに，1歳半頃からは，照れ・羨望・共感といった感情も生まれる。これらは，他人に見られているという意識による照れ，他者と比較しての羨望，他者の感情を理解する共感など，自己意識ができてくることによる。2～3歳頃になると誇り・恥・罪の意識が生じてくるが，これらは周囲のおとなによって評価される基準を取り入れた自己評価によると考えられる。このように，感情と自己意識は関連をもちながら発達していく。

また，2歳頃からは「うれしい」などの自分の感情を言葉にして，他者に言葉で気持ちを伝えることができるようになる。

(2) 第一反抗期

社会性の発達で述べたように，2～3歳頃になるとおとなと心的距離をとることが可能になり，自己主張が盛んになる。その結果，2歳頃には，身近な人に対する，本心は嫌でなくてもともかく「イヤ」と言ってみたいという反抗が始まるが，3歳頃には自分なりの予測（〜となるつもり）や意図をもって言葉で理由をつけて拒否しようとする反抗へと変わっていく。このような反抗がみられる時期を第一反抗期といい，子どもにとっては，自我が芽生え，自己主張しようとしている時期である。

(3) 他者の感情の理解

生まれてすぐの新生児は，他の子どもが泣いているとつられて泣く。しかし，これは他児の感情を理解して泣いているのではなく，泣きが伝染したもの（情動伝染）である。

6か月頃には親しみの顔と，怒りの顔がわかり，1歳頃になると相手の表情がどのような意味をもつかがわかって行動の手がかりとする「社会的参照」がみられる。ソース（Sorce, J. F. et al., 1985）が1歳児に対してガラス板を使った視覚的断崖を用いて行った実験では，崖の向こうにいる母親がニコニコしていれば母親に向かって断崖（ガラス板）を渡るし，恐怖に満ちた顔をしていれば断崖を渡らないといった行動がみられる。1歳半頃には泣いている他児を慰めるような行動もみられるようになる。

● 第5節　児童期

児童期は小学校時代に相当する。日本の学校教育では低学年（1・2年生），中学年（3・4年生），高学年（5・6年生）と分けられるが，それぞれの時期に特徴がある。多くの国々で学校教育が始まるのが7歳前後であり，中枢神経系の発達や，子どもの認知や社会性の発達に変化がみられる時期と，知識を習得するためのカリキュラムを

組んだ教育が始まる時期とが重なっている。

1. ライフサイクルから見た発達の課題

児童期の発達課題をエリクソン (1959) は,「勤勉性」対「劣等感」の心理的危機の克服としている。彼によれば,児童期の子どもは学習や遊びなどの目的をもった活動に打ち込み,忍耐強く勤勉に活動に取り組んで成就させようとする。しかし,うまく技能や知識を獲得できず失敗したり,おとなに比べて知識や技能が乏しく,うまくできなかったりする自分に対して劣等感や欠如感を味わう。これらの劣等感や欠如感を克服するために,企てたことをやり遂げる勤勉性を獲得し発達させる必要がある。現実に即して,自分なりにやればできるという有能感や自己効力感をもつようになることが必要であり,将来の労働に対する態度はこの時期に獲得した勤勉性が影響を与える。

2. 身体・運動の発達

中学年から高学年にかけ身長や体重の伸びがみられるが,身体の急激な増加の時期は身長・体重とも男子より女子のほうが早い。高学年頃からは身体各部の急激な量的増加（思春期スパート）がみられ,身体各部の全体的な成長がアンバランスになることによる身体の不調（思春期障害）を訴える子どももいる。体力は増強し,運動の巧緻性や敏捷性,協応性,バランスなども増加する一方,個人差も大きくなり,運動の得意・不得意が意識されるようになってくる。

3. 認知の発達

(1) 具体的操作期

児童期はピアジェ (1952) のいう具体的操作期に当たる (7, 8歳～11, 12歳)（表4-4)。この時期は具体的なことや日常的なことならある程度の論理的な思考ができるが,抽象的な思考はできない時期である。自己中心性から脱却し（脱中心化),三つ山問題では,他者は自分の見え方とは異なった見え方をしているはずだと理解できるようになる（図4-7参照）。

また,幼児期にはできなかった,足したり引いたりしていなければ見た目は変化しても本質は変わらないという保存の概念が成立する。しかし,量や数の保存は7, 8歳頃に,重さや体積の保存は9歳以降になる（表4-4参照）。

中学年頃には具体的操作がより進んで具体的事物から直接には見出せない概念的思考が可能になり,少しずつ形式的操作期への準備が行われる。

(2) メタ認知

中学年の9～10歳頃にはメタ認知も可能になる。メタ (meta) とは「超」や「高次の」という意味をもつ語であり，メタ認知とは，自分が考えていることの認知（自分は何を考えているかを知っている）や，自分自身の認知の特徴や行動の認知であり（橋本，1999），初期的なものは幼児期からみられる。メタ認知が可能になることで，計画を立て計画に従って行動を調整できるようになる。

4. 言語の発達

乳幼児期で見てきたように就学前には子どもたちはめざましい言語発達を遂げるが，就学すると言語は学習に不可欠なものとなる。言語は抽象的に使われるようになり，言語で認識し，言語で伝え合い，言語を用いて思考することができるようになる。認知の発達とも関連しており，3年生頃からは自分の意見をはっきりと述べることが可能になり，4年生頃には論理性が高まり始めて，結論的なことを先に述べてそれに理由づけをするようになる。さらに6年生頃になると単純に白黒をつけるのではなく，弾力ある論理的な思考を述べるようになる。

書き言葉においては，1年生頃は見聞きしたものを書き連ねるだけであったが，3, 4年生頃には観察や描写も詳しくなる。さらに高学年になると，1つのテーマを主題にして統一した文章を書くことができるようになる。

このように言語を使って論理的に考えたり書いたりすることが学業面で増えることにより，学力の個人差が現れやすくなってくる。

5. 社会性の発達

子どもたちは就学すると学校という社会的な集団の中で過ごす時間が長くなる。学校では一定の時間割での授業や活動が決められており，子どもはそれらを受け入れ，集団に参加していくことが必要になる。集団の中で規範を身につけ，道徳性を獲得するとともに，教師や他の仲間との関係を通して対人関係能力を育てていくのである。入学直後は落ち着けない子どもであっても1か月程度でしだいに落ち着いていくが，数か月たっても教師の指示に従わず勝手に教室内を立ち歩く子どもも少なくないことが問題（小1プロブレム）となっている。これは授業や学級環境，対人関係に適応するだけの生活習慣や対人関係力が育っていないことが要因と考えられている。

中学年の3, 4年生頃からは，仲間との関係がしだいに生活の中で大きな比重を占めるようになり，強い仲間意識でともに行動するようになる。この結束の強い仲間集団を作る時期をギャングエイジと呼ぶ。この時期には友人関係が自身にとって重要な意味をもつようになり，友人関係や学業成績などを手がかりに自己評価し，劣等感をもちやすくなる。

このように，9〜10歳頃を境として子どもたちは大きな発達の節目を迎える。この頃から学力面でついていけない子どもが出てくることから，学校教育の場では「9歳の壁（節）」や「10歳の壁（節）」と呼ばれ，教育内容や方法などのあり方を考えることが必要になってくる。

第6節　青年期

　青年期は第二次性徴の発現から，仕事に就き，社会人として社会に参入するまでをいう。青年期の終わりは，およそ25歳くらいとされるが，近年の青年の自分探しや職業選択の遅れから，30歳頃までを青年期と見てよいとする説もある。青年期は，自分は社会の中でどう生きるかをとらえ直すための社会参入の準備期間の時期であり，身体はおとなになっていてもおとなとしての責任や義務を免除されている，モラトリアムの時期とみなされている。

1. 身体の発達

　児童期に緩やかであった身体発達が，小学校高学年ころから再び急激になり，性ホルモンの発達によって，女子では初潮，男子では精通が発現する。出生時にみられる性的特徴を第一次性徴というのに対し，性ホルモンの活発化に伴って生じる身体的な性的特徴を第二次性徴といい，第二次性徴が発現する頃を思春期という。この時期は思春期スパートと呼ばれるめざましい身体発達を遂げておとなと同じような体格になるが，身体の成長がアンバランスなため，思春期障害といわれる不調を経験する者もいる。これらの身体発達は個人差が大きく，全般的に親の世代よりも発現が早くなっている。このように，世代が新しくなるにつれて発達が早まる現象を「発達加速現象」というが，近年は加速が鈍化する傾向にある。

　思春期には性ホルモンにより，性衝動や性的情動が起こり，異性への関心が強まる。そのため，性衝動への戸惑いや性的成熟による体型や容姿の変化などの身体的問題や，異性や同性の視線が気になるという心理的問題を抱えることになる。

2. 認知の発達
形式的操作期（表4-4）

　ピアジェ（1952; Piaget & Inhelder, 1966）は，11, 12歳頃から，現実に基づいて思考するのでなく，頭の中で仮説・演繹的に抽象的な思考ができる形式的操作期に入るととらえている。要因と結果の関連を調べるための実験計画を立てるなど，論理的思考が一段と発達する。さらに現実的にはありえない事柄でも，論理的に考えればありうるとして受け入れることができるようになる。

第4章── 発 達

3. ライフサイクルから見た発達の課題

　エリクソン（1959）は青年期の発達課題を，「自我同一性（アイデンティティ）の確立」対「自我同一性の拡散」の心理的危機の克服としている（表4-2）。アイデンティティとは，自分は他の誰とも異なる独自性をもった存在であり，自分はずっと自分のままである，という意識をいう。青年は身体的変化をきっかけとして自己を問い直すようになり，自己の内的世界を探求しようとして，自我の目覚めが起こる。その結果，今まで依存していた親から，心理的に離乳しようとして反発と甘えが同居するアンビバレントな感情を経験する。「おとなになりたいが，なりたくもない」という自身の思いと，身体は成長していても一人前のおとなとして社会が認めない状況のなかで，おとなにも子どもにもなれない，どこにも所属できない落ち着きのなさを経験する。このような青年の状態をレヴィン（Lewin, K., 1939）はマージナル・マン（周辺人）と名づけた。これらにより，児童期の安定していたアイデンティティが崩れ，青年は自分の居場所がなくなる喪失感・孤独感・焦燥感を味わう。

　また，この時期には抽象思考や論理的な思考が可能になることから，あるべき姿の理想を追い求め，現実を越えたものへの憧れも強まる。それにより，現実社会の様々な矛盾に気づくようになり，周囲のおとなや社会だけでなく自らへも批判の眼を向けるようになる。その結果，親や社会に反抗するようになるが，この時期を第二反抗期という。

　青年期の心理的葛藤には個人差があり，激しく揺さぶられる場合と，あまり葛藤を感じずに過ごす場合がある。近年は穏やかな青年期が増えてきたといわれているが，

表4-5　マーシアによるアイデンティティ・ステータス（武藤，1979より一部改変）

アイデンティティ・ステータス	危機	傾倒	概略
同一性達成 Identity Achievement	経験した	している	幼児期からのあり方について確信がなくなり，いくつかの可能性について本気で考えた末，自分自身の解決に達して，それに基づいて行動している。
モラトリアム Moratorium	経験中	しようとしている	いくつかの選択肢について迷っているところで，その不確かさを克服しようと一生懸命努力している。
早期完了 Foreclosure	未経験	している	自分の目標と親の目標の間に不協和がない。どんな体験も，幼児期以来の信念を補強するだけになっている。硬さ（融通のきかなさ）が特徴的。
同一性拡散 Identity Diffusion	未経験	していない	危機前：今まで本当に何者かであった経験がないので，何者かである自分を創造することが不可能。
	経験した	していない	危機後：すべてのことが可能だし可能なままにしておかれなければならない。

一方，すべてのものを否定したり，劣等感で歪められた自己像や逆に肥大化された自己像をもったり，強い自己主張のために派手な格好をしたり乱暴な態度を取ったり，といった極端さが表出する場合がある。これらを経験しながら，青年は"自分とは何者であり，何をしようとするのか"を模索し，自分の生き方を選びとってアイデンティティをしだいに確立し，職業選択を行っておとな社会に参入していくのである。

　このアイデンティティの状態についてマーシア（Marcia, J. E., 1966）は4つのアイデンティティ・ステータスをあげている（表4-5）。同一性達成は危機を経験し真剣に取り組んでアイデンティティを達成した状態である。達成できていない3つの状態のうち，モラトリアムは自分探しの真っ最中の状態であり，早期完了はその人にとっての権威の価値観をそのまま受け入れている状態であり，同一性拡散は自分が自分でわからない状態，あるいはどんな自分にもなれそうな気がする状態である。

● 第7節　成人期

　成人期は25～30歳頃から60～65歳頃までのかなり長い期間をさす。この間には，結婚，子育て，子どもの巣立ちといった家族関係の変化や，就職，転勤，転職や退職など職業生活上の様々な変化がある。かつては成人期は安定した時期ととらえられていたが，実際には個人や環境の変化に対してアイデンティティを問い直し，それに向かう問題を抱えた時期である。

1. 身体の発達

　個人差はあるが，多くは40歳頃を境として身体的な衰えがはっきりしてくる。体力の減退や健康上の問題が起こることも多く，それに伴って，老いや死についての不安が年齢とともに現れてくる。

2. ライフサイクルから見た発達の課題

　エリクソン（1959）は，成人期を若い成人期（成人前期）と成人期（中年期）に分けてとらえている（表4-2）。

(1) 若い成人期

　エリクソン（1959）によれば，若い成人期（25～40歳頃）の発達課題は「親密性」対「孤独」の心理的危機の克服である。この時期は，多くの人にとって職業生活が始まり，友人や恋人といったパートナーとの間で親密な関係を築き，生涯を託するものを決め，結婚して家庭を形成し，子育てが始まる。また，仕事と家庭の両立も重要になってくる。その一方，親密な関係を築くことができないと孤独に陥る。

第4章 発達

(2) 成人期

　エリクソン（1959）は，成人期（40〜60［65］歳頃）の発達課題を，「生殖性（世代性）」対「停滞」の心理的危機の克服としている。ここでいう生殖性とは，子どもを産むことではなく，次の世代を担うものを育てることや，後世に作品などを残すことを指している。子どもを育て，仕事や社会でも指導者として次の世代を育てて，関心が家族や社会，未来へと向かうようになる。しかし，次の世代を育てず自分に続くものを援助しない場合には，停滞や沈滞が起こり，特定の人や集団を拒否するようになる。

　この時期には，子どもの成長に伴って起こる親子関係の変化とパートナーとの関係のとらえ直し，職業上の責任や立場の変化などの職業上の問題，身体的衰え，といった中年期の危機と呼ばれる葛藤を抱えることがあり，自身の人生をとらえ直し，これからどのような生き方をするのかというアイデンティティの再構築に迫られることも少なくない。

● 第8節　老年期

　老年期の始まりは，平均寿命の延びもあって，年金の支給開始年齢の65歳頃からというとらえ方が一般的である。厚生労働省（2013）によると，2012年の日本人の平均寿命は男性79.9歳，女性86.4歳で，女性の寿命は世界1位である。

1. 身体の発達

　老年期には身体機能の低下や老化がみられる。体力の衰えとともに，疾病に罹りやすくなり，健康上の問題が増える。認知に関わる代表的な疾病として，アルツハイマー型認知症と脳血管型認知症がある。こうした認知症では記憶障害や見当識（場所・時間・人などの認識）など様々な障害がみられ，重症になると一人で生活することができず常時の介護が必要な状態になり，本人だけでなく家族などの問題にもなる。身体的な健康には個人差が大きいが，疾病や老化による身体の変化は喪失感や無力感を引き起こしやすい。たとえば，脳血管の疾病による脳の損傷はその部位によって身体の麻痺や言語障害が現れ，リハビリで回復できない場合には疾病の周辺症状と喪失感により，抑うつなどの気分障害を引き起こしやすい。警察庁（2013）の調査によれば，60〜79歳の自殺者数は8,000人を越えるが，その理由の多くは健康問題である。健康問題は老年期において直面せざるを得ない大きな課題といえよう。

2. 認知の発達

　老年期には正確さや速さ，新しいものの記憶といった流動性知能に関わる能力は減

衰する。これは，海馬と前頭連合野が小さくなることによると考えられる。海馬は記憶に関わっており，小さくなることで物忘れしやすくなる。前頭連合野は，何かをするために一時的に記憶するワーキングメモリ（作業記憶：第9章の記憶，第12章の学習障害の項参照）と，それを使って課題を行う実行機能に関わっており，年齢とともに小さくなる（Aamodt, S. & Wang, S., 2008）。このように脳が縮むのはニューロンの一つひとつが成人後の加齢とともに小さくなることによる。またそれに伴ってシナプス結合の数も減る（Bloom, F. E., Nelson, C. A., & Lazerson, A., 2001）。

　しかし，言語についての理解力や知識，過去の経験によって培われた判断力，時間制限のない課題，といった結晶性知能に関わる能力や創造力は，生涯を通じて高まり，減衰しても速度は緩やかである。このような言語に関わる能力や使い続けている専門的スキルに関する脳機能は年齢にあまり影響されない（図4-8）。

　認知の衰えには個人差があり，様々な心身の衰えはあってもいきいきと日々を過ごしているか，やがて来る死を待つだけか，などの本人の生きる姿勢や環境の影響によっても異なる。

3. ライフサイクルから見た発達の課題

　老年期の最終段階には，愛する他者の死だけでなく，今自分が生きているこの世界からいなくなること，つまり自身の死についても受容しなければならない。死はどの年齢にもあるが，老人は近い未来に現実に死が待ち受けていること，自分の愛するものに別れなければならないことに直面する。

　エリクソン（1959; Erikson, E. H. & Erikson, J. M., 1997）は，老年期の発達課題を

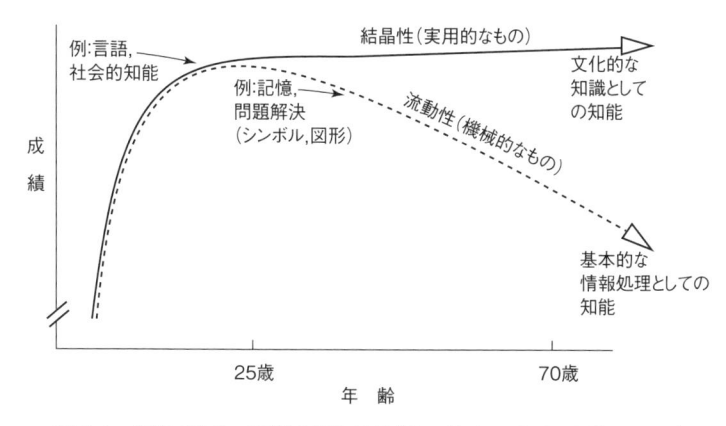

図4-8　知能の変化（知能の異なる様態）（Baltes, P. B., 1987, p.615）

第4章 —— 発　達

「統合性」対「絶望」の心理的危機の克服としている。自分の人生を自らの責任としてとらえ，意義ある満足しうるものとみなして受け入れ，死に対して安定した態度をもつことができることが「統合性」である。「統合性」を獲得した老人の関心は自分自身ではなく，子孫や人類といった広い視野のものになり，死の恐怖を乗り越え，偉大な豊かさに満たされて心の平安や超越を体験する域に達するという。しかし，自分の人生を受け入れることができないと，過ぎてしまってやり直しのきかない人生を悔い，憂うつと絶望感に陥ってしまう。迫り来る死を受け入れ，自分の人生をまとめていくことが人生最後の課題となる。

4. 喪失体験とサクセスフル・エイジング

　老年期は様々なものが衰えていく衰退の時期ととらえられがちである。確かに，喪失体験は増えるであろう。新しい機器になじめず，取り残された感じをもつ場合や，今までもっていた仕事や地位の喪失，先述の身体的な病気や不調，自分が慣れ親しんだ土地や人間関係からの別れ，大切な親しい人の死や自身の死による別れといったものにも直面する。老年期にはこれらを受け入れ，悲しみや苦しみを乗り越えていくことが大きな課題になる。

　しかし，近年の医学や科学の発達による高齢社会の中で，老いの自覚は個人差があり，身体的な衰えと精神的な衰えの速度は同一でなく，相当の高齢になるまで自分が"年老いた者"であるという意識をもたずに元気で矍鑠(かくしゃく)としている人は少なくない。特に老年期の前半は，子育てから解放され，自由に生きることが可能になり，経済的にもある程度の貯えを持って，趣味や今まで積み上げてきた人生の英知を若い世代に伝えることやボランティアなど自分のできることで社会的活動に参加している人も多い。

　人はいつかは死を迎えることになるが，人生の終盤が幸せな老年期（サクセスフル・エイジング），実り豊かな老年期であるためには，自分の人生を受け入れ，社会に関わる精神的健康だけでなく，身体的健康が大きな要素となる。そのためには老年期にいたる前からの心身の準備が必要といえるだろう。

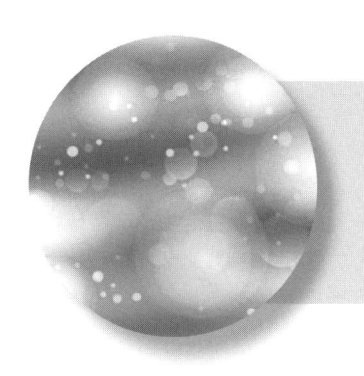

第 5 章　感覚・知覚

第 1 節　感覚と知覚の関係

　私たちは生存していくために，見たり，聞いたり，あらゆる感覚を動員して，自分を取り巻く環境から様々な情報を受容している。また，自己の生体内部の情報も受容し，自分の身体の状態の良し悪しを感じながら生活している。だが，こういった情報の受容をしていることを意識する機会は少ない。このように意識されることは少ないが，環境から情報を受け入れる非常に重要な働きが感覚（sensation）と知覚（perception）である。

　情報を受容する過程について，図 5-1 をもとに説明しよう。まず，刺激が受容器（目，耳，鼻，口，皮膚などいわゆる五感）から入り，求心性神経を興奮させ，中枢神経系に伝達され，脳中枢の電気興奮が生じる。ここで，過去の経験・情報に照らし合わせて情報処理を行う。この一連の過程は連続しており，どこかで切ることはできない。この過程でいえば，受容器で刺激を受けるところから感覚中枢で得られる感覚経験までの，比較的末梢的な部分を感覚という。それに対して，感覚経験について状況や経験から意味を与える，より中枢的・高次で複雑な過程を知覚という。知覚は，情報を知覚者が能動的に選択・統合したものであって，より複雑な感覚体験であるともいえる。

　さらに，感覚・知覚により得られた情報を処理し，対象について知ることを認知（cognition）という。認知は，知覚，再認，思考，記憶，学習，注意，判断，推理，

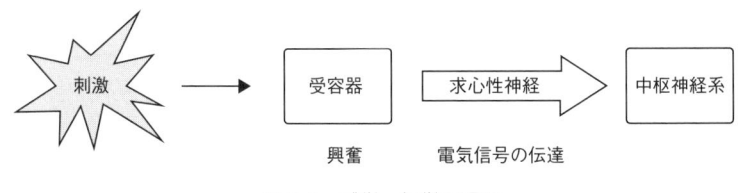

図 5-1　感覚・知覚の過程

第5章 — 感覚・知覚

問題解決,イメージ,意識などを含む複雑な過程である。

● 第2節 感　覚

1. 感覚の種類

　感覚は，受容する刺激（情報）の種類によって，視覚，聴覚，嗅覚，味覚，皮膚感覚（圧覚，痛覚，温覚，冷覚）の5種類（五感）と，運動感覚，平衡感覚，内臓感覚（有機感覚とも呼ばれる）を加えた8種類に分類できる。

　それぞれの感覚には，刺激を受容する独自の受容器が存在する。視覚は目（網膜内の桿体と錐体），聴覚は耳（内耳蝸牛内の基底膜上の有毛細胞），嗅覚は鼻（鼻腔内の嗅粘膜にある嗅細胞），味覚は舌（舌の味蕾にある味細胞），皮膚感覚は皮膚（圧覚，痛覚，温覚，冷覚により特定の受容器）である。たとえば，視覚は，目から入った光が網膜に像を結びその刺激を受容器である網膜内の桿体と錐体が電気的信号に変換し，求心性神経を通って中枢に興奮が伝わり，明るい・暗いや色等を経験する。聴覚は，空気の振動が音波となって，外耳，中耳を経て内耳の蝸牛内の基底膜上の有毛細胞が興奮し，電気信号が大脳に伝えられて，音を感じる。嗅覚，味覚，皮膚感覚についても同様の過程である。

　運動感覚は，自己（固有）受容感覚あるいは深部感覚とも呼ばれる。身体の動きや姿勢の感覚である。骨格筋のほぼ中央部にあって筋組織と平行する筋紡錘と，末端部腱にあるゴルジの受容器から身体の各部分の位置や動きを感じる。平衡感覚は，空間に対しての身体の動きや姿勢の感覚である。おもに内耳前庭の半規管と耳石器に受容器があり，身体の回転や傾きを感じる。内臓感覚は，内臓の感覚受容器からの信号が中枢に達して生じる。空腹感，満腹感，渇き，便意，尿意のように場所を特定しやすい感覚と，不快感，吐き気，胸の痛みのように場所を特定しにくい感覚とがある。

　基本的に，光刺激は目の受容器を反応させて視覚を生じさせ，音刺激は耳の受容器を反応させて聴覚を生じさせる。このように，感覚ごとに刺激を受容する受容器があり，受容器にとって最も効率よく受容される刺激が定まっている。これを適刺激（adequate stimulus）という。たとえば，視覚は光，聴覚は音，嗅覚は匂い，味覚は味，触覚は圧迫や温度と特定される。しかし，頭を強く打ったときに「目から火花が散った」と表現するように，頭の強打による圧刺激によって視覚が生じる場合がある。このように本来は関連の薄い刺激によって感覚を引き起こすとき，その刺激を不適刺激（inadequate stimulus）という。

　ところで，日常生活において，音楽を聴いて頭の中に映像が浮かんだり，工事現場の写真を見て埃っぽさを感じたりすることがある。音楽家のリストは音を聞くと色が見えたという話は有名である。このように，本来の感覚以外の別のいきいきした感覚

として知覚できる能力を共感覚（synesthesia）という。

2. 感受性の限界
(1) 感じることができる範囲
　小さすぎる音は聞こえないし、薄すぎる味つけは味わうことができない。逆に、刺激が強すぎると痛みを感じることがある。氷水に長い間手を入れていると冷たすぎて痛みに変わる。私たちが感じることができる刺激の範囲は限られており、自分を取り囲む環境からのすべての刺激を感じることはできないのである。

　たとえば、視覚は光刺激により生じる。光刺激は、10^{-14}から10^8 mに及ぶ電磁波であって、そのうち人の眼で見ることができるのは、380nm（ナノメートル）から780nmのごくわずかな可視領域である（図5-2）。

　感覚をやっと感じることができる最小の刺激強度を刺激閾（stimulus threshold）あるいは絶対閾（absolute threshold）という。逆に、刺激の強度が強すぎて、痛みに感じたり本来の感覚を生じたりしなくなる最大の刺激強度を刺激頂（terminal stimulus）という。

　聴覚を生じさせる音刺激について考える。音は、空気の振動であって、振動の周波数をHz（ヘルツ）、強弱をdB（デシベル）で表わす。人が聞くことができる周波数（可聴周波数）は、約20Hzから約20,000Hzである。ピアノのオクターブにすれば10オクターブにわたる。可聴範囲は周波数と強さによって決まり、30Hzの場合に刺激閾と刺激頂の範囲が最も狭く、周波数が高くなるほど弱い音がよく聞こえるようになり、2,000Hzから10,000Hzで、聞こえる範囲が最も広い。

　可聴周波数には個人差があり、年齢や音の強さによっても変化する。年をとると、高い音と低くて弱い音が聞き取りにくくなる。耳に疾患がある場合にも刺激頂が低下することが多く、高い音が聞こえにくくなる。

(2) 変化の感じ方
　テレビを見ているときに音量が変わったとしよう。少し大きくなっただけでも変化に気づく人もいれば、かなり大きくならないと変化に気づかない人もいる。このように刺激の変化に対する感覚が鋭い人と鈍い人がいる。刺激の強さが変化したと感じら

				波長(m)				1nm=10^{-6}m	
10^{-14}	10^{-12}	10^{-10}	10^{-8}	10^{-6}	10^{-4}	10^{-2}	1	10^2	10^4	10^6	10^8
ガンマ線	X線		紫外線	可視領域	赤外線	レーダー		放送（テレビ,ラジオ）		電力周波（交流）

図5-2　電磁波と可視領域

第5章 —— 感覚・知覚

れる最少の刺激差を弁別閾（difference threshold）という。これは，差がちょうどわかる量であることから，丁度可知差異（just noticeable difference）とも言われる。

弁別閾には，もとの刺激が強ければ変化が大きくないと感じにくいし，もとの刺激が弱ければ変化が小さくても感じやすいという特徴がある。明るい部屋では少し照度を上げただけでは明るくなったと気づきにくいが，薄暗い部屋であれば少し照度を上げただけでも明るくなったと気づきやすい。

このように刺激の値と弁別閾の間には一定の関係があり，標準刺激の強度と弁別閾の比は一定であることを，重さの実験から見出し法則化したのが「ウェーバー（Weber, E. H.）の法則」である。その関係は，次の式で表される（日比野，1999）。

$$\triangle I / I = K \qquad (I = 刺激強度，\triangle I = 弁別閾，K = 定数)$$

たとえば，100gのおもりと101g，102g……のおもりの重さの違いを弁別できなかった人が106gになってようやく弁別できたとする。この場合，k = 6/100である。この人の場合には，200gのおもりとの弁別には12gの差が必要になる。

この式は，刺激強度が大きくなるほど弁別閾も大きくなることを意味する。その後，この関係は重さだけでなく，線分の長さ（視覚刺激）や音の高さ（聴覚刺激）でも成り立つことが証明されている。

このウェーバーの法則を発展させ，心理的に感じる刺激の大きさは実際の刺激の強さの対数に比例することを数式化したのが「フェヒナーの法則」（Fechner, G. T., 1860）である。ウェーバーの法則に影響を受けたフェヒナーが，身体と精神の関係の精密理論化を目指して，刺激と感覚との関係を心理学的かつ数学的に研究する精神物理学（psychophysics）を提唱し，この精神物理学の手法が現在の心理学的測定法や実験法のもとになっている。ウェーバーの法則とフェヒナーの法則は，一定範囲の刺激強度の範囲内でしか成立しない限界はあるが，精神物理学の展開に与えた影響は大きい。

3. 時間による感覚の変化

刺激の強さが一定であっても，持続時間により感覚は変化する。

提示が短い場合には感じられない刺激であっても，提示時間を長くすると感じられることがある。逆に，ごく短時間しか提示されない刺激は，その物理的強度よりも弱く感じることや，あるいは感じないこともある。このような傾向を時間的加重（temporal summation）という。これは，視覚や聴覚で認められている。

刺激が一定強度で持続的に提示されると，同種の刺激への感受性が変化し（多くの場合に低くなり），ときには感覚が消失する。この現象を順応（adaptation）または

慣れという。たとえば，夜中に目が覚めて電気を点けると，最初はまぶしく感じるが，しばらくすると目が慣れてよく見えるようになる。また，冬にお風呂に入ると，最初は少し熱く感じても，しばらくお湯につかっているとちょうどよい湯加減に感じられるようになる。その他，嗅覚・聴覚などあらゆる感覚で順応は生じる。順応は嗅覚・味覚・皮膚感覚では特に明瞭であり，数分で感覚が消失する。料理の味見のときに少量だけしか口に含まないのは順応により味がわかりにくくなることを避けるためである。

　視覚の場合に，明るい所から暗い所へ移動すると，最初はものが見えにくいが，時間の経過とともに見えやすくなる。この現象を暗順応（dark adaptation）という。逆に，暗いところから明るいところへ移動すると，最初はまぶしく感じるが，しだいに明るさに慣れてよく見えるようになる現象を明順応（light adaptation）という。暗順応は，光刺激に対する感受性が増大し閾値が下がる過程であり，暗い中でもよく見えるようになるまでには30分程かかる。見えるようになっても色の弁別能力は低下し，視力も低下するので精細には見えない。明順応はその逆であるが，適応が早く，数分後には見えやすくなる。また，色の弁別能力が増し，視力も高まるので精細に見えるようになる。車でトンネルを走るときには，入口からトンネル内部に向けては暗順応，出口から外に向けては明順応が起きる。暗順応には時間がかかるので，入口付近の緩衝照明のほうが出口付近よりも長く作られている。

　視覚では，色への順応も生じる。時間とともに色への感受性が低下する現象が色順応である。たとえば，赤みがかった照明の部屋に入ると，初めは赤みを帯びていると感じるがしだいに慣れて赤みが薄らいでくる。

　刺激がなくなった後も刺激の感覚が残存する現象を残像（afterimage）という。たとえば，懐中電灯の光を急に浴びた後，しばらくは視界に丸くて暗い形があるように見えたり，しばらく同じ色を見た後に他に目を移すとその補色が見えたりする場合である。順応色によって残像が減衰する時間は異なる。

4. 感覚の相互作用

　2つ以上の感覚が同時に存在すると，相互作用してかき消す効果が生じる。これをマスキング（masking）という。たとえば，部屋にこもった匂いは芳香剤で消せるし，塩辛い食べ物に酢を入れると塩辛さを減少することができることなどである。車の騒音でテレビの音が聞こえないことや，騒がしい店の中で電話の声が聞き取れないことがあるが，このように，2つの音が同時に存在すると，一方が他方をかき消して聞こえなくなる現象をマスキング効果（masking effect）という。また，夜に車のヘッドライトを点けて走っているとき，前方から来た自動車のヘッドライトに照らされると一時的に前方が見えにくくなる。このように2つの視覚刺激が時間的・空間的に近接

第5章 ── 感覚・知覚

して提示されるとき視覚が妨害される現象を視覚マスキング（visual masking）という。

私たちの日常生活では，各感覚器から入った複数の刺激を統合した感覚体験をしている。たとえば，人と会話をするときには，聴覚を中心として，視覚，嗅覚などの感覚が統合されている。食事をするときには，味覚を中心として，視覚，嗅覚，触覚などの感覚が統合されている。人の感覚の中では視覚が優位であり，各感覚器から入った刺激は視覚からの情報により統合されている。じっくりと聞きたい，あるいはよく味わいたいときに目を瞑(つむ)ることがあるのは，視覚を遮断することで，聴覚あるいは味覚を優位にしようと無意識に行っているのである。

● 第3節 知　　覚

1．知覚の性質

(1) 選択的注意

多くの人が同時に話をしている騒がしい場所でも，自分の話し相手の言葉は聞き取ることができる。これは，カクテルパーティ現象（cocktail party phenomenon）としてよく知られている。たとえば，本を読んでいるときにでも，室外の音を聞き，匂いを感じ，本が手に触れる感触を感じているのだが，多くの感覚の中から視覚による情報を選択しているのである。このようなことができるのは，多くの情報が存在する中で自分に必要な情報だけを選択・抽出できる機能が備わっているからであり，この機能を選択的注意（selective attention）という。知覚の働きによってインプットされた情報は，注意（attention）の働きによって，整理・選択され，効率よく情報処理がなされる。

(2) 体制化

私たちは，刻々と変化する刺激を時間的・空間的にまとめ，意味づけし，まとまりのある対象物として知覚している。この働きは知覚の体制化（organization）と呼ばれ，あらゆる知覚において認められる。代表的な現象として，対象を背景から分離する「図と地の分化」，刺激をいくつかのまとまった群れとして知覚する「群化」，欠損している知覚情報をその周りの情報に基づいて補充する「知覚的補完」がある。

①図と地の分化

空に面白い形の雲を見つけたとき，雲が意味のある形だと思った瞬間に，その雲以外は背景となる。人が対象を知覚するとき，その対象と背景とを別のものとして区別する。ルビン（Rubin, E.）は「面白い形の雲」のように，まとまった形として知覚される部分を「図（figure）」と呼び，この図の背景として知覚される部分を「地

(ground)」と呼んだ。また、図と地に分かれることを図と地の「分化」という。この図と地は、固定的なものではない。たとえば、面白い形の雲を見るときには、その雲が図で、それ以外の空の部分は地であるが、雲の前を横切って飛ぶ飛行機を見るときには飛行機が図で、雲も含めその他の部分は地となる。

図と地の違いは、①図は形をもつが、地は形の認識が困難である、②図と地の境界線は図の輪郭である。地はこの境界で終わるよりも図の背後にまで繋がっているように見えることが多い、③図は地よりも前方にあるように見える、等である。

体制化は簡潔・単純な方向に向かって起こる傾向があり、これをプレグナンツの傾向（Prägnantztendenz）という。図となりやすい条件はプレグナンツの傾向に一致し、パターンがよい（規則的、対称、単純等）、囲まれている（閉合要因）、面積が小さい（面積要因）、内角あるいは曲線の内側にある（内側要因）、経験したことがある（経験効果）等である。

図と地の分化は視覚だけでなくその他の感覚においても現れる。たとえば、聴覚であれば多くの音の中からかすかに聞こえる自分が好きな音楽を図として聞き、その他の音は背景となってしまう場合や、雑踏の中で自分の名前を呼ばれたときに気づく場合などである。

図と地の分化は安定していない。図と地の入れ替わりが生じやすい図形は、「反転図形（reversible figure）」または、二通りに知覚されるので「多義図形」と呼ばれる。その例として有名なのがルビンの盃（図5-3①）や嫁と姑の図（Boroing, E. G.）（図5-3②）である。ルビンの盃の図では、白い部分を高杯（図）と見るときには黒い部分は背景（地）となり、黒い部分を向かい合った人の顔（図）と見るときには、白い部分が背景（地）となる。高杯と向き合った顔の両方を同時に図として見ることはできない。嫁と姑の図では、絵のちょうど中央にあるものが若い女性の左耳としてみれば、若い嫁の横顔（図）が見えてくる。先に左耳として見たものを左目としてみれば老女の顔（図）が見えてくる。

②群化

私たちは常に様々な刺激を受けており、それらにまとまりをもたせ、意味のあるものとして知覚している。たとえば図5-4①では、2個、1個、2個、1個の白い丸が並んでいるように見える。また、②は、白2個、黒3個のペアの丸が並んでいるように見える。知覚において生じるこういったまとまりを（知覚的）群化（perceptual grouping）という。対象を全体として漠然ととらえているだけでは数多くの連続する刺激を意味あるものとしてとらえられないが、群化により明瞭な意味のあるものとしてとらえることができるのである。

ゲシュタルト心理学派のウェルトハイマー（Wertheimer, M., 1923）は、群化を決定する要因として、近接の要因（factor of proximity）、類同の要因（factor

第5章 ── 感覚・知覚

①ルビンの盃　　②嫁と姑

図5-3　反転図形

① 近接の要因

② 類同の要因

③ 閉合の要因

④ よい連続の要因

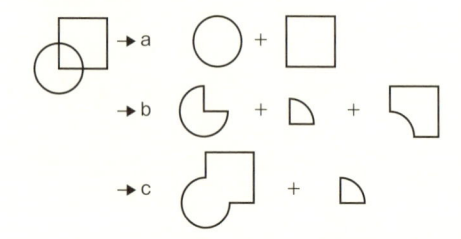

図5-4　群化の要因

of similarity), 閉合の要因 (factor of closure), よい連続の要因 (factor of good continuity) をあげている（図5-4）。近接の要因は, 空間的に接近している刺激がまとまりやすい傾向のことである。図の丸の並び方は, 2個, 1個, 2個, 1個……の丸のまとまりの連続として見える。類同の要因は, 形, 色, 大きさなどで類似している刺激同士がまとまりやすい傾向のことである。図の丸は, 白2個, 黒3個のペアの連続として見える。閉合の要因は, 空間を囲むように閉じた空間のほうが開いた空間よりも刺激どうしがまとまりやすい傾向のことである。図では並んだ線は, 上下に穴の開いた長方形の連続として見える。よい連続の要因は, 滑らかに自然に連続している刺激同士がまとまりやすい傾向のことである。図では左の図形は右のa,b,cのように分解できるが, aの組み合わせとして見える。刺激配置によっては複数の群化の要因

が存在するが，その場合には，視野の全体についてこの傾向が働く。これらの要因の中核には，プレグナンツの傾向が存在する。

③知覚的補完

薄暗闇の向こうから黒い服を着た人が近づいてきたとしよう。顔の輪郭くらいはわかっても，黒い服と背景との境はよくわからないだろう。それにもかかわらず，私たちは無意識に身体のシルエットや動きを見ている……いや，見ているつもりになっている。これは，見えていない部分の情報を見えている部分の情報から補って知覚していることによる。このように，刺激情報が欠損している部分について，刺激布置全体の情報から補うことで，欠損の無い場合と同等の知覚内容がもたらされることを知覚的補完（perceptual completion）という。たとえば，眼球の網膜には，視細胞がなく光を受容できない盲点とよばれる領域がある。この部分に映った像は見えないのだが，日常生活でそのことに気づくことはほとんどない。これは，知覚的補完により情報を補っているからである。

知覚的補完は，様々な現象において確認できる。たとえば，図5-5は，どのように見えるだろうか。黒い線で描かれた上向きの三角形と3つの黒い円の上に，下向きの白い三角形が置かれているように見えるだろう。このように，実際には下向きの白い三角形の輪郭は存在しないにもかかわらず，輪郭があるように見え，しかも，下向きの白い三角形は他の部分よりも明るく見えている。このように，物理的には存在しない輪郭線が知覚される現象を，主観的輪郭（subjective contour）という。実際には物理的運動が存在しないにもかかわらず，運動しているように知覚する現象は仮現運動（apparent movement）という。

図5-5 主観的輪郭
（カニッツアの三角形）

2．知覚と物理的客観的世界とのずれ

(1) 錯覚

私たちは，自分を取り巻く客観的物理的世界をあるがままに正確に知覚しているわけではない。

まず，感覚段階では，すべての情報を収集するのではなく，情報選択をしている。たとえば，人間が感じる刺激の範囲は，刺激閾から刺激頂の間であり，自然界の刺激の中のわずかな部分を感じているにすぎないのである。次に，選択的注意・体制化・群化・知覚的補完などの傾向によって，知覚世界がまとまりのある世界となるように，自ら意味づけ，秩序づけを行っている。さらに，実際の情報とは異なった知覚（たとえば錯覚）をしてしまうこともある。これらの要因により，個人の知覚と客観的物理

第5章 —— 感覚・知覚

的世界との間にはずれができるのである。

　刺激の物理的性質や関係と知覚された性質や関係との差異が著しい場合や，受容器ごとの知覚の差が著しい場合を錯覚（illusion）という。感覚刺激がないのに刺激が実際にあるかのように体験する幻覚（hallucination）とは区別される。以下，代表的な錯覚についてみていこう。

(2) 幾何学的錯視（geometrical-optical illusion）

　特殊な幾何学図形により生じ，大きさ，距離，方向，形などが実際とは異なって見える現象である。数多く発見され，ほとんどに発見者の名前が付けられている。図5-6は，代表的な幾何学的錯視図形である。①ミュラー・リエル（Muller-Lyer, F. C.）の図形では，矢羽に挟まれた2本の直線部分の長さは物理的には同じであるが，矢羽が開いた形である上の線分のほうが長く，矢羽が閉じた形である下の線分のほうが短く見える。②エビングハウス（Ebbinghaus, H.）の図形では，6つの円の中心にある円は，右も左も同じ大きさである。だが，小さな円に囲まれた左の中心円のほうが大きく見え，大きな円に囲まれた右の中心円のほうが小さく見える。③ブント（Wundt, W.）の図形では，図中の（実際には平行な）2直線が曲線のように見えるだろう。これは，線は他の線と交叉すると方向がずれて見え，鋭角は過大視，鈍角は過小視する傾向があることによる。④ポッゲンドルフ（Poggendorff）の図形では，長方形を貫いている1本の直線が，上下でずれているように見えるだろう。

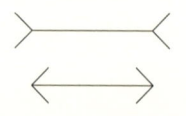

①ミュラー・リエル（Müller-Lyer）の図形 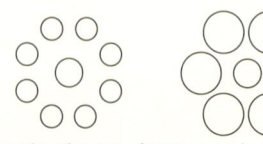　　②エビングハウス（Ebbinghaus）の図形

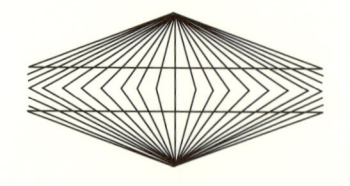

③ブント（Wundt）の図形 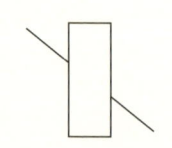　　④ポッゲンドルフ（Poggendorff）の図形

図5-6　幾何学的錯視

(3) 運動感覚における錯覚

　運動感覚にも錯覚は生じる。大きさ–重さの錯覚にシャルパンチェ効果（Charpentier's illusion）がある。これは，同じ重さであれば体積の大きなもののほうが小さなものより軽く感じられる現象である。たとえば，同じ重量で体積の違う錘を手に乗せると，目で見た感覚から体積の大きい方を軽く感じる。これは触覚的にも認められ，目をつむって同じ重さで底面積の違う錘を掌に置くと，底面積の大きなもののほうが軽く感じる。

　実際には対象は運動していないのに，運動しているように感じる現象を仮現運動（apparent movement）という。たとえば，踏切の点滅信号機の離れた２つの光点が適度な時間間隔で交互に点灯することで，まるで１つの光が左右に往復しているように見える現象である。映画のフィルムは静止画像の連なりであるが映写すると動画として感じる。これは，ベータ（β）運動とよばれる。暗室の中で静止した小さな光点を見つめていると，しばらくするとあたかも動いているかのように見え出す。これは，自動運動（autokinetic movement）と呼ばれる。停まっている電車に乗っているのに，前の電車が動き出すと，まるで自分の乗っている電車が動いたように感じることがある。また，流れる雲と月を見ているときに，物理的には雲が動いているのに，雲は静止し月が動いているように知覚することがある。このような現象を誘導運動（induced movement）という。

(4) 聴覚における錯覚

　聴覚における錯覚は錯聴（auditory illusion）と呼ばれる。たとえば，連続聴効果，無限音階，反復の変形などが有名である。

　音が途切れ途切れにしか聞こえないときに，途切れているところが無音であるよりも雑音が入っているほうが，つながっているように聞こえやすい。このように，音の途切れている部分に別の強い音を挿入すると途切れている部分が補完されて聞こえやすくなる現象を連続聴効果という。特に話し声での場合を音韻修復という。

　音の高さの感覚にはピッチ（音色の高さ）と調整的な高さがあり，調整的な高さは循環する性質を利用して，「ドレミファソラシド」とオクターブが永遠に高くなっていくように聞こえる音階を無限音階という。これは，実際には同じ「ドレミファソラシド」の繰り返しであるのだが，まるで無限に上昇しているかのような感覚を生じさせる音階である。

　まったく同一の音が繰り返されるのを長時間聞いていると聞こえ方が切り替わる現象を反復の変形という。

(5) 触覚における錯覚

触覚における錯覚として，アリストテレスの錯覚が有名である。これは，交叉させた手指の間に棒を1本だけ挟むと棒が2本に感じられる現象である。

(6) 恒常性

刺激対象物と知覚者との距離関係や位置関係，刺激対象物自体の条件が変化しても，対象の知覚はあまり変化せず安定している傾向を知覚の恒常性（perceptual constancy）という。これは，実際に見ているとおりに知覚せず，過去の経験・記憶に基づき知覚判断することによると考えられる。たとえば，眼の網膜像は，幾何学的には見る対象物との距離に反比例する。100 m離れたところにいた人が50 mまで近づいて来たときには，距離が2分の1になるので，網膜像は反比例して2倍になる。しかし，実際には倍の大きさに見えたりせず，ほぼ同じ大きさにしか感じない。

日常生活においては人の動きや周りの刺激が刻々と変化する。刻々と変わる刺激に惑わされることなく対象物が同一であると知覚することを可能にするのが知覚の恒常性である。

恒常性は，大きさ・明るさ・色・形・速さ・音の大きさなどについて知られている。

大きさの恒常性は，物理的には対象物との距離と網膜像の大きさは反比例する（距離が2倍になれば，網膜像は2分の1になる）が，知覚する対象の大きさはあまり変化しない現象のことである。

明るさの恒常性は，明るさが変化しても変化を感じない現象である。たとえば，ものは反射光量が多いほど対象物は明るくなるので，昼間見る雪のほうが夜見る雪よりも明度が高いが，同じような白さだと感じる。

色の恒常性は，色が変化しても知覚する色は変化したように感じない現象のことである。たとえば，日なたを一緒に歩いていた友人と屋内に入ったとしよう。太陽光の下と屋内照明の下では服の色は微妙に変化している。しかし，服の色の変化には気づきにくいことがある。

形の恒常性は，網膜上の像が変化していても変化したとは感じず同じ形に見る現象のことである。たとえば，サイコロは正方形の面が6つ集まってできているが，見る角度によって長方形にも平行四辺形にもなる。しかし，見る位置が変わり網膜上の像の形が変化しても，それほどに変化したとは感じず，立方体として知覚する。テーブルの上のコップも横から見るのと斜め上から見るのでは形は異なるが，それほど変化したとは感じない。

速さの恒常性は，距離が変化すると対象物の運動速度が実際には変化しているのだが，速さが変化したとは感じにくい現象のことである。

音の大きさの恒常性は，音源との距離が変化しても変化を感じにくい現象のことで

ある。音の大きさは，物理的な音エネルギーは距離の二乗に反比例する。すなわち，音源との距離が2倍になれば，感じる音エネルギーは4分の1になる。実際に10 m離れて話していたのが20 m離れた場合に，実際には音量が4分の1になっているのだが，それほど変化したとは感じない。

(7) 月の錯視

　月が天頂にあるときよりも地平線近くにあるほうが大きく見える現象として古くから知られている。月から地球までの距離は天文学的に遠いため，月が地平線にある時も天空にあるときも見える大きさは変わらないはずである。ところが地平線近くにある時のほうが天空にある時よりも平均15～30％ほど大きく見える。この錯視の説明はいくつかあるがどれも定説とはなっていない。

(8) 奥行き知覚（depth perception）

　人の網膜には2次元の像しか映っていないのに，3次元の拡がりを知覚している。これは，いくつかの手がかりをもとに奥行きを知覚しているからである。
　手がかりの第1は，水晶体の調節である。網膜上の像の焦点を合わせるために，毛様筋の収縮により水晶体の厚みを調節する。この毛様筋の緊張が奥行きの知覚の手がかりとなる。ただし，これが有効な手がかりであるのは2 mぐらいまでである。第2は，輻輳（convergence）である。注視している対象物の遠近に応じて視線の交わる角度が変わることを輻輳という。このとき，眼球運動をつかさどる動眼筋とよばれる筋肉が緊張する。この緊張が奥行きの知覚の手がかりとなる。これが有効な手がかりであるのは20 mぐらいまでである。第3は，両眼視差である。人の目は左右に離れて位置しているので，見ている対象物の像は左右でわずかにずれている。このずれを両眼視差という。このずれた網膜像が融合したときに奥行きのある立体像が見える。第4は，運動視差である。動きながら見ているとき，または動いている対象物を見ているときの速度差をいう。車窓から風景を見ているときに，近くの景色は速く動き，遠くの景色はゆっくりと動いているように見える。また，注視する地点よりも近くにある景色は逆方向に動いているように見えるが，遠くにある景色は進行方向に動いているように見える。このように相対的距離による運動の違いが奥行きの知覚の手がかりとなる。
　先に記した手がかりでは説明がつきにくいのが，写真や絵など2次元の対象物を見るときに感じている奥行き感である。これについても絵画的手がかりと呼ばれる要因がいくつかある（図5-7）。①は，相対的大きさである。同じ大きさの対象物の場合に，近くにあるものは大きく遠くにあるものは小さく見える。したがって，大きさの変化が奥行きの知覚の手がかりとなる。②は，相対的位置である。視点が下からであると，

① 相対的大きさ　　　　　　　　　　　　　② 相対的位置

③ 重なり　　　④ きめの勾配　　　⑤ 陰影

図5-7　絵画的手がかり

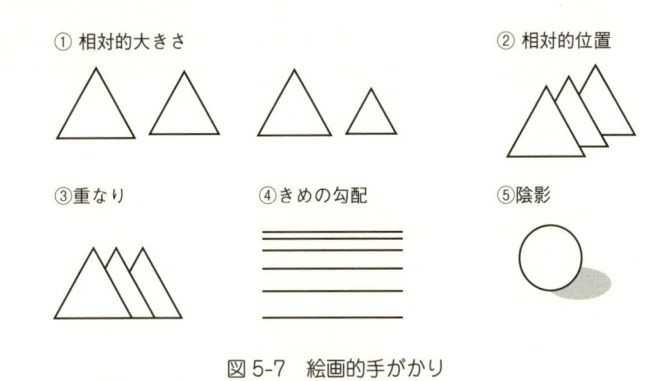

上に位置するものが遠くに見える。視点が上からであるとその逆になる。③は，重なりである。重なり合って，輪郭線が隠されているもののほうが遠くに見える。④は，きめの勾配である。きめの細かいほうが遠くに見える。⑤は，陰影である。立体に光が当たると影ができる。そこで，影のあるものには立体感を感じ，奥行き感が生じる。

(9) 社会的知覚

　刺激は同じであっても，経験，欲求，情動，価値観によって知覚は異なることが知られている。ブルーナーとグッドマン（Bruner, J. S. & Goodman, C. C., 1947）は，経済的に富裕な家庭，貧しい家庭，中間の家庭の10歳の子ども10名ずつに1，10，25，50セント硬貨の大きさの判断をさせた。その結果は，全体的に，コインと同じ大きさの厚紙と比較してコインを過大視する傾向があったが，特に貧しい家庭の子どもの場合と高価なコインについての場合にその傾向は顕著だった。これは，知覚者の主体的条件やコインの社会的な価値によって知覚が影響されているからだと考えられている。また，個人にとって好ましいものや欲求の対象となる刺激は知覚しやすい（知覚的促進：perceptual sensitization）。たとえば，スクリーン上に弱い光刺激を示し，それが何に見えるかを報告させる実験において，絶食状態に置かれた被験者は，対象を食物と見る傾向が強いことが報告されている。逆に，知覚者にとって不快であったり不安を引き起こす等の好ましくない刺激には気づきにくくなる（知覚的防衛：perceptual defense）。たとえば言葉の場合に，好ましいと思われる言葉や中性語に比べて社会的なタブー語や不快になる言葉には気づきにくくなる。ただし，これらの言葉は，実際には認知していてもそれを報告しないことも考慮する必要がある。あるいは，価値観に関する単語への反応時間は，その個人が価値が高いと考える単語への反応時間は比較的速く，価値が低いと考える単語への反応時間は遅いことがわかっている。

また，私たちは，経験を重ねることで，経験頻度の高いものが知覚されやすくなる。たとえば，先の嫁と姑の絵（図5-3）では，若い女性の像を多く見た後では，若い女性を見やすく，老女の像を多く見た後では，老女を見やすくなるという。このように経験頻度の高いものが知覚されやすい理由として，経験が多くなると，
　①知覚の内容が豊富になる（豊富化説）。
　②経験が少ないときには見逃していた刺激を知覚できるようになるために知覚反応がより分化する。すなわち，以前は区別して反応していなかった刺激に対して個別に反応するようになる（分化説）。
　③より適切な反応ができるように知覚を組み立て直す（再構造化）。
　④仮説が強化されてその仮説が生じやすくなる（仮説理論）。
などの理論が提唱されている。

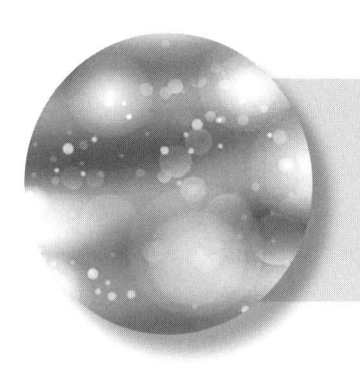

第 6 章　動機づけと情動

● 第 1 節　動機づけ

1. 人の行動をどう理解するか
(1) 行動の要因

　人は同じ状況にあっても，個々に異なった行動をする。たとえば，同じように電車に座っている人の中には，寝ている人，音楽を聞いている人，本を読んでいる人，あたりを観察している人，等々，がいる。こういった行動の違いをもたらしているものについて客観的に追究することで，「なぜそのような行動をするのか」を理解するための概念が「動機づけ」である。

　動機づけ研究の初期には，行動の原因を内的要因から理解しようとする考え方が中心であった。これは，本能説と呼ばれた。20世紀初頭，マクデューガル（McDougall, W.）は，人には遺伝的・生得的に行動に駆り立てる力があると考え，それを本能と称して本能のリストを提示した（今田，1999）。しかし，本能のリストだけでは行動が生じるまでの道筋説明には不十分であり，本能論による説明はしだいにされなくなった。

　人の行動は，内的要因と外的要因の相互作用により生じるという立場を明確にしたのがレヴィン（Lewin, K., 1956）である。レヴィンは $B = f(P, E)$ という公式で人の行動を説明した。この式は，行動（Behavior：B）は人（Person：P）と環境（Environment：E）の相互作用により生じることを意味している。この場合の"人"は環境の中に置かれ常に環境の影響を受けながら存在するものであり，"環境"はその人が理解している心理的な環境である。したがって，"人"と"環境"を区別することは厳密にはできないが，理論上は一応区別したうえでその相互作用と考える。人の行動をこのように内的要因と外的要因の関係で説明するのが動機づけの考え方である。

第6章 —— 動機づけと情動

(2) 動機づけとは何か

　人が生活していくためには，生命を維持することや心理的満足を得ることが必要である。そのための行動を発現させる内的状態を欲求（要求：need）という。欲求が生じただけでは行動は生起しない。この欲求と同時に欲求を充足する対象が存在するときに行動は生起する。欲求を充足する対象を誘因（incentive）という。人は，欲求により行動に駆り立てる力（動機または動因：motive/drive）が生じ，誘因という目標に向けて行動する。

　たとえば，「お腹が空いたのでご飯を食べる」という状況について考えよう。「お腹が空いた」というのは，胃の中の内容物が少なくなる，血糖値が下がる等により生命維持に必要な条件が欠乏したために生じる感覚である。それによって「空腹をいやしたい」という緊張状態が生じる。このように人をある行動に駆り立て方向づける生体内部の緊張状態が欲求である。欲求が生じる状況は大別して2つある。1つは上記の例のように，生命の維持や種の保存のために，身体的・生理的に必要で欠くことのできないものや条件が欠乏したときに生じる。たとえば，「お腹が空いた」「喉が渇いた」「お腹が痛い」という場合である。これによって生じる欲求は，一次的欲求と呼ばれている。もう1つは，経験や学習により後天的に獲得された意図があってそれが未達成のときに生じる。「テストでよい結果を得たいのに，点数が悪くて不満だ」「自分のしたいことをするための十分なお金がないので欲しい」「友人たちと仲よくしたいのに，集団内で受け入れられていないので不満だ」という場合である。これによって生じる欲求は一般に，二次的欲求と呼ばれている。

　欲求はさらに人を行動へと駆り立てる。この力が動機である。「空腹をいやしたい」という欲求は「ご飯を食べたい」という動機になって，人に「食事をする」という行動を解発する。ここまでは，人の内部で生じていることである。

　「ご飯を食べたい」という動機は，食べる物に到達し食べることで低減し，行動が終結する。この場合の「ご飯」のように，人の行動の目標となり，結果的にはそこに到達することにより動機を低減させる，環境内の対象や事象が誘因である。この過程は人の外部で生じ，観察可能である。

　これらの一連の過程のうち，動機から誘因へと方向づけられた過程の部分が動機づけ（motivation）である。動機づけは，「動機の発生により行動が解発し，解発した行動を維持し，一定の方向（誘因）に導かれて終結させるまでの力動的な過程」である。したがって，動機が存在しても行動が出現しない場合には動機づけの用語は使わない。

2. 動機の種類

　欲求には，一次的欲求（primary need）と二次的欲求（secondary need）がある。

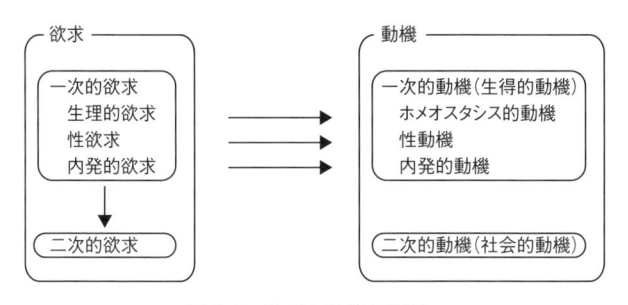

図6-1　欲求と動機の関係

一次的欲求は，生得的に備わっている基本的な欲求である。渇き・空腹などのように生命の維持に不可欠な生理的欲求，種の保存に必要な性的欲求，刺激・接触の快・探索・活動などを求める内発的欲求がある。これに対して，二次的欲求は，社会の中での学習経験によって獲得された後天的な欲求であり，社会的欲求とも呼ばれる。一次的欲求を充足するための手段であったものが目的化し，欲求として自立したか，あるいは，一次的欲求と常に対になっていたために遂にはそれが欲求の対象となったものである。図6-1における一次的欲求から二次的欲求への矢印はこのことを意味している。

　動機には，一次的動機（生得的動機）と二次的動機（社会的動機）がある。動機は欲求に基づいて生じる力であって，一次的欲求に対応するのが一次的動機，二次的欲求に対応するのが二次的動機である。図6-1における欲求から動機への矢印はこのことを意味している。生理的欲求に対応するのはホメオスタシス的動機，性欲求に対応するのは性動機，内発的欲求に対応するのは内発的動機である。

(1) 一次的動機（生得的動機）

　一次的動機は，生まれつき備わっているため生得的動機（innate motive）と呼ばれ，ホメオスタシス的動機（homeostatic motive），性動機（sexual motive）と内発的動機（intrinsic motive）に大別される。

①ホメオスタシス的動機

　生体には内部環境を一定に保とうとする機能があり，平衡が崩れたときに，もとの状態に回復するための生理学的作用や行動が生起する。これをホメオスタシス（homeostasis）と呼ぶ。たとえば，人の体温は常に一定に保たれている。体温を維持するために，体温が上がれば発汗し，下がれば身震いして体温を一定に保つ。それでも体温維持が無理な場合には氷で冷やしたり，カイロで温めたりする。すなわち，ホメオスタティックな不均衡を体内で調節できない場合には，不均衡を解消したいとい

第6章 —— 動機づけと情動

う欲求および動機が生起し，体温を一定に保つという目標に向けて行動するのである。ホメオスタシス的動機には，渇動機・飢餓動機・睡眠動機・呼吸・体温調整・苦痛回避等がある。

渇動機は，水分の欠乏により生じる。生体にとってきわめて重要な水分が欠乏すると，それが刺激となって視床下部で自動調整が行われる。それでも補えなくなった時のサインが喉や口腔の渇きであり，水を飲みたいという欲求を生起する。

飢餓動機は，栄養物質の欠乏によって生じる。キャノン（Cannon, W. B.）は，胃の中で風船を膨らませる実験から，飢餓感と胃の収縮は密接に関連していることを見出した（平井，1992）。その後の研究で，血糖値の高さと満腹感・低さと空腹感が関係しており，視床の神経細胞が栄養素の欠乏を感知することで摂食行動が起きること，日常生活での飢餓動機には生理学的な作用だけでなく学習や記憶が深く関わっていることがわかっている。

②性動機

性動機は，求愛行動や配偶行動を生起する，種族保存のためには不可欠の動機である。ホルモンや神経系の働き等の内的要因と性行動を喚起する誘因の存在等の外的要因の相互作用により，性動機は高まる。

ホメオスタシス的動機は，生きていくためには必ず充足されなくてはならないものであり，行動の結果，体内は定常状態に戻る。それに対して，性動機は，必ずしも充足されなくても生きていけるし，性行動の結果，性ホルモンが上がり下がりはせず，エネルギーを消費することになる。こういった違いから，性動機とホメオスタシス的動機とは区別される。また，生理的要因よりも経験・環境・心理的要因の影響のほうが大きい点を考慮すれば，二次的動機の性格も併せもつといえる。

③内発的動機

人の行動の中には，決まった目的はなく，ただそれをしたいからするという場合がある。このように，行動すること自体が目的である行動を生じさせる動機を内発的動機という。感性動機・好奇動機・操作動機・探索動機・接触動機等がある。

- 感性動機（sensory motive）…生活体が適度に快適な刺激を求めようとする動機である。適度に快適な刺激が剥奪された場合に人は正常な精神活動が保てなくなる。外部刺激を極度に減じる感覚遮断実験では，被験者はフラストレーションが出て，思考能力は低下し，幻覚を見たり，脳波の異常をきたし，2〜3日でこの状況に耐えられなくなっている。

- 好奇動機（curiosity motive）…操作動機（manipulatory motive）と探索動機（exploratory motive）との両方に重なる概念である。操作動機は，モノを触ったり動かしたりしようとする動機である。ハーロウ（Harlow, H. F., 1950）は，

餌と水は十分に足りているサルの檻に6つの部分からできている知恵の輪のような装置を1日10個ずつ置いた。かなり難しいパズルもあったが，サルは12日間のあいだ熱心にパズルを解いた。何の褒美もなく，パズルを解くことを目的として動機づけられ行動したのである。探索動機は，多様な経験や刺激を求める動機である。子どもが玩具を分解しようとしたり，おとなが新しい機械製品の機能を夢中になって確かめたりするのはこの動機に基づいている。日常生活では，操作動機と探索動機は輻輳（ふくそう）して現れることが多い。

● 接触動機…他人との接触を求める動機である。ハーロウは，生まれたサルを一匹ずつ，ゲージで隔離して育てた。サルのゲージには針金で筒を作り顔が付いた針金製の代理母と，針金の筒に毛足の長い毛布を巻きつけ，顔の付いた毛布製の代理母の2体が置かれ，針金製の代理母からミルクを飲む群と，毛布製の代理母からミルクを飲む群に分けた。どちらの代理母からミルクを飲んだかにはかかわらず，子ザルは毛布製の代理母のもとで過ごすことが多かった。これは，接触による快感を求める動機が存在し，ミルクをもらうという飢餓動機の充足よりも接触動機の充足のほうが重要であることを意味している。接触には，抱く・撫でる・頬擦りする・おぶうといった行為による肌と肌の触れ合いだけでなく，声掛けやアイコンタクト（eye to eye contact）による接触等も含む。

(2) 二次的動機（社会的動機）

二次的動機は，社会のなかでの後天的な学習や経験によって獲得された動機であるため社会的動機（social motive）といわれる。属する社会のあり方や価値観によって，獲得される社会的動機は異なり，個人差や文化差が大きい。社会的動機の種類は非常に多く，確定的な分類もない。そこで，よく取り上げられる社会的動機のいくつかについて説明する。

● 達成動機（achievement motive）…高い目標を立て，それを独自にやり遂げようとする動機，あるいはやり遂げた満足感を得ようとする動機である。受験勉強に打ち込んで希望する大学に合格しようとか，いま以上に仕事ができるようになろうなどの気持ちをもつことである。達成動機の高い人の特徴は，適度な困難さの選択，現実的な目標設定，遂行結果へのこだわりである。たとえば，達成動機の高い人ほど成功と失敗の見込み確率が五分五分の課題を選び，低い人は簡単な課題かまったく成功の見込みのない課題を選ぶ傾向がある。これは，達成動機の高い人は遂行結果に重きを置くため，価値を多少低くしても成功することを選び，達成動機の低い人は失敗を避けることに重きを置くため，必ず成功するかもしくは始めから成功の見込みがなく失敗とは認識しないでよい課題を選ぶからだと考

えられる。

- 親和動機（affiliation motive）…他の人に友好的に接触し、進んで協力し、好意を交換し、親密な関係を維持しようとする動機である。誰かと一緒にいたい、いろいろな人と仲よくしたい等の気持ちである。乳幼児が保護者に接近・接触する行動は、発達初期における親和動機の表れであり、特に、愛着（attachment）と呼ばれる。
- 承認動機（approval motive）　他人に自分の存在を認められたい、自分の考えや態度に同意してもらいたい、集団あるいは組織内での自分の地位を高めて維持したい、その集団あるいは組織に所属していることを誇示することで満足を得たいという動機である。
- 攻撃動機（aggressive motive）　他者に対して危害を加えようという動機である。攻撃動機の起源については、本能説（おもに、Freud, S., 1933による）とフラストレーション説（おもに、Dollard, J. et al., 1939による）から説明されている。本能説によれば攻撃動機は攻撃本能（攻撃衝動ともよばれる心的エネルギー）に由来する生得的なものであり、人にとって攻撃行動は不可避である。フラストレーション説（フラストレーション攻撃仮説ともいわれる）では、自分の欲求が充足されない場合にフラストレーション（欲求不満）が高まり攻撃動機が喚起されると考える。攻撃行動はフラストレーションを減少させることが目標であるから、フラストレーションの発生原因となった人・対象物への直接反応だけでなく、代理の人・物への攻撃、カタルシス効果を用いて実際に行動せずに空想するだけで動因を低減するなど、様々な反応で行われる。社会的学習説（おもに、Bandura, A., 1973による）では、攻撃行動には特定の本能や動機を仮定する必要はないと主張する。
- 支配動機（control motive）　他の人間あるいは集団に対して優位な立場に立ち、自分の意思を押しつけたいという動機である。たとえば、グループのリーダーとなってメンバーを動かしたいという気持ちである。
- 金銭動機（money motive）　貨幣を手に入れたいという動機である。たとえば、貨幣に執着する、貨幣を貯め込むことが嬉しいという気持ちである。貨幣はもともと、様々な物やサービスを得るための有効な手段であるが、しだいに貨幣を得ること自体が目的化したものである。このようにもともとは手段であったものが目的となってしまうことを動機の機能的自律性（functional autonomy）という。

3. 動機の階層性

マズロー（Maslow, A. H., 1954）は、動機のリスト化によって、すべての動機が同じ強度と確率で出現するような印象をもたせてしまうことや、動機の間の相互排他性

が示唆されてしまっていることは問題であると考え，相互関連性をもつ動機のヒエラルキー構造という新たな理論を主張した。人間の行動は無意識的衝動によるものであると考える本能論（おもに精神分析）の考え方や，人間の行動は刺激と反応の連鎖であって外的環境に動かされていると考える行動主義の考え方に対して，マズローは，人間は自ら成長しようとする力をもち，最上位にある自己実現に向かって行動すると考えた。人間は自由意志をもつ主体的な存在であるととらえていることから，人間性心理学（humanistic psychology）と呼ばれる。

マズローによれば，人間の動機はヒエラルキー構造になっており，下位の動機が満たされてから，上の階層の動機が発現する。ヒエラルキーの最底辺にあるのは生理的動機であり，飢えや渇きをいやしたいというような生命維持に関する動機である。これが満たされると安全動機が生じる。これは，安全な状況を求めたり，逆に，不確実な場合にはその状況を回避する動機である。これが満たされると家族，仲間，社会などの集団への所属と愛情や友情を求める所属・愛情動機，次に，他者から承認されたい，自信をもちたい，達成感を得たいという承認・自尊動機が生じる。これら4つの動機は周りの環境から充足され，それによって緊張が解消されるという意味で欠乏動機と名づけられている。これらの欠乏動機がかなり充足されると，最高次の自己実現動機が生じる。自己実現動機は，自らの才能・能力・可能性を顕在化させ，自らを成長させようとする動機である。自己実現動機は，欠乏動機に対して，成長動機と名づけられている。

人間は自分の可能性を活かし，自分に適したことをし，自分のもつ能力を最高に発揮しようとする動機をもつという自己実現の考え方は，独創的であり，カウンセリングや産業界に与えた影響は大きい。しかし，実証的データの不十分さと非客観性が問題点として指摘される。

4．内発的動機づけ・外発的動機づけ

1940～50年代には，人は生体内の内的状態が不安定となり緊張状態を生じたときに欲求が起こり，それを解消するために行動を起こすという考え方が支配的だった。この考え方を動因低減説という。たとえば「お腹がすいた」という内的緊張状態により一次的欲求（摂食欲求）から飢餓動機が生じ，「食べ物」という正の誘引を求めて「食事をした」結果，動因低減がおこり，行動が完結する。一次的動機のうちのホメオスタシス的動機と性的動機あるいは二次的動機により解発された行動が終結するまでの過程を外発的動機づけという。この考え方は，人は本来受動的であって，不快な緊張状態が生じない限り行動しないものだとみなすものである。

それに対して，人は本来，能動的であり，自ら環境に働きかけて積極的に行動するものだという考え方が，1960年代に優勢になった。たとえば，ハーロウ（1950）の

第6章 — 動機づけと情動

実験では,サルが,パズルを解くこと自体が報酬であるかのように,外的報酬なしで熱心にパズルを解いた。人においても,外的報酬なしでただ本を読むことが面白いから読むように,その行動をすること自体が目的となっている行動が数多くある。これらの行動は内発的動機づけによる行動とよばれる。内発的動機は一次的動機の中の一つであり,それにより解発された行動が終結するまでの過程を内発的動機づけという。

行動を推進する要素は,外発的動機づけと内発的動機づけで異なる。子どもの学習を例に考えてみる。クラスの中で一番になりたいから,希望する大学に進学したいから,親を喜ばせたいから,勉強しないと叱責されるから等,外的誘因により動機づけられて学習するのは外発的動機づけに基づいた学習である。この場合には,賞罰(テストでよい点を取ればゲームソフトを買ってもらえる,勉強しないと怒られる)が行動を推進しやすい。もっと知りたいから,自分がしたいと思うから,本を読むことが楽しいから等,学習をすること自体あるいは学習することによる満足に動機づけられて学習するのは内発的動機づけに基づいた学習である。この場合には,本来もっている知的好奇心(curiosity)が行動を推進しやすい。

内発的動機づけに基づく行動では,外的報酬がかえって行動への動機づけを弱めることもある。デシ(Deci, E. L., 1975)は,大学生に,ブロックを組み合わせて指定された形を作らせる実験を行った。この実験では,実験群には制限時間内に解いたパズル1個につき1ドルの報酬を与え,統制群には与えなかった。そして,どちらにも4パターンを作成後に,何をしてもよい時間を5〜10分間与えた。この自由時間に,実験群108.6秒に対して,統制群は208.4秒と有意に長くパズル解きを行った。すなわち,金銭的報酬は課題遂行への動機づけを減少させたのである。「自分自身が勉強したいから,あるいは,勉強することが面白くて仕方ないから勉強する」と内発的に動機づけられた行動に対して,「今度のテストでいい成績をとったらお小遣いをあげるからね」などと褒美で釣るようなことをするとかえって内発的動機づけを弱めてしまう場合もある。

● 第2節　欲求が充足されない状況

1. フラストレーション

欲求が発生しているのに何らかの理由で充足されていない状態をフラストレーション(frustration:欲求阻止・欲求不満)という。この状態になるのは,①欲求を充足させる目標や手段が環境内に存在しない,②目標に到達する途中で何らかの障害があり欲求充足が妨げられている,③複数の欲求が同じ強度で同時に存在し行動できないでいる等の場合である。③を葛藤(conflict)という。欲求の満足が阻止されている状況についていうときは欲求阻止,そのときの生体内の緊張状態あるいは情動状態に

ついていうときは欲求不満の語が使われる。

　人が自らの欲求を充足し生体の機能が正常に営まれている状態を適応（adjustment）というが，フラストレーションが持続すると心理的に不適応的な反応を生じやすくなる。不適応的な反応を生じることなく耐える能力を欲求不満耐性（frustration tolerance）という。耐性は，成長過程で適度なフラストレーションを経験し，適切な対処法を学ぶ機会に恵まれることで習得される。

　フラストレーションに陥った場合の対処方法の代表的なものをいくつかあげる。まず，迂回は，遠回りになるかもしれないが別の方法で目標に到達することである。攻撃は，障害となっている対象あるいは無関係な対象，自分自身に攻撃を加えることである。代償は，達成が困難な目標を，実現可能な目標に変更して達成することである。固着は，適切でない行動をいつまでも繰り返すことである。

　フラストレーションが長引いたり，頻繁に繰り返されたりすると，心理的緊張が高まり，やがては，心理的・身体的な不適応症状を引き起こすこともある。そこで，フロイト（Freud, S.）は，人には，無意識に自我の破綻から自分を守ろうとする心の働きとしての自我防衛機制があると考えた。その代表的なものをいくつかあげる。

　まず，"抑圧"は，自分が認めがたい欲求や衝動，体験などを無意識の世界に追いやり，忘却することである。"合理化"は，本来の欲求から外れてしまったことについて，もっともらしい理由をつけて正当化することである。イソップ物語に出てくるキツネがおいしそうに実っているブドウを食べたいと思い，何回も取ろうとしたのに高くて届かなかった。キツネは，自分が取れなかったことを認めるのは耐えられないので，「どうせ酸っぱいブドウさ」と言った。この言い訳は「酸っぱいブドウの機制」と言われる。"反動形成"は，自分の欲求や願望とは正反対の態度や行動をとることである。憎しみを抱く対象に過度に丁寧な態度で接する場合がこれである。"置き換え"は，ある対象への願望や考えを別の対象に向けることである。この置き換えが，社会的・文化的に承認される価値の高い目標へと向けられることを"昇華"という。"退行"は，以前の未発達な段階の思考・表現様式・行動に逆戻りすることである。いわゆる赤ちゃんがえりである。

　自我防衛機制は正常な心理的作用であり，不安を緩和し自我を守り現実に適応するように機能している場合には，適応上，重要な適応機制（adjustment mechanism）としてとらえられる。しかし，特定の機制が常態化したり，防衛反応が強くなって，現実に適応できなくなると，様々な不適応行動が生じる。

2．葛藤

　人の行動は，欲求が外的対象である誘因に向かうことにより生じる。誘因は，人をひきつけたり（正の誘因），回避させる（負の誘因）性質と，行動の強さを規定する

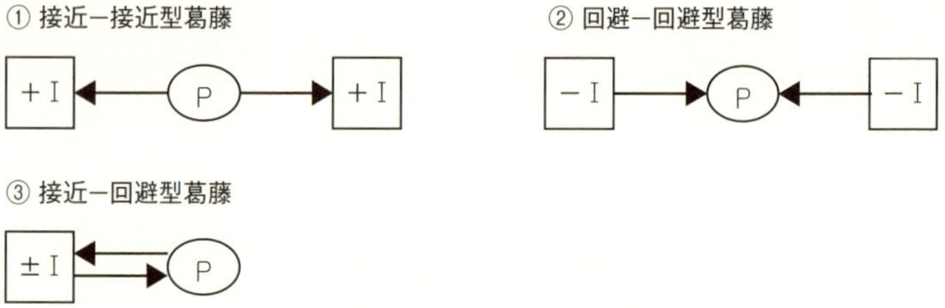

第6章 ── 動機づけと情動

① 接近−接近型葛藤　　　　　② 回避−回避型葛藤

③ 接近−回避型葛藤

図6-2　葛藤の3つのタイプ

性質をもつ。行動の強さは，人と誘因との心理的距離によって決定され，心理的距離が近いほど強い。

葛藤は，複数の欲求が同じ強度で同時に存在し行動できないでいる状態であり，レヴィンは，誘因の性質と組み合わせにより，接近−接近型，回避−回避型，接近−回避型の3つの基本型を想定した（図6-2）。

①接近−接近型葛藤（approach-approach conflict）
　ヒト（P）が，2つ（以上）の正の誘因（＋I）の間で行動できないでいる状態である。レストランで「あれも食べたい，これも食べたい。どうしよう」と迷っているような場合である。
②回避−回避型葛藤（avoidance-avoidance conflict）
　ヒト（P）が，2つ（以上）の負の誘因（−I）の間で行動できないでいる状態である。「勉強はしたくないけれど，勉強をせずに親に怒られるのもいやだ」と思い，無駄に時間をつぶしている場合である。
③接近−回避型葛藤（approach-avoidance conflict）
　1つの目標が正・負の両方の誘発性をもつ場合である。「ケーキは食べたいが，太るのは嫌だし」という場合である。

この3つの型以外に，二重接近−回避型といって，同時に2つの目標があるが，そのどちらもが正・負両方の誘発性のある場合がある。これらはあくまで純粋に理論的な分析であって，現実には，3つの型の複雑な組み合わせである。

第3節 情　動

1. 情動とは何か
(1) 感情，情動，情緒
　行動には心的活動を伴う。目標を達成したときには喜びを感じ，目標達成が阻止されたときには怒りや悲しみを感じる。このように行動に伴う心的経験が感情である。

　日常生活においては，外界からの刺激に対応して変化する主観的な気持ちという意味で感情，情動，情緒という言葉を明確な区別をせず用いる。しかし，心理学においては，厳密ではないが区別して用いられてきた。これらの中では感情（feeling）が他の用語を含む最も大きな概念である。自己の経験に対する主観的・直接的な意識過程で，快感−不快感を軸とする，やや永続的な心理過程である。情動（emotion）と情緒（emotion）は感情に含まれるほぼ同義の用語で，感情の動的側面を強調する場合に用いることが多い。刺激によって比較的強く急に生起する持続時間の短い心理過程であり，喜び・悲しみ・怒りなどは典型的な情動である。情動と情緒をあえて区別するならば，情動には血圧の上昇，発汗，瞳孔の拡大といった生理的な変化も含める点が異なる。

(2) 情動の種類と発達
　日常使う情動を表す言葉には，喜び，上機嫌，楽観，悲しみ，怒り，落胆，恐れ，愛，尊敬，憎しみ，嫉妬，不安，心配等いくつもあげることができる。しかし，基準が一定でないため，分類について統一されたものはない。

　私たちは，相手の情動を，それまでの状況，顔の表情，身体の動き，発言等から判断している。顔の表情からどれほど正確に判断できるのかについての研究は古くからされている。表情の写真から情緒を判断する実験では，正答率は高くないものの，喜びの表情と幸福の表情を混同する，あるいは，喜びの表情と怒りの表情を混同はしないなど，誤答には一定の傾向があることがわかった。ウッドワース（Woodworth, R. S.）はこれらを分析して，情緒には，①愛，幸福，陽気，②驚き，③恐れ，苦悩，④怒り，決意，⑤嫌悪，⑥軽蔑，のカテゴリーがあり，かつ，この順番に連続し，隣り合う情緒同士は混同されやすいことを見出した（吉田，1970）。さらに，シュロスバーグ（Schlosberg, H., 1952）は，男性俳優の72枚の表情写真を被験者（大学生）に見せて分類させた（図6-3）。その結果，6つのカテゴリーのうち①愛，幸福，陽気と⑥軽蔑は混同されやすく，おもに④怒り，決意に分類される写真は，③恐れ，苦悩と⑤嫌悪にも分類されることから，快−不快（pleasant-unpleasant）と注意−拒否（attention-rejection）の2軸の平面上に，6つは円環状に並ぶと考えた（図6-4）。

　顔のどのような情報が表情認知の手がかりとなるのかについても研究が進められて

第6章 —— 動機づけと情動

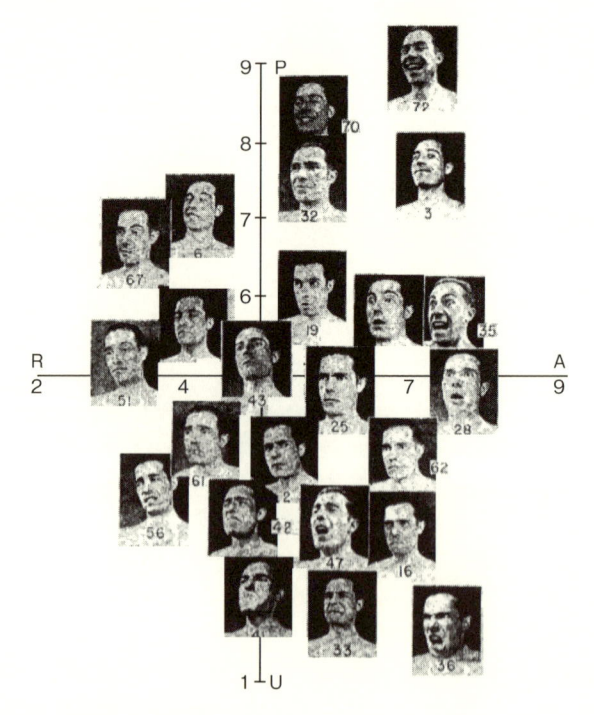

図6-3　表情写真の配置（Schlosberg, H. 1952, p.232をもとに作成）

注）図中の縦軸 P-U は快－不快（pleasant-unpleasant）
を，A-R は注意－拒否（attention-rejection）を表す。

図6-4　シュロスバーグの情緒の円環（Schlosberg, H. 1952, p.232をもとに作成）

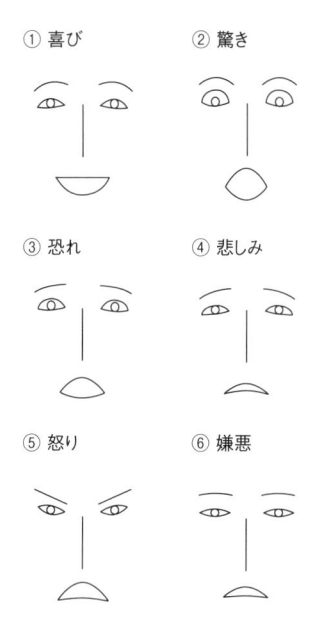

図 6-5　6 種の情動を表す線画での平均的表情（Yamada, H., 1993 をもとに作成）

いる。山田は，眉・目・口の特徴に注目し，コンピュータを用いて 6 つの情動を示す線画を被験者に作成させた。その結果，「湾曲性・開示性（目・口の開き具合とそれに伴う輪郭の湾曲の程度）」と「傾斜性（外眉や目尻の釣り上がりと口角の引き下げ，またはその逆方向の変位）」が，表情の印象形成に重要な要因であり，「湾曲性・開示性」は注目－拒否と，「傾斜性」は快－不快と関係が深いことを見出している（図 6-5）。その後，渡邊（2006）は，実画像を用いた研究から，現実的な表情の判断はより複雑であると指摘している。

　では，情緒はどのように発達するのだろうか。1930 年代に，ブリッジズ（Bridges, K. M. B., 1932）は，新生児の情緒的反応は単純で，興奮か静かかだけであるが，生後数週間から 2，3 か月の間に，興奮から不快と快が分化，さらに，不快から怒り・嫌悪・恐怖が分化し，快から得意・おとなに対する愛情・子どもに対する愛情・喜びの順に分化し，おおよそ 2 歳ごろに基本的情動が表出されると報告した。

　その後，フィールドらの実験（Field, T. M. et al., 1982）から，新生児（平均 36 時間）は「喜び」「悲しみ」「驚き」の 3 つの表情を識別し，模倣することがわかっている。模倣することが情動表出になるわけではないが，かつていわれていたよりも

第6章 —— 動機づけと情動

早い時期から情動の分化がなされるだろうと考えられている。さらに，新生児期には基本的情動と考えられている表情のほとんどが見出されるという報告もある（荘厳，1997）。情動の認知能力の発達は表出よりも遅れるが，それでも，ブリッジズが報告したよりも早く，生後数か月から8か月くらいの間には喜び，悲しみ，怒り，恐れ，驚きといった基本的情動が表出される（坂上，1999）。

2. 情動生起のメカニズム

情動生起のメカニズムについて，多くの研究者が説を唱えている。これらについてみてみよう。

(1) ダーウィン説と行動的研究

情動の行動的研究の先駆者は，進化論で有名なダーウィン（Darwin, C. R.）である。彼は，人間の感情を比較した結果，情動の生起に随伴する様々な生理反応が人間と動物に共通であり，情動の表出には適応的意義があり，また，進化する前の生物の行為の名残があると考えた。

このように情動は生得的基盤をもつという考えは，その後の研究者によって証明されている。アイブル-アイベスフェルト（Eibl-Eibesfeldt, I., 1970/ 日高・久保（訳），1974）は，様々な民族の挨拶の行動を記録し，比較した。その結果，多くの種族で，眉を急に上下しながら，それと同時に微笑んだり，またしばしばうなずいて見せたりする動作が，離れたところからかわす非常に親しい挨拶として共通していることを明らかにした。また，生まれながらに視覚障害である子どもにも，健常児とまったく同じ表情が認められる（荘厳，1997；Morris, D., 1977/ 藤田（訳），1980；Eibl-Eibesfeldt, I., 1970/ 日高・久保（訳），1974）。前項のシュロスバーグ（1952）の表情写真による研究は，1つの社会において情動表出に共通性があることを証明しているが，様々な文化・社会の間に共通性があることの証明としても理解できる。

イヌは尻尾を振って喜びを表わしたり，歯を剥いて吠えて怒りを表すことで，相手に受け入れや攻撃の意図を伝えている。人間の情動表出行動も，社会的コミュニケーションに必要な適応的意義のある行動である。威嚇の時の表情に注目すると，マンドリルなど無尾類のサルは唇の端を下に引き，上顎の犬歯をそっくりあらわにする。歌舞伎で激怒を表現するときや日常生活で怒りを表すときにも，犬歯は退化してないにもかかわらず，同じように歯をあらわにする。これは，系統発生の前の段階で適応に必要であった行動様式が，器官が退化したあとも残っていると考えられる（Eibl-Eibesfeldt, I., 1970/ 日高・久保（訳），1974）。

(2) ジェームズ-ランゲ説

　普通，私たちは，「悲しいから泣く」と考えるが，そうではなく，「泣くから悲しい」という理論を展開したのが，ジェームズ（James, W.）とランゲ（Lange, C.）である。

　たとえば，涙が出てくるから悲しく，心拍が速くなるから不安になり，手足が震えるから恐いというように，生理学的な変化を知覚することによって情動体験が生じると考える。情動経験は，外界からの刺激が大脳皮質に届き，刺激状況を知覚し，その結果，末梢に生理的・身体的変化が生じ，この身体の変化が脳にフィードバックされ，脳で発生する。涙腺，心拍，手足の動きなどの変化という末梢における生理的・身体的変化を重視するので，情動の末梢起源説とも呼ばれる（中村，2005；濱・濱・鈴木，2001）。

(3) キャノン-バード説

　内臓器官と大脳の神経路の遮断により，生理的変化がなくても情動が生じることや，同じ生理的変化から異なる情動が生じることなどを理由としてジェームス-ランゲ説を批判し，「悲しいから泣く」と主張したのがキャノン（Cannon, W. B.）である。その後，バード（Bard, P.）がこの説を発展させた。

　キャノン-バード説では，視床が情動の中枢であると考える。外界からの刺激を受けると，インパルス（電気信号）は視床下部の働きを直接賦活させるか，あるいは，皮質に送られ，インパルスにより情緒抑制機能を解除された皮質が視床下部を興奮させる。この視床下部での興奮が一方では筋肉や内臓に伝えられて身体的・生理的変化を生じると同時に，もう一方では再び大脳皮質に向かい情緒の体験をさせるというのがこの説の主張である。中枢神経系の作用を重視するため，中枢起源説とも呼ばれる（中村，2005；濱ら，2001）。

　その後の研究により，①情緒に重要な働きをする中枢は，大脳辺縁系（視床，視床下部，周辺の皮質部分）と脳幹網様体である，②大脳辺縁系の中で，「扁桃核」は恐れに，「中隔」は怒りに関係する，③「視床下部」「扁桃核」「中隔」には快中枢が，「内側毛体」には不快中枢がある，④脳幹網様体は，大脳を賦活し，これが視床下部や辺縁系の興奮を生じ，情緒を発生させる，ことがさらに解明されている。

(4) 認知説

　シャクター（Schachter, S.）は，情動の発生には，生理的覚醒に加えて，その生理的状態をどう感じるかという認知が重要であり，情動はこの2つの要因に依存すると考えた。これが，シャクターの2要因説である（中村，2005；濱ら，2001）。

　外部刺激により生理的反応をしてもそれだけでは情緒の体験にはならない。たとえ

ば，ジェットコースターに乗って下に落ちる時の身体が浮くような感覚に思わず血の気が引いたとき，それを「怖かった」と感じる人もいれば「面白かった」と感じる人もいる。すなわち，外部刺激により生じた生理的反応と内的な覚醒状態を解釈して，「怖い」とか「面白い」というレッテルを貼った結果が情緒の体験となる。同じ状況，同じ身体的変化であっても，認知の仕方によって情緒体験は変わるのである。

現在では，この2要因は情動の発生に必ずしも必要とは考えないが，認知の役割を重視した研究が始まる契機となった理論として功績は大きい。

(5) 学習性情動

情動を喚起する生得的刺激は限られているが，後天的に情動を引き起こす刺激の種類は増える。ワトソンとレイナー（Watson, J. B. & Rayner, R., 1920）は，情動が経験を通して獲得されることを，生後11か月のアルバート坊やの実験により示した。

アルバートは，実験以前は手を伸ばしたり触ったりしていた白ネズミを，実験後には見ただけで泣き出し逃げようとするようになった。これは白ネズミに対して本来感じていなかった驚きの感情が，経験により獲得されたからである（詳しくはp.119を参照のこと）。

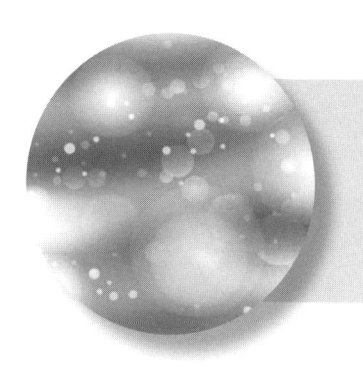

第7章 知　能

● 第1節　知能とは

1. 知能をどう考えるか

　私たちは，知能（intelligence）という言葉を，知識の豊かさ，頭の良さ，さらには物事をやりこなす力までを含めて用いている。知能の英語表記である"intelligence"は，イギリスの哲学者スペンサー（Spencer, H.）の造語とされる。広義には，生物の適応形式の最高次の機能をさす（子安，1999）概念である。

　19世紀後半頃に，ゴールトン（Galton, F.）により，知能の科学的研究が始まった。ゴールトンは精神機能の個人差を測定し，知能は遺伝すると主張した。その後，多くの研究者が知能の定義を試みているが，心理学においての定義は確定していない。簡潔に述べることは難しく，視点の置き方により，6つの考え方に分類できる。

①抽象的な思考能力を重視する
②環境への適応能力を重視する
③学習する能力を重視する
④包括的にとらえる
⑤操作的にとらえる
⑥情報処理能力としてとらえる

　抽象的な思考能力を重視する考え方を代表するのがターマン（Terman, L. M.）とスピアマン（Spearman, C. E.），環境への適応能力を重視する考え方を代表するのがディアボーン（Dearborn, W. F.），学習する能力を重視する考え方を代表するのがシュテルン（Stern, W.）である。

　これらを包括した定義としてウェクスラー（Wechsler, D., 1958）は，「目的をもって行動し，合理的に考え，効果的に環境を処理する能力の総括である」と述べている。
　1905年に，フランスの心理学者ビネー（Binet, A.）が知能を測定するための方法

第7章 —— 知　能

論を確立し，知能検査を作成した。それ以降，学校，職場，軍隊などで知能検査が利用されるようになった。このような背景のもとで，知能検査により測定されたものが知能であると，操作的に定義する研究者が現れた。

　1960年代以降，知能検査の利用は下火になった。知能検査は，人の問題解決能力（認知的スキル）の測定を主目的にしていたが，それに代わって，社会的な文脈のなかで発揮される能力（社会的スキル）の重要性が注目されるようになったのである。

　代表的な考え方が，マキャベリ的知能（Machiavellian intelligence）と情動知能（emotional intelligence）である。群れを形成している動物においては，自分が獲得した餌を仲間に分与する行為が観察される。これは，仲間のためを思って（愛他的）というよりも，群れの中で仲間と無用な競争をせず生き残ろうとする利己的な動機に基づく行為だと考えることができる。ヒトも同様に，自らの生存に有利になるように自他の状態を把握し，ときには協力し，ときには欺くための知能をもつというのがマキャベリ的知能仮説である。情動知能は，社会的に成功するために知能指数の高さよりも重要な能力とされる。サロヴェイとメイヤー（Salovey, P. & Mayer, J. D., 1990）は，自分自身の情動を知る能力，感情を制御する能力，自分自身を動機づける能力，他人の感情を認識する能力，人間関係をうまく処理する能力を統合した能力が情動知能であり，これも知能の一つであると考えた。

　このように，知能研究における知能指数（IQ）偏重の問題点を克服しようとする研究が現れるなかで，1980年代に入り，認知心理学の影響を受け，知能研究の新たな展開として，知能を情報処理能力としてとらえるという見解が現れた。私たちは，自分のいる環境に合わせて合理的に行動を選択・調整している。こうした行為を可能にする潜在力（potential）が知能であるという考え方である。これを代表するのが，スターンバーグ（Sternberg, R. J., 1985）の知能の鼎立理論とガードナー（Gardner, H., 1983）の多重知能理論である。

2. 知能の構造

　知能研究は，因子分析という統計手法と密接に関わりながら発展してきた。知能は様々な要素の集まりであると考えられている。この要素を「因子」として抽出し，知能の構造を明らかにする試みがなされてきた。

(1) スピアマンの2因子説

　心理学研究に初めて因子分析を導入したのが，スピアマン（1904）である。スピアマンは，知能は一般因子（general factor：g因子）と特殊因子（specific factor：s因子）によって構成されていると考えた。一般因子は，知的活動に共通して関連する要素であり，より本質的な部分とみなされる。特殊因子は，知的活動ごとに固有の要

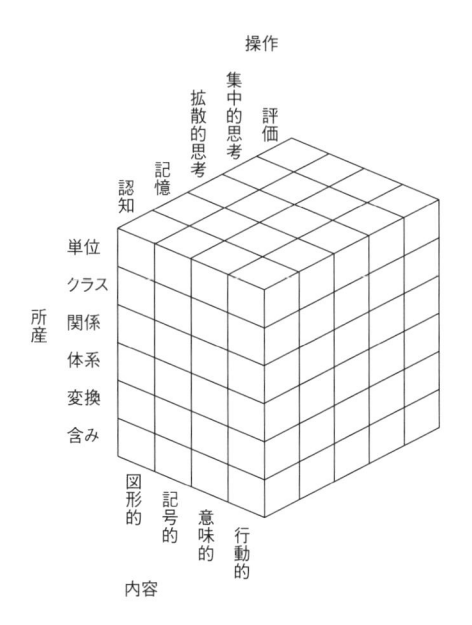

図 7-1　ギルフォードの知能構造の立方体モデル（Guilford, J. P., 1959, p.470 より作成）

素である。

(2) ギルフォードの立体モデル

ギルフォード（Guilford, J. P., 1956, 1959）は，知的活動とは一種の情報処理過程であると考え，内容（情報の種類），操作（情報に加える心的操作），所産（結果として出されたもの）の三側面から分類し，立体モデルを使って説明している（図7-1）。内容は図形的・記号的・意味的・行動的の4分類，操作は評価・集中的思考・拡散的思考・記憶・認知の5分類，所産は単位・クラス・関係・体系・変換・含みの6分類であり，これらの組み合わせによって生じる計120の知能因子があると想定した。なお，ギルフォードはすべての因子がいずれ確認されるとしたが，現在でも，未確認の因子がある。

(3) サーストンの多因子説

スピアマンは，一般知能を単一のg因子で説明したが，サーストン（Thurstone, L. L., 1938）は，知能に一般因子があるという考えを否定した。知能は基本的に独立した少なくとも10の基本的知能因子と特殊因子からなると考えた。そのなかのおもな因子は，空間因子（図形を空間的に認知する能力に関係する），知覚因子（知覚の速さに関係する），数因子（簡単な数の演算に関係する），言語因子（言語理解や文章

理解に関係する），記憶因子（機械的な記憶に関係する），言語の流暢さ因子（単語の並べ替えや語の発想の流暢さに関係する），推理因子（一般的法則の発見に関係する）の7つであり，これらは基本的精神能力（primary mental abilities）として重視される。知的活動の内容により，どの因子が中心的に働くかは異なる。したがって，知能を多面的にとらえることが個人の能力の把握に重要であると考える。

また，サーストンは大規模な研究を実施し，その結果に基づきこれらの因子を特定している。そこで，この研究は，多くの知能研究者の参考にされ，現在の集団知能検査の多くがサーストンの多因子説に立脚している。

(4) キャッテルの流動性知能，結晶性知能理論

キャッテル（Cattell, R. B.）とホーン（Horn, J. L.）は，知能を階層群因子モデルで説明した（安藤，2005）。因子分析で最初に抽出された複数の因子の上に二次因子があり，さらにその上にg因子があるという階層構造で説明する。この二次因子が，流動性知能（fluid intelligence）と結晶性知能（crystallized intelligence）である。「流動性知能」とは，新しい知識を獲得したり，新しい事態に対処していくために必要な能力であり，知能検査では，記憶・計算・図形・推理などの問題により測定される。「結晶性知能」とは，過去の学習経験をもとにして得た判断力や習慣で，過去の経験を生かす能力である。知能検査では，単語理解・一般知識などの問題により測定される。

(5) ガードナーの多重知能理論

ガードナー（Gardner, H., 1983）は，人間の知能は，単一のg因子に収束させられるものではなく，いくつものモジュール（module：独立して発達し，かつ調整し合って機能を分担する単位）からなると考えた。知能は単一のように見えるが，実は，複数のモジュールが調整し合い働いているという，この考えを多重知能理論（theory of multiple intelligences）という。ガードナーの考えるモジュールは，言語的知能，論理・数学的知能，空間的知能，身体・運動的知能，音楽的知能，個人的知能（個人内知能と対人的知能）の6つである。すべてのモジュールがバランスよく働いている場合や，特定のモジュールの働きが強い（たとえば，音楽の知能が特によく働いている）場合など，個人差がある（Walters, J. M. & Gardner, H., 1986）。

● 第2節　知能の発達

1. 知能の発達変化

知能は，他の機能と同様に，乳児期から青年期にかけて成長し，成長期以後は衰退

すると考えられてきた。また，個人の知能指数には，一生大きな変動がないという「知能指数の恒常性」の考え方も存在した。しかし，その後の研究により，これらの考え方は修正され，知能の発達に関する見解は変わりつつある。

第一は，乳幼児は有能であると考えられるようになったことである。

新しい研究方法の開発により，乳幼児は，推論を早くから行うことができるなど，従来考えられていたよりもはるかに有能であることが明らかになっている。

また，知能には，量的発達と質的発達の両面がある。たとえば，言葉の語彙数が増えるのは言語能力の量的発達の側面である。ピアジェ（Piajet, J.）は，思考は，感覚運動期，前操作期，具体的操作期，形式的操作期の4段階をたどって発達すると考えた。これは，知能の質的発達の側面である。感覚運動期の終わりには，感覚運動的知能が言語の枠組みに組み込まれる。この変化は，ピアジェによって「コペルニクス的転回」と称されるほどの大きな質的変化である。ピアジェは，各期の発達の年齢のめやすを示したが，現在では，ピアジェが考えたよりも早く発達し，また，課題内容による差があることが明らかになっている。

第二は，成人期以降も知能は発達すると考えられるようになったことである。

かつては，成人期以降は知能の衰退期であると考えられていた。初期の知能研究においては，知能テストを用いた横断法での結果から，「知能の発達は20歳代がピークであり，その後は加齢に伴い衰えていく」と考えられていた。しかしその後の研究の集積につれて，横断法は，知能の加齢による低下を誇張しやすく，縦断法では過小評価しやすいことがわかってきた。そこで，シャイエ（Schaie, K.W.）は，横断法と縦断法を組み合わせた横断系列法という新しい研究法を用いて調べた（Schaie, K. W., Labouvie, G. V., & Buech, B. U., 1973; Gerstorf, D., Ram, N., Hoppmann, C., Willis, S. L., & Schaie, K. W., 2011）。その結果，個人の年齢的知能変化は小さく，年齢が高いほど知能テストの点数が低いのは，コーホート（一定の時期に共通の時代経験をもつ同一世代の人々のこと。共通の時代経験とは，出生時期が同じ，同じ社会変動を経験している，一定の共通体験がある，などである）。差が要因であることが明らかになった。そこで，成人期以降は知能の衰退期ではなく，それ以降も知能は発達すると考えられるようになった。

近年の研究では，総合的な知能は加齢により急速に衰えたりはせず，比較的安定しており，知能低下の年齢は80歳以降であると考えられている。ただし，この高齢者の姿は正常な加齢の場合であって，老年期以降は病的原因により知能低下する人もしだいに多くなる。

知能低下を起こす疾患に認知症がある。認知症は記憶の障害に加えて，失語，失行，失認，実行機能の障害のうち少なくとも1つを含む多彩な認知欠損によって特徴づけられる（American Psychiatric Association, 2006）。正常に発達した知能が，何らか

第7章 ── 知　能

の脳の器質的障害により持続的に低下し，日常生活に支障をきたす状態である。記憶，判断，言語，感情などの精神機能が持続的に減退する。認知症の原因のほとんどが，アルツハイマー型認知症と脳血管性認知症であり，前者は，全般的に知能が低下しやすく，後者は，脳の血管障害（脳梗塞や脳出血）が生じた部位によって状態が異なる。

第三は，知能の側面により発達の道筋は異なるという認識の定着である。

キャッテルは，知能の因子には流動性知能と結晶性知能があると考えた。どちらの知能も乳幼児期から思春期にかけては急速に発達するが，その後，流動性知能は20歳前後でのピークの後に急速に衰退する。一方，結晶性知能はピークに達する時期は遅く，加齢による衰退は緩やか，という特徴があるとしている。

横断系列法を用いたシャイエの研究からは，さらに次のことが明らかになっている。

①流動性知能のピークは，40歳頃であり，その後，40〜50歳代は高原状態で維持する。60歳以降，結晶性知能に比べて大きく低下する。しかし，80歳頃までは，生活に支障をきたすほどの低下ではない。
②結晶性知能のピークは，60歳頃である。その後，徐々に低下するが，80歳でも20歳代に劣らない水準である。
③流動性知能と結晶性知能の相対的比重が変化するので，片方の低下をもう一方が補う。

これらの結果から描かれる高齢者の姿が，「（結晶性知能はあまり低下していないので）それまでの経験によって身についた能力は，まだ十分に発揮している。（流動性知能は低下するが）新しい知識を得たり，新しい状況に対処することもまだできている」というものである。

加齢による知能の低下は，知能を使わなくなるために起こるとも考えられる。シャイエは高齢者の知能について長期間にわたって研究しており，低下した知能検査得点が訓練によって回復し，しかも，訓練効果が7年後にも認められると報告している（氏家，2006）。

2. 遺伝と環境

人間精神の形成過程に，遺伝要因と環境要因がどのように関わるのかについて，古くから論争されてきた。現在では，遺伝要因と環境要因は分離できるものではなく，また，お互いに影響しながら変化していくと考えられている。

人の行動的・心理的形質に遺伝がどの程度寄与するのかを算出すると，身体的形質では，指紋隆線数が0.92，体重が0.74，身長が0.66，心理的形質では，知能が0.52，外向性が0.49，職業興味が0.48，神経質が0.41，学業成績は0.38，創造性が0.22，宗

教性が 0.10 だった（安藤, 2000）。すなわち，身体的形質のほうが心理的形質よりも遺伝による影響が大きく，心理的形質の中では，知能は遺伝による影響が大きいほうであることがわかる。

　一卵性双生児と二卵性双生児を比較した研究において，一卵性双生児間の知能の相関は二卵性双生児よりも高かった。これは，知能への遺伝の影響の大きさを示す。ただし，同じデータを別の読み取り方をした場合に，同じ環境で育った子の間の知能のほうが，異なる環境で育った子どもたちよりも相関が高かった。これは，環境の影響の大きさを示す。すなわち，知能には遺伝と環境の両方が影響すると結論される。この双生児の研究結果から結論されることと，知能への遺伝の寄与率が 0.52 であることは同様のことを意味している。

　さらに，環境の影響は大きく2つに分けられ，知能の場合には，児童期までは共有環境の効果（家族の成員を類似させる環境の作用）の影響が大きい。だが，児童期以降には，遺伝規定性と非共有環境の効果（家族の成員を異ならせる，各成員に固有の環境の作用）の影響も増加する。また，知能とパーソナリティでは遺伝の影響は 0.5 程度と類似しているが，環境の影響に違いがあり，パーソナリティでは非共有環境の効果が大きい（安藤, 1999）。

第3節　知能検査

1. 知能検査の歴史的変遷

　知能を客観的に測定する心理学的尺度が知能検査（intelligence test）である。

　1905 年に，ビネーがシモン（Simon, T）とともに作成したビネー・シモン式知能検査が世界最初の知能検査である（Binet, A., 1911/波多野（訳），1970）。知能の発達に遅れのある子どもを弁別する目的をもったものであったため，ビネーらは，子どもを個々に，直接検査することを重視した。

　1912 年に，シュテルン（Stern, W.）は，精神年齢と生活年齢から知能指数を算出するという考え方を提唱した（佐藤, 2005）。精神年齢（mental age: MA）とは，知能検査で測定された知能が，何歳の平均にあたるのかを意味する。生活年齢（chronological age: CA, 暦年齢とも呼ばれる）は，個人の実年齢である。知能指数（intelligence quotient: IQ）は，実際の年齢に対する知能の発達状況を数値にしたものである。

　計算式は，次に示すとおりである。

$$知能指数（IQ）= \frac{精神年齢（MA）}{生活年齢（CA）} \times 100$$

第7章 ── 知　能

したがって，MA=CA のときに，IQ は 100 であり，MA＞CA ならば IQ は 100 以上となる。

1916 年，ターマン（Terman, L. M.）が，初めて，実際に知能検査に知能指数を導入した（佐藤，2005）。この知能検査はビネー式知能検査と呼ばれる。

第一次世界大戦後，知能検査は，アメリカの軍隊で将兵の採用のために集団で実施できるように改編された。それまでは 1 対 1 の個別式検査であったものが，集団で実施できるようになった。軍隊では英語が母国語でない者も多数いたため，言語検査（英語による測定）である α 式と，非言語検査（図形・記号・数字による測定）である β 式とがあった。その名残で，現在でも集団式知能検査名のうしろに，（α 式から派生した）A 式，（β 式からの）B 式，（併用の）AB 式という語を付けて呼ばれる。

ウェクスラー（Wechsler, D.）は，検査結果を知能指数ではなく，個人が属する年齢集団内でどの位置にいるのかを相対的に示す偏差知能指数（deviation IQ）で表した。知能偏差値（intelligence standard score：ISS）から換算できる。1972 年には，スタンフォード＝ビネー式知能検査にもこの方式が取り入れられている。

2. 代表的な知能検査

(1) ビネー式知能検査

ビネーとシモンが，実年齢に相応した精神年齢が発達しているかどうかを調べるために，児童を対象として作成した検査である。この検査が，世界中に広まり，何度も改訂された。日本では鈴木治太郎による鈴木・ビネー式知能検査，田中寛一による田中・ビネー式知能検査がよく知られている。

制限時間内にテスト用紙に書かれた簡単な図形問題や文章問題を解く。具体的には，図形の形の合同を判別する，数詞を逆唱する，図形を模写する，文の整頓をするなどの作業である。問題は，各年齢群の 4 分の 3 が正答できることを基準として系列的に並べられており，計算式の「精神年齢」は，この問題系列をどこまで解けるかにより算出される。

(2) ウェクスラー式知能検査

ウェクスラー式知能検査は，現在，ビネー式よりもよく用いられる個別知能検査である。幼児用の WPPSI（ウィプシ），5～15 歳までの児童用の WISC（ウィスク），16 歳以上の成人用の WAIS（ウェイス）がある。

ウェクスラーは，人間の知能の発達には言語的要素と非言語的要素の両方が影響していると考えた。そのため，言語に対応する言語性検査（一般的知識，単語，算数，類似，理解など）と非言語に対応する動作性検査（絵画完成，絵画配列，積木模様検査，組み合わせ，符号など）により構成されている。

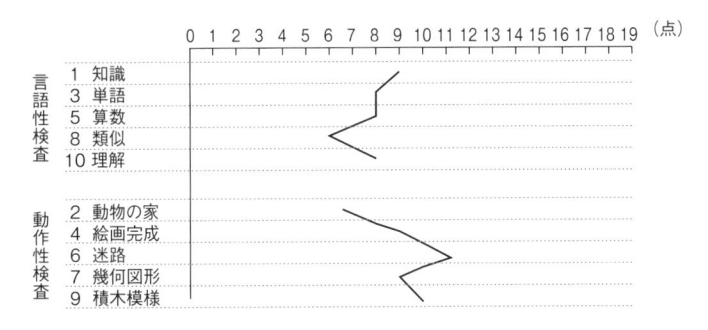

図 7-2　ウィプシ知能検査のプロフィール例
（日本心理適正研究，1976: WPPSI 知能診断記録用紙 1973 年 4 月改訂に基づく）

　この知能検査は，言語性 IQ，動作性 IQ，全検査 IQ の 3 つを用いて診断されることと，各下位検査（一般的知識，単語，算数，絵画完成，絵画配列，積木模様検査など）の得点をグラフにしたプロフィールを描くことができることが特徴である。

第 4 節　創造性

　創造性とは，課題解決する際に，すでに獲得している知識や経験から，独創的な解法を作り出す知的能力である。トーランス（Torrance, E. P.）によれば，創造性とは，ある種の不足を感知し，それに関する考えまたは仮説を形成し，その仮説を検証し，その結果を人に伝達する過程を経て，何か新しい独創的なものを生み出すことである（古橋，1999）。
　創造性は知能と関連していると考えられていた時期もあった。しかし，創造性の高い作品を生み出すことと高い知能とは必ずしも関係しないことが明らかになってきている。
　ギルフォード（Guilford, J.P.）は，因子分析を用いて知能の構造を分析した結果，知能には，様々に異なる解決法を導き出そうとする「拡散的思考」と，1 つの正答に到達するために焦点を決めて考える「集中的思考（収束的思考）」に分類されることを示した。まず，拡散的思考の段階では，論理的でなくてもよいから，とにかく広く，多くの解決の可能性を考え出し探し出す。続いて集中的思考の段階になり，論理的に考え，これまでにない新しい唯一の解法にいたる。
　言い換えれば，一定の目的に沿って過去経験を再構成し，新たな心的イメージを作り上げる。ここで作り出された心的イメージがそれまでにない価値のあるものであるとき，この一連の過程を創造的思考（creative thinking）という。創造的思考を高める方法として，ブレーン・ストーミング法や KJ 法が開発されている。ブレーン・ス

第7章───知　能

トーミング法は，新たな発想（アイデア）を生み出すため，出てきた発想を批判せず，自由な雰囲気で集団討議を行うことである。KJ法は，ブレーン・ストーミングで出された意見あるいは収集した情報を，意見・情報1つにつき1枚ずつカードに書き出し，書き終えたカードを整理して構造を明確にする方法である。この過程で創造的思考が導かれる。

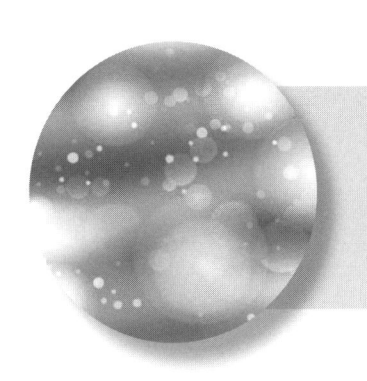

第8章 学　　習

● 第1節　学習とは何か

1．生得的行動と獲得性行動

　人の諸々の行動はいかにして成立するのであろうか。綿密に人の行動を観察してみると，生まれながらに身についている行動もあり，また生まれた後に獲得される行動もあることを私たちは理解する。前者を「生得的行動（innate behavior）」と，後者を「獲得性行動（acquired behavior）」と呼ぶことができる。

　生得的行動は，走性（taxis），反射（reflex），本能（instinct）と呼ばれる行動にみられる。たとえば，多くの昆虫は，暗闇の中で，光に向かって接近するという走性を有している。この走性を「走光性」（正の走光性）という。それは昆虫の遺伝要因に規定された本能行動である。また，扁形動物のプラナリアは，多くの昆虫とは異なって，光から遠ざかろうとする負の走光性という本能行動を有している。生得的行動は，動物だけに限定されるものではなく，人間においてもみられる。たとえば，足の膝下の腱の部分を適切な力で叩くと，足が微妙に跳ね上がるという膝蓋腱反射がみられる。また，暗いところから明るいところへと出て，眼球の瞳に光が当たると，瞳が収縮する。あるいは，明るいところから暗いところへと移動すると，瞳は拡張する。これらの行動は生得的行動である。このように，「生得的行動」とは，生後の獲得を必要としない，生まれながらに保持されている行動のことである。

　それに対して，「獲得性行動」とは，生活体と環境との間で生じた諸々の経験を通して，生活体によって獲得された行動のことを意味している。獲得性行動は，生活体の学習（learning）によって，その生活体に獲得される行動である。

2．学習の定義

　学習とは，同一のあるいは類似の経験が繰り返された結果として生ずる，比較的に永続した行動の変容のことである。別の言い方をすれば，学習とは，環境や他者からの刺激としての知識を吸収することによって，学習主体の側にその知識が定着するこ

第8章 —— 学　習

とである。学習という原理によって人間の成長・発達を説明する説を学習説という。

　行動主義のワトソン（Watson, J. B.）は，人間の主体的な経験や自発性をまったく考慮に入れずに，人間を条件づけによって学習する受動的な存在者とみる。ワトソンは，人間の内部に存在するという成熟要因や成長の法則を認めずに，成長や発達を知識の増大として理解するべきである，と主張したのであった（Watson, 1913, 1929）。

3．連合理論と認知理論

　学習を大まかに整理すれば，「連合理論（associationistic theory）」と「認知理論（cognitive theory）」とに分類できる。

　連合理論とは，刺激と反応とが結びつくことによって学習が成立するという考えであり，S-R説（stimulus-response theory）と呼ばれることもある。連合理論の立場に立つ研究者には，パブロフ（Pavlov, I. P.）やワトソンやソーンダイク（Thorndike, E. L.）やスキナー（Skinner, B. F.）などがいる。

　それに対して，認知理論とは，学習過程における思考や判断や推論などにおいて認知的役割を強調する考えである。認知理論は，記号‐意味学習説（sign-significate theory）とも呼ばれることがあり，略して，S-S説とも呼ばれる。トールマン（Tolman, E. C.）やケーラー（Köhler, W.）やバンデューラ（Bandura, A.）などが認知理論の代表的な理論家として知られている。

● 第2節　連合理論

1．パブロフの古典的条件づけ

(1) パブロフの実験

　ロシアの生理学者パブロフは，「古典的条件づけ（classical conditioning）」または「レスポンデント条件づけ（respondent conditioning）」と名づけられた条件づけの研究を行った（Pavlov, 1927）。当初，パブロフは，イヌを実験対象として，胃の消化腺に関する実験研究をしていた。その研究を行っている際に，その実験用のイヌは，眼前において餌を未だ見ていないのにもかかわらず，餌を運んで来る飼育員の足音や餌を入れた容器の音を聴くだけで，唾液を垂らしていた。その現象に気づいたパブロフは，研究の方向性を変えて，イヌと餌と音との間の関係を探る実験を行うようになった。

　パブロフは，実験用のイヌに生じた現象を次のような仮説を立てて考えた。イヌには，「無条件刺激（unconditioned stimulus: US）‐無条件反応（unconditioned response: UR）」という無条件反射（unconditioned reflex）の生得的な反射のシステムが備わっている。言い換えると，イヌの口の中に餌が入ると，餌が刺激となっ

図8-1 古典的条件づけの実験（左は実験室，右は測定室）（Pavlov, I. P., 1927）

て，イヌは自ずと唾液分泌をしてしまうのである。唾液分泌とは関係のない中性刺激（neutral stimulus: NS）である音と無条件刺激としての餌とを対提示することによって，音と餌との間には連合が形成される。音と餌との間で連合の関係性ができると，音の意味合いは中性刺激から条件刺激（conditioned stimulus: CS）へと変換される。その音（条件刺激）が鳴ると，餌（無条件刺激）が存在していない場合でも，音と餌との連合の関係性の故に，餌が存在している時とほぼ同様に唾液分泌という条件反応（conditioned response: CR）が出現するのである。つまり，そこでは［音＝餌→唾液分泌］の回路ができているのである。

パブロフは，上記の仮説を証明するためにイヌを被験体として実験を行った（図8-1）。イヌに餌を与えるときに，直前かほとんど同時に，メトロノームの音をイヌに聞かせる。イヌに餌とメトロノーム音との関係を結びつかせることができれば，そのイヌはメトロノーム音を聴いただけで唾液を分泌するようになるであろう。

餌（無条件刺激）とメトロノーム音（中性刺激）との連合の関係が形成できていない空腹なイヌにメトロノーム音を聞かせても，イヌは唾液を分泌しなかった。メトロノーム音に反応をしたとしても，イヌは耳をそばだてるか首を傾げるだけであった。メトロノーム音に注目するだけの反応のことを定位反応（orienting response: OR）という。最初にはメトロノーム音に注目してはいても，何度もその音を聞かせているとその音に無反応になることがあった。

そのイヌに餌を与える直前かほとんど同時に，メトロノーム音をイヌに聞かせるという，餌（無条件刺激）とメトロノーム音（中性刺激）の対提示を何度か繰り返した。そうすると，そのイヌは，餌（無条件刺激）とメトロノーム音（中性刺激→条件刺激）との連合関係が形成されるようになって，それ以後には餌を与えられなくてもメトロノーム音が鳴っただけで唾液分泌を行うようになった。これが条件反射の形成過程である。言い換えると，餌（無条件刺激）とメトロノーム音（中性刺激）との対提示を何度か行うことによって，メトロノーム音が中性刺激から条件刺激へと意味が変

第8章——学　習

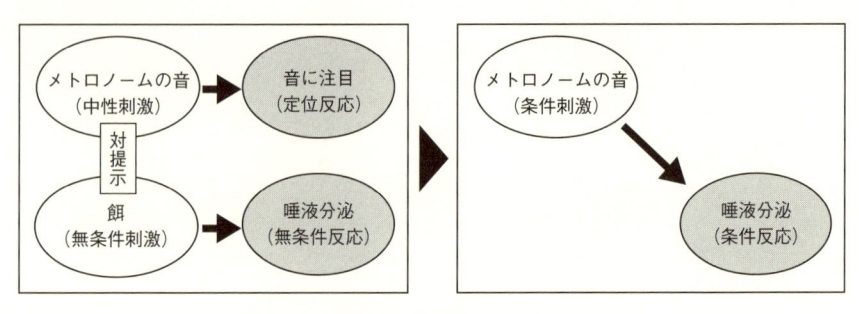

図8-2　パブロフの古典的条件づけの図式

換されていって，メトロノーム音（条件刺激）を示されると自ずと唾液分泌という条件反応を引き起こしてしまうという条件反射のシステムを，そのイヌの内部に成立させることになったのである（図8-2）。

(2) ワトソンの実験

ワトソンは，パブロフの古典的条件づけを紹介するために，生後11か月の男の子アルバートを使って，恐怖反応を条件づけるための学習実験を行った（Watson, J. B. & Rayner, R., 1920）。ただ，実験においては，ワトソンとパブロフとの間には少しの違いがある。パブロフは「餌」という有益刺激を使用したが，ワトソンは「強烈な不快音」という有害刺激を使用した。アルバートは，何週間も前から白ネズミを与えられており，その白ネズミを遊び相手にしていた。この白ネズミは，実験を始められるまでは，アルバートにとっては「快」でも「不快」でもない中性刺激であった。

実験は次のような手順で行われた。アルバートが白ネズミを見ているときに，アルバートの後頭部の近くで鋼鉄の棒（直径2.5 cmで，長さ90 cmの鋼鉄の棒）を金槌で思いっきり強く叩いて，大きな金属音を出した。そのような金属音の「強烈な不快音」は，幼児にとってはきわめて不快な音であって，生得的に恐怖反応（無条件反応）を引き起こす無条件刺激である。実験者は，そのような強烈な不快音を不意にアルバートに聞かせた。実際には，アルバートが，マットレスの上でバスケットから取り出された白ネズミに手を伸ばして，白ネズミに触れた途端に，アルバートの後頭部付近で鋼鉄の棒を金槌で強く叩くというやり方であった。このような実験手続きを初日に2回，途中で1週間の休みを入れて，第2日目に5回，合計7回の条件づけを繰り返した。

実験結果は次の通りであった。初日の2回目の条件づけ後と，第2日目の5回目の後と7回目の後に白ネズミだけを見せる検査では，"手を伸ばすが，すぐに引っ込める"という弱い反応から，"身を引いてしくしくと泣き出す"という中程度の反応へ

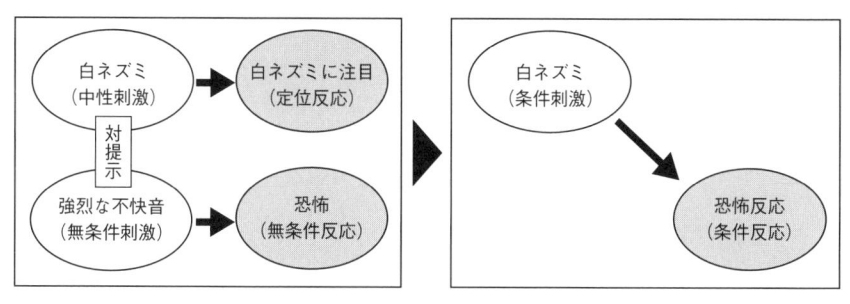

図8-3　アルバートの恐怖反応の条件づけの図式

と，さらに"すぐに泣き出して，急いで這って逃げ出す"という強度の反応へというように恐怖反応は日に日に強まっていった。

　白ネズミ（中性刺激）を見ているときに，強烈な不快音（無条件刺激）を対提示するという条件づけを数試行ほど行うと，アルバートにとっては，白ネズミは恐怖反応（条件反応）を引き起こす条件刺激となった。条件刺激に対しての条件反応の条件づけが形成されたのであった。条件づけが形成されたので，アルバートには，白ネズミという条件刺激が提示されるだけで，恐怖反応という条件反応が生ずることになった。

　その後，5日経ってから2回ほど白ネズミだけで検査をしても，同じ程度の恐怖反応が維持されていた。遊び相手として慣れ親しんでいたはずの白ネズミは，強烈な不快音と対提示されることで，アルバートにとっては恐怖反応を引き起こす恐怖の対象となったのであった（図8-3）。

(3) 強化と消去と自発的回復

　古典的条件づけにおいては，条件刺激と条件反応の連合の関係が学習の基本となっている。中性刺激（→条件刺激）と無条件刺激との対提示を幾度か行って，条件刺激と条件反応の連合の関係を形成することを，強化（reinforcement）と呼んでいる。

　いったん形成された条件反射は，強化しない状態のままで条件刺激（メトロノームの音）だけで提示し続けると，最初には条件反応（唾液分泌）を示していても，やがては条件反応（唾液分泌）が生じなくなる。つまり，イヌに餌をやらない（つまり強化しない）でメトロノームの音（条件刺激）を聞かせていると，イヌには唾液分泌（条件反応）が生じなくなる。この現象は消去（extinction）と呼ばれている。

　しかし，消去されて，しばらく経って後に，再び条件刺激（メトロノームの音）をイヌに提示すると，再びイヌには条件反応（唾液分泌）がみられることがある。この現象は自発的回復（spontaneous recovery）と呼ばれている。

(4) 般化と分化

条件反射のシステムが形成されると，条件刺激と類似した他の刺激に対しても条件反応が生じるようになる。この現象は般化（generalization）と呼ばれている。たとえば，メトロノームで1分間に100拍の音を条件刺激とした条件反応が形成されると，80拍や90拍や110拍や120拍のメトロノームの音にも条件反応が生じる。また，前記のワトソンの実験では，アルバートの恐怖反応は，白ネズミだけでなく，白いもの，毛のあるもの（白いウサギ）やサンタクロースの白髭にまで般化した。

しかし，一方の刺激のみを強化して，他方の刺激を強化しないでいると，やがて強化した刺激にしか条件反応が生じなくなる。この現象は分化（differentiation）と呼ばれている。メトロノームの100拍の音に対しては餌の提示という強化を行って，それ以外のメトロノームの拍子の音は強化を行わないでおくと，100拍の音にしか条件反応は生じなくなる。

(5) 高次条件づけ

条件反応を生じさせることが可能となった条件刺激に，別の刺激を対提示するという操作を繰り返すと，その刺激に対して条件反応が生じるようになる。この現象は，高次条件づけ（higher-order conditioning）と呼ばれている。たとえば，メトロノームの音（条件刺激）と唾液分泌（条件反応）との連合で条件反射が形成された後に，青色ランプ（中性刺激）をメトロノームの音に対して提示するという操作を繰り返していたら，青色ランプは，メトロノームの音と連合することで中性刺激から条件刺激に変化して，唾液分泌（条件反応）の条件反射を生じさせるようになる。

2. ソーンダイクの試行錯誤学習説

ソーンダイクは，試行錯誤学習説を主張した（Thorndike, 1898）。ソーンダイクは，「ソーンダイクの問題箱」（図8-4）として知られるようになった問題箱を作り出し，その問題箱にネコを入れて，ネコの行動を観察した。問題箱の外には餌が置かれていた。そして，ソーンダイクは，その問題箱から空腹のネコの脱出の過程を調べた。問題箱に入れられた空腹のネコは，「隙間に鼻を突っ込む」「桟をひっかく」「桟から前足を出す」「床をひっかく」「紐を引っ張る」などの一連の試行錯誤の反応を示し，偶然に，それらの試行錯誤の中の「紐を引っ張る」という方法によって問題箱から脱出することに成功して，問題箱の外に置かれた餌を食べることができた。そのネコは，様々な行動を試行錯誤しながら，偶然のうちに「紐を引っ張る」という課題解決を採用して，脱出し，なおかつ餌を食べて，そこでの効果（満足感）を得るという刺激を伴うことにもなった。その後に，そのネコは，解決にいたった「紐を引っ張る」という行動だけを身につけて，問題箱に入れられると，「紐を引っ張る」行動をすぐに採

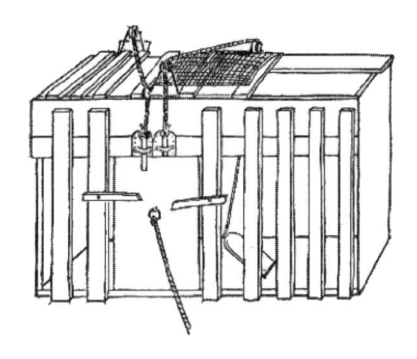

図8-4 ソーンダイクの問題箱 (Thorndike, E. L., 1898, p.8)

用して，問題箱から直ちに出られるようになった。

　ソーンダイクは，この実験の観察に基づいて，学習とは"成功した行動（満足感をもたらす行動）"と"効果（満足感）"とが繰り返されて生ずることで強く結びついたものであるとし，これを効果の法則（law of effect）と主張した。ネコは，試行錯誤によってあらゆるやり方で問題解決に取り組み，それらの試行錯誤を繰り返されているうちに，あるやり方だけが問題解決に役立つことを学習した。ネコは，問題解決に役立った行動だけを学習した。すなわち，ソーンダイクは，試行錯誤が繰り返されて，問題解決に役立つ行動だけが残されていく過程に注目して，「学習は試行錯誤を繰り返すことで成立する」という試行錯誤学習説（trial-and-error learning theory）を提唱したのであった。

3. スキナーの道具的条件づけ
(1) スキナーの実験

　アメリカの心理学者スキナーは，道具的条件づけ（instrumental conditioning）あるいはオペラント条件づけ（operant conditioning）とも呼ばれる説の提唱者として知られている。スキナーは，ラットやハトがレバーを押すと餌が出てくる仕掛けの，いわゆるスキナー箱という実験装置を考案して，学習に関する多くの実験を行った（図8-5）（Skinner, 1938）。

　空腹の状態にあるラットがスキナー箱に入れられると，最初には，そのラットはその箱の中を無目的に動き回り，箱の中の状況を理解し，レバーがあるのを見る（弁別行動）。そのうちに，偶然に，ラットは自発的な行動でレバーを押す（自発的行動：operant behavior）。レバー押しによって餌が出てきて，ラットはその餌を食べる（強化：reinforcement）。ラットはその行動を認識する（行動の認識）。このような自発的行動を行えば餌がもらえるようになるという経験を何度か繰り返す（繰り返しの行

第8章──学 習

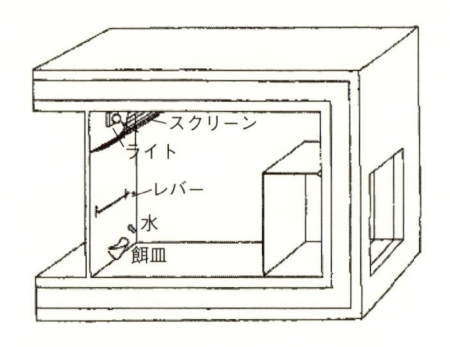

図8-5 スキナー箱 (Skinner, B. F., 1938, p.49)

動)。ラットは，レバー押しと餌との関係を学習すると，レバーを見ると，餌を求めてレバーを押すという反応を頻繁に起こすようになる。(オペラント条件づけの成立)。つまり，学習後には，ラットの行動にはレバーを押すという行動が多発してみられるようになる。

スキナー箱の中でレバーを押すというラットの行動は，ラットが自発的に行った行動である。反応を誘発する刺激は認められない場合に「自発的」というのである。ラットが他の何らかの強制を伴って誘発された行動ではない。古典的条件づけの場合には，自発的な意思とかけ離れて稼働する，「無条件刺激(餌)－無条件反応(唾液分泌)」という生得的な反射のシステムが先行して存在していた。道具的条件づけの場合には，古典的条件づけの場合とは異なって，無条件反応を強制的に誘発する無条件刺激があるわけではない。

スキナーは，このようなことから行動のタイプを2つに分類した。1つは，特定の刺激に対して受動的に誘発される行動をレスポンデント行動と名づけた。もう1つは，個体が，能動的で，自発的に行う行動をオペラント行動と名づけた。そして，レスポンデント行動には古典的条件づけ，オペラント行動には道具的条件づけが関与する，とスキナーは考えた。

(2) 強化と罰

道具的条件づけにおいては，偶然に行われたオペラント行動に対して何らかの刺激が後続することによって，その行動の生起頻度が高まる。そのことを強化と呼んでいる。ラットの道具的条件づけを例にとれば，レバー押し行動の後に餌が提示されることでレバー押し行動の生起頻度が高まることが強化である。そして，餌のようなオペラント行動の生起頻度を高めるようになる刺激を強化子(reinforcer)という。強化には，正の強化と負の強化とがある。

あるオペラント行動の後に，ある刺激が提示されて，その行動の生起頻度が高まる場合には，このような刺激の提示は正の強化と呼ばれる。その際に提示された刺激のことを正の強化子という。強化子には，1次性強化子と2次性強化子とがある。1次性強化子とは，空腹のときに提示される食物とか，喉が渇いたときに提示される飲物などのように，生得的な強化力が備わったものである。2次性強化子とは，学習によって強化力をもつようになった刺激のことである。2次性強化子とは，お金とかおもちゃとかのように物質的な強化子だけでなく，他人からの注目や賞賛や微笑みなどのように社会的な強化子もある。

あるオペラント行動の後に，刺激が除去されたために，その行動の生起頻度が高まれば，このような刺激の提示は負の強化と呼ばれる。その際に除去された刺激のことを負の強化子という。このような負の強化子にも，1次性強化子と2次性強化子とがある。1次性の負の強化子には，電撃や打撃のような嫌悪刺激などがある。2次性の負の強化子には，他人からの悪口や非難や中傷などがある。

正の強化子の除去，あるいは負の強化子の提示によって，オペラント行動の生起頻度が減少した場合には，このようなオペラント行動の生起頻度を減少させる操作のことを罰（punishment）と呼ぶ。オペラント行動の生起頻度を減少させる刺激を罰子（punisher）と呼んでいる。

(3) 強化スケジュール

強化には連続強化（continuous reinforcement）と部分強化（partial reinforcement）というやり方がある。連続強化とは，オペラント行動が自発するたびに，毎回，強化子の提示を行うやり方のことである。部分強化とは，間欠強化（intermittent reinforcement）スケジュールとも呼ばれることもあるのだが，オペラント行動がみられたときに，ある場合には強化子の提示を行い，ある場合には強化子の提示を行わないというやり方のことである。条件づけの形成にとっては連続強化が最も適しているのだが，いったん条件づけが形成された後には，連続強化から部分強化に変えたほうが消去しにくくなる。

繰り返して現れるオペラント行動の後にどのように強化を随伴させるかという強化のプログラムのことを強化スケジュール（schedules of reinforcement）と呼んでいる。強化スケジュールは，比率スケジュール（ratio schedules）と間隔スケジュール（interval schedules）とに分けられる。

比率スケジュールでは，強化の提示の時期が，それ以前に強化を受けた行動の出現から何回目の行動であるのかというように，特定の行動回数を経た後に決められている。比率スケジュールには，定率強化（fixed-ratio）スケジュールや変率強化（variable-ratio）スケジュールがある。定率強化スケジュールとは，一定回数の行動

があるたびに強化するやり方である。変率強化スケジュールとは，一定回数ごとに規則的に正しく強化されるわけではなく，行動を何回すれば強化されるのかが次々と変わるように強化するやり方のことである。

間隔スケジュールでは，強化の提示の時期は，それ以前に強化を受けた行動の出現からどれくらいの時間が経過したかというように，所定の時間の経過によって決められている。間隔スケジュールには，定時隔強化（fixed-interval）スケジュールや変時隔強化（variable-interval）スケジュールなどがある。定時隔強化スケジュールは，一定時間経過後の，最初の行動を強化するというやり方である。言い換えると，定時隔強化スケジュールとは，一定の時間間隔で報酬が出てくるという強化のやり方のことである。変時隔強化スケジュールとは，一定時間経過後に規則正しく強化されるわけではなく，次の強化までの経過時間は，その時々において，変化されるというやり方である。

消去スケジュール（extinction schedule）とは，オペラント行動がみられたときに，毎回，まったく強化子を与えないやり方のことである。

(4) 弁別刺激と三項随伴性

道具的条件づけにおいては，偶然に行われたオペラント行動（自発的行動）の後に強化子の随伴（contingency）をさせることで，そのオペラント行動の生起頻度を高めることができた。道具的条件づけが成立するための関係としては，「オペラント行動」に対提示される「強化子」という2つだけの関係であるのだろうか。現実的には，オペラント行動の前に，そのオペラント行動が強化されるか否かの手がかりとなるような刺激の提示が存在する。その刺激を「弁別刺激（discriminative stimulus）」と呼ぶ。

要するに，道具的条件づけは，反応を自発する手がかりとなる「弁別刺激」と"レバーを押す"というような「オペラント行動」と餌のようなオペラント行動の生起頻

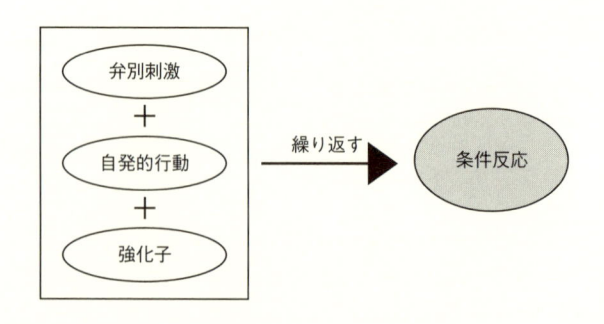

図8-6　道具的条件づけの形成過程の図式

度を高めるようになる刺激である「強化子」との結びつきを何度か繰り返すと，道具的条件づけが成立するのである（図8-6）。この関係を三項随伴性（three-term contingency）と呼んでいる。

● 第3節　認知理論

1. トールマンの潜在学習説

　トールマンは，ネズミの迷路学習の実験から試行錯誤学習を批判し，学習は餌のような報酬がなくても成立するという潜在学習（latent learning）の説を唱えた（Tolman, E. C. & Honzik, C. H., 1930）。トールマンは，迷路学習の実験で，迷路の目標地点に餌を置かずに，10日間をネズミに走らせた。その間の走行では，迷路で迷う回数の減少はあまりなかった。しかし，11日目に目標地点に餌を置かれると，ネズミは，迷路にはまり込む回数を減少させたし，また最初から餌を目標地点に置かれて訓練されたネズミとはその回数には差がないところまでになった。トールマンは，ネズミが餌を置かれなかった10日間の迷路走行において迷路の認知地図（cognitive map）を作り上げており，潜在的な学習が進行していたと解釈した。そして，11日目からは，報酬を与えられることによって潜在的に学習されていた迷路の認知地図に従って，ネズミは迷路を通り抜けて目標地点にたどり着いている，と主張した。このような学習を潜在学習というのである。

2. ケーラーの洞察学習説

　ケーラーは，ゲシュタルト心理学の流れを汲む立場にあり，チンパンジーの問題解決状況における道具の使用や道具の作成に関する様々な実験を行った（Köhler, 1917）。たとえば，道具の使用に関する実験においては，ケーラーたちは，檻の中にチンパンジーを入れて，チンパンジーからは手の届かない檻の外に好物のバナナを置いた。そして，檻の中には1本の棒を置いた。最初，チンパンジーは手を伸ばしてバナナを取ろうとしたのだが，バナナを取れなかった。チンパンジーは，しばらくは困っていた。しかし，ある瞬間に，チンパンジーは，何らかの洞察の活動を行ったかのように，檻の中に転がっている棒に眼を止めて，その棒を手にとって，そしてその棒でバナナをかき寄せた。チンパンジーは，問題解決のための何らかの洞察に基づいて，行動計画を立て，バナナを取るための「道具」に棒を変化させたことになる。このような実験から，ケーラーは洞察学習（insightful learning）説を唱えた。

3. バンデューラのモデリング

　バンデューラは，人間の観察学習の研究から，モデリングによる学習説を提唱した。

第8章 ── 学　習

バンデューラのモデリング理論は,「刺激-反応」という連合理論ではなく,社会的学習理論と呼ばれる認知理論の立場にある。

(1) バンデューラの攻撃行動のモデリング実験

　バンデューラは, 攻撃行動の実験を通して, 学習におけるモデリング (modeling) 説を主張した (Bandura, A., Ross, D., & Ross, S. A., 1963)。モデリングとは, ある者が他者の行動を観察するという間接経験によってその他者と同様の行動を学習することである。このように, モデリング説は, 人が自身で直接的に経験するという学習理論とは異なって, 他者の行動の観察だけによって人が学習を行うとする間接経験を重視している学習の理論である。

　バンデューラの攻撃行動の実験の被験者 (subject) は, スタンフォード大学の付属保育園の3歳～5歳の48人の男子と48人の女子であった。攻撃行動を示すモデルを演じた人は, おとなの男性1人と女性1人であった。それぞれの48人の被験者は, 24人は自身と同性のモデルの攻撃行動を観察し, 残りの24人は異性のモデルの攻撃行動を観察した。実験者はおとなの女性1人であった。

　実験の設定としては, 実験群 (experimental group) は「実物モデル群」「映像モデル群」「マンガ映画モデル群」という3つの条件に分けられ, また統制群 (control group) も設定された。被験者に様々なモデルの攻撃行動を10分間で観察させた。その後に, モデルによって攻撃されたものと同じ人形も含めて, いろいろな玩具が置かれている部屋に被験者を案内し, ここでの被験者の行動が20分間かけて実験者によって観察される。

　「実物モデル群」では, 次のような条件下に置かれる。被験者は, 実際に, モデルがパンチング人形を殴ったり蹴ったりする。つまり, モデルが攻撃行動を行う実際の場面を眼前で被験者は観察させられるのである。案内された部屋で遊んでいる被験者の目前で, 男性あるいは女性の攻撃行動を示すモデルが,「やっつけろ!」「鼻をへし折ってしまえ!」などと言いながら,"パンチング人形に殴りかかる""パンチング人形に馬乗りになって, 鼻面を殴る""パンチング人形を放り投げて, 蹴り飛ばす"などの攻撃行動を見せる。被験者はモデルによって行われている実際の攻撃行動を観察させられる。

　「映像モデル群」では, 被験者は, 実物モデル群の行動と同様にモデルが攻撃行動を示している場面を映画によって観察させられる。

　「マンガ映画モデル群」では, 被験者は, 映画の中に黒ネコの縫いぐるみの人形が登場し, 同じように別の人形を攻撃するという攻撃行動の場面を観察させられる。

　「実物モデル群」「映像モデル群」「マンガ映画モデル群」の被験者たちは, モデルを観察した後に, モデルが行動していたところと同じ部屋で自由に遊ばされ, その時

の行動が観察される。

統制群では，被験者にはモデルの攻撃行動が示されることはない。被験者はおとなしく部屋で遊んでいる。統制群も同様に観察される。

観察結果は，80〜90％の実験群においては，攻撃行動モデルを観察しただけで，攻撃行動がみられた。実験群においては，「実物モデル群」という実際のモデル行動の観察でも，「映像モデル群」というフィルム提示のモデル行動の観察でも，「マンガ映画群」というマンガ提示のモデル行動の観察でさえも，被験者群においては同様に攻撃行動がみられた。男性の攻撃行動モデルを観察した子どものほうが，女性の攻撃行動モデルを観察したほうよりも多く攻撃行動を示した。

この実験において，攻撃行動のモデルを観察するだけで，しかも「実物モデル群」や「映像モデル群」や「マンガ映画モデル群」のいずれのモデルであっても，子どもたちは攻撃行動を学習することになる，とバンデューラは結論づけた。

(2) モデリングによる学習過程

バンデューラは，学習過程を，「注意過程」「保持過程」「運動再生過程」「動機づけ過程」という順序で，4つの下位過程に分けている。注意過程とは，学習者が，モデルの示範する行動に注意して，その模範行動の際立った特徴などをしっかりと観察する過程のことである。保持過程とは，学習者がモデルの模範行動を記憶し，認知的に体制化し，また象徴的リハーサルをする過程のことである。運動再生過程とは，保持されているモデルの模範行動を学習者自身が再生し，再生された反応を自己観察し，また正確さのフィードバックを行う過程のことである。動機づけ過程とは，観察によって習得された模範行動が実際に遂行されるために必要な「外的強化」や「代理強化」や「自己強化」の過程のことである（Bandura, 1971, 1977）。

● 第4節　学習における諸現象

1．集中練習と分散練習

読み書きや運動技能などの学習においては練習や反復が必要とされる。どのような時間の配分で練習や反復をするのかで学習効率に違いが出る。練習や反復の仕方は大きく分けると「集中練習（massed practice）」と「分散練習（distributed practice）」の2種類となる。集中練習とは，一定の学習時間のなかに休憩を入れずに，学習材料を連続して反復練習する方法のことである。それに対して，分散練習とは，一定の学習時間のなかに休憩を設けて，学習材料を反復練習する方法のことである。一般的には，分散練習のほうが集中練習よりも学習効果は高いとされている。集中練習よりも分散練習の学習効果が高い現象のことを分散効果という。

第8章 ── 学　習

2. 全習法と分習法

「全習法（whole method）」とは，一連の複雑な学習材料を最初から最後まで全体を通して反復練習する方法のことである。「分習法（part method）」とは，学習材料をいくつかの部分に細かく区切り，それぞれの部分を少しずつ反復練習し，その後に全体を通して反復練習する方法のことである。一般的には，体制化された学習材料ほど全習法のほうが学習効率はよい。学習材料の分量が多くなり，また内容が複雑になると，分習法のほうが学習効率はよい。

3. 学習曲線と高原現象

縦軸に学習量を横軸に試行数として，学習の進行過程をグラフに表した曲線を「学習曲線（learning curve）」という。一般に学習の試行を重ねていくと学習量は増加するが，学習の経過途中で試行を継続しているにもかかわらず，一時的に学習が停滞する現象がみられることがある。このような学習の停滞期間のことを「高原現象（plateau）」という。

4. 学習の転移

学習においては，それ以前に行われた学習の効果が，後の学習に影響を及ぼす現象がある。これを「学習の転移（transfer of learning）」という。以前の学習の効果が後の学習を促進して作用する場合を「正の転移（positive transfer）」，反対に後の学習の妨害をするように作用する場合を「負の転移（negative transfer）」と呼ぶ。

5. 過剰学習

「過剰学習（overlearning）」とは，学習があらかじめ決定した学習達成基準に到達した後に，さらに継続して同じ学習を行うことである。一般的に，学習達成基準の到達に必要とした試行数の50％の過剰学習がもっともよい学習効率を示すことになる。

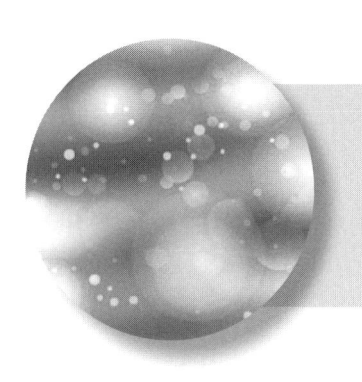

第9章 記　憶

● 第1節　記憶とは

　人は，学習した知識を新しい知識として記憶（memory）していく。このことは記銘（memorization）あるいは符号化（encoding）と呼ばれている。人は記銘した知識を失わないように貯蔵（storage）あるいは保持（retention）する。そして，人は，必要とされる場合に，既有知識を検索（retrieval）して，貯蔵した知識を貯蔵庫から取り出さねばならない。これらの過程を総称して記憶と呼ばれているのである。

　学習という現象を理解するうえでも，"学習したことがどのように記銘され，貯蔵され，検索されるのか"，また"記銘，貯蔵，検索をどのようにしたら促進できるのか"を把握する必要がある。

● 第2節　記憶の実験の始まり

　記憶に関しての最初の心理学研究は，1880年代にドイツのエビングハウスによって実験的な方法で行われた（Ebbinghaus, H., 1885）。エビングハウスは，フェヒナーの物理的事象としての刺激と心理的事象の感覚との関係を精密に理論づけようとした『精神物理学原論』（Fechner, G. T., 1860）に影響を受けて，記憶の測定に関しての研究を行うようになった。

　エビングハウスは，連想を引き起こしにくい無意味綴りを学習材料として，学習（記銘）し，ある一定時間の経過後にどれほどの個数を思い出せるかという実験を行って，その結果を測定した。記憶の現象を，内観で把握するのではなく，客観的・数量的な測定による実験的方法を記憶研究に初めて導入した。意味のある単語では，実験参加者にとって意味のあるものを連想させる程度が異なるので，実験を統制することはできない。記銘する材料に意味の混入を防ぐために，エビングハウスは，2個の子音の間に母音をはさみこんだ SUB, GOL, WUL, BIS などのような意味のない綴り字を作成したのであった。エビングハウスは，そのような無意味綴りを記憶の忘却

第9章 ── 記　憶

を調べる実験に使用した。

また，エビングハウスは，節約法（saving method）という方法を用いて記憶の過程を測定した。節約法とは，学習材料をある一定基準にいたるまで記憶できたのだがいまでは忘れてしまっている最初の学習材料と，同じ学習材料を再学習する際にその効率を測定する方法である。節約率とは，最初の学習に対しての再学習に必要な学習期間の時間や試行数によって量化された率のことであり，

$$節約率 = \frac{「最初の学習の時間・試行数」-「再学習の時間・試行数」}{「最初の学習の時間・試行数」} \times 100$$

で表されている。たとえば，最初の学習の試行数が100回で，再学習の試行数が50回であった場合には，[（100－50）/100］×100＝50（％）ということになる。再学習は，最初の学習よりも時間は短くなりまた試行数は少なくなる。つまり，再学習においては，最初の学習に比べて，時間や試行数が節約されるのである。

● 第3節　記憶の測定法

記憶の測定法には，大きく分けると，顕在記憶（explicit memory）の測定法と潜在記憶（implicit memory）の測定法とがある。顕在記憶の測定法には，再生法（method of recall），再認法（recognition method），そして手がかり再生法（cued recall method）がある。

再生法とは，文字や図形を提示して，その後にその字や図を想起させる方法である。書かせたり，口頭で応答したりする。再生法は，自由再生法（method of free recall）と系列再生法（method of serial recall）とに分けられる。自由再生法は，条件をつけずに，実験協力者の自由な想起に任せる方法である。系列再生法とは，実験協力者に対して，提示時と同じ順序どおりに再生を求める方法である。

再認法とは，以前に他のいくつかの提示物と一緒に提示した文字や図形の中から特定の提示物を再び提示して，現在に見ている提示物と以前に見た提示物とが同じものか否かを問う方法である。

手がかり再生法とは，「ネコ」などの文字を提示しておいて，その後にネコの手がかりとなる「動物」などの用語を提示して，最初に提示した「ネコ」の文字を思い出させるという方法である。

潜在記憶の測定法には，単語断片完成課題（word fragment completion task），単語語幹完成課題（word stem completion task），知覚的同定課題（word identification task）を使用する方法がある。

単語断片完成課題とは,「はくさい」のような先行刺激を提示して,しばらくして後に「は□さ□」のような後続刺激を実験協力者に処理してもらう実験課題である。単語語幹完成課題とは,先行刺激で「はくさい」を提示して,後続刺激として「はく□□」を実験協力者に処理してもらう実験課題である。知覚的同定課題とは,先行刺激として「はくさい」を提示して,その後に後続刺激としてタキストスコープ (tachistoscope,瞬間に視覚刺激を提示する実験用の装置) などを使って短時間の提示を行い,瞬時に見える刺激を実験協力者に処理してもらう実験課題である。

● 第4節 記憶の分類

1. 記憶の分類

記憶はいくつかに分類される。保持時間の観点から分類すると,瞬時の存在の「感覚記憶 (sensory memory)」,その存在が短時間に限定されている「短期記憶 (short-term memory)」,いく度もリハーサル (rehearsal) や符号化 (encoding) を受けて,半永久的に保持されている「長期記憶 (long-term memory)」に分類することが可能である。

「感覚記憶」と「短期記憶」と「長期記憶」という3つの部分からなる記憶モデルを単純化して示すと図9-1の記憶システムのようになる。

記憶の情報内容の観点から分類すると,長期記憶は,言葉やイメージによって記述できる事実に関する記憶という「宣言的記憶 (declarative memory)」と,認知活動や運動行動の中に組み込まれ,無意識的に稼働する記憶という「手続き的記憶 (procedural memory)」(「非宣言的記憶」とも呼ばれることがある) とに分けられる。宣言的記憶は,時空間的に定位された自己の経験に関する記憶としての「エピソード記憶 (episodic memory)」と体制化された知識の記憶としての「意味記憶 (semantic memory)」に分類できる。手続き的記憶は,情報処理過程の記憶のことである。

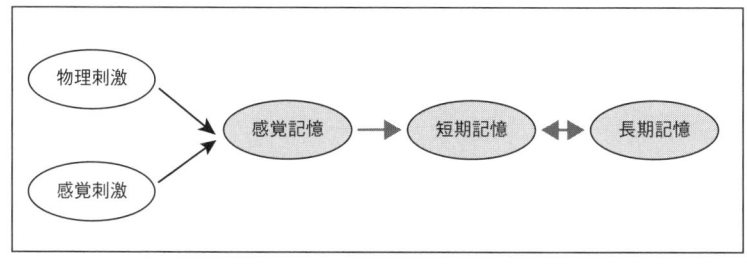

図9-1 記憶システム

第9章 —— 記　憶

2. 感覚記憶

　物理的刺激を受けて入力された感覚刺激は，短時間であれば，「意味」に符号化されることなく，感覚情報をそのままの形で貯蔵することができる。そのような感覚情報を貯蔵しておく場所を「感覚貯蔵庫（sensory store）」と呼んでいる。視覚系の情報の記憶はアイコニック記憶（iconic memory）と呼ばれ，その記憶の貯蔵時間は500ミリ秒以内である。また，聴覚系の情報の記憶は，エコーイック記憶（echoic memory）と呼ばれている。エコーイック記憶は，生の情報そのものではなく，入力されて後に何らかの符号化がなされて聴覚的感覚貯蔵庫（auditory sensory store）に保存されているのだが，カテゴリー化にいたる前の段階の情報である。エコーイック記憶は，カテゴリー化の作業が行われると短期記憶に転送されるのだが，カテゴリー化が行われない場合には，聴覚的感覚貯蔵庫にはきわめて短時間しか保持されないので消失する。エコーイック記憶の貯蔵時間は，アイコニック記憶の貯蔵時間よりも少し長くて，4～5秒ほどである。

3. 短期記憶

　アトキンソンとシフリン（Atkinson, R. C. & Shiffrin, R. M., 1968）は，記憶の過程を「感覚登録器」と「短期貯蔵庫」と「長期貯蔵庫」に分け，それぞれの関係と機能について理論化した。このモデルは，保持時間の長さによって分類した短期記憶と長期記憶という2つの貯蔵システムを想定する考え方であって，記憶の「二重貯蔵モデル（dual-storage model）」と呼ばれている。短期記憶とは，意識化された情報を保持する一時的な記憶である。感覚登録器（sensory registers）に入力された感覚情報のうちで注意を向けられた情報だけが短期記憶として短期貯蔵庫（short-term store）に入る。その保持時間は非常に短く（15～30秒），貯蔵容量は小さい（7±2個）。それらの情報のうちリハーサルを受けた情報だけが長期貯蔵庫へと転送されて，長期間で貯蔵されることになる。

　短期記憶の貯蔵容量の大きさは，メモリースパン・テストによって測定できる。メモリースパン・テストとは，たとえば，実験協力者にランダムな数字の系列（例：5927301252068）を提示して，その数字をその順序どおりで口頭で答えてもらうというやり方をする。このテストで記憶できる数字の個数は，成人で7±2個である。

　1974年に，バッデリーとヒッチ（Baddeley, A. D. & Hitch, G. J., 1974）によって「作動記憶（ワーキングメモリ）」という概念が提唱された。それ以降，短期記憶の概念は作動記憶という概念へと展開している（図9-2, Baddeley, 2000）。短期記憶の概念では，情報の貯蔵機能が重視されていた。それに対して，作動記憶の概念では，会話，読書，計算，推理などの種々の認知機能の遂行中に情報が操作され変換されるという情報の処理機能を重視している。作動記憶は3つの機能から構成されて

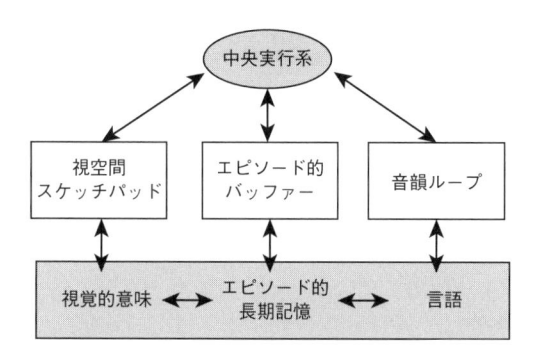

図9-2　バッデリーの作動記憶（ワーキングメモリ）のモデル
(Baddeley, A. D., 2000, p.421)

いる。つまり，作動記憶には，二重貯蔵モデルの短期記憶で意味されていた音韻ループ（phonological loop）と，視覚的イメージの処理の視空間スケッチパッド（visuo-spatial sketchpad）と，エピソード的バッファー（episodic buffer）という下位のシステムがあり，そしてこれらの3つの下位システムを統制して中心的な役割を担う中央実行系（central executive）というシステムがある。

　音韻ループは，言語系の情報の一時的な貯蔵の場として機能する。視空間スケッチパッドは，非言語系の情報（言語の音韻体系に組み入れられない視覚・空間的な情報）の一時的な貯蔵の場として機能する。エピソード的バッファーは，直面している課題解決のために，必要があって検索をかけて長期記憶から引き出したものを保持するシステムである。中央実行系は，言語系あるいは非言語系の様々な情報処理を遂行する制御機能の役割を担っていると考えられている。つまり，中央実行系は，直面している課題を遂行するための"注意の制御""処理資源の確保""下位システムの調整"などの制御機能を行っていると考えられているのである。

4. 長期記憶
(1) 長期記憶とは

　長期記憶においては，貯蔵された情報はほぼ永久に保持され，貯蔵容量も無限大であると考えられている。長期記憶は，非活性の状態で貯蔵されており，想起を必要としない場合においては意識の領域には上ってこない。つまり，長期記憶は，凍結状態で保存されているので，意識化しないのである。長期記憶は，宣言的記憶と手続き的記憶とに分けられている（図9-3）。

第9章 ── 記　憶

```
              記憶
            /      \
      宣言的記憶    手続き的記憶
       /    \      /   |    |     \
  エピソード 意味記憶  技能 プライミング 単純な  その他
   記憶    (参照記憶)            古典的
  (作動記憶)                    条件づけ
```

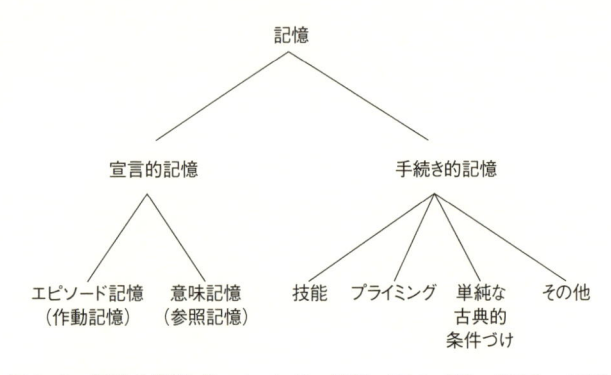

図9-3　記憶の分類（Squire, L. R., 1987／河内（訳），1989, p.173）

(2) 宣言的記憶

　宣言的記憶とは，思い出すという要求に応じて意識的に想起することのできる記憶のことである。つまり，宣言的記憶とは，言葉やイメージで記述できる事実を扱う記憶のことをいう。宣言的記憶は，人が意識的に接近でき，言語的な方法あるいは象徴的な方法で明示的に言及できるような知識を扱う記憶のことである。宣言的記憶は，意識的な内容を対象とする記憶であるので，その後の経験や内省によってその記憶に変更を加えることもできる。また，宣言的記憶によって記憶された知識は，使わないと失われていくし，劣化して歪むこともある。このように，宣言的記憶は，言葉やイメージで想起することのできる事実に関する記憶からなっているのだが，エピソード記憶と意味記憶とに分類されている。

- エピソード記憶
　エピソード記憶とは，「いつ」「どこで」「何をしたのか」という時間的・空間的に特定された問いに対して応答できるようなエピソードや事柄に関しての知識の記憶であって，個人的な時間的・空間的関係の経験の記憶である。
- 意味記憶
　それに対して，意味的記憶とは，辞書とか百科全書などに書かれた一般的な知識や情報に関しての記憶のことである。意味的記憶では，記憶された知識や情報を意識的に想起できるし，また想起したそれらの知識や情報を関連づけることもできる。先述のエピソード記憶の知識や情報においても，時を経ていくうちに，客観的に整理されることによって意味的な知識や情報としての記憶に変化していくこともある。

(3) 手続き的記憶

　手続き的記憶とは，意識的に接近することができないのだが，何らかの行動の一環として私たちがやり方を知っていて，しかも自動処理の様式で遂行できる知識や技能についての記憶である。つまり，手続き的記憶では，検索の際にその知識や技能について想起をしているという意識を伴うことがないし，自身で言語的に記述することが困難である。手続き的記憶は，宣言的記憶のように後に影響を受けることはあまりなく，宣言的記憶に比べて変化しにくい。手続き的記憶の例として自転車に乗るというスキルでは，何十年も自転車に乗ったことがなくても，スキルを記憶していてそれが消失することなく残存しているので，それらの手続き的記憶を駆使して自転車に乗ることができる。手続き的記憶は，宣言的記憶とは異なって，消失しにくいものである。記憶喪失症の患者が宣言的記憶による知識を失ったとしても，手続き的記憶による知識だけは保持し続けることになる（Parkin, A. J., 1987, 1990）。

　手続き的記憶には，運動技能や認知技能などの技能，プライミング（priming），条件づけ，非連合学習（慣れ，習慣）などが含まれるのだが，自身がそれらの知識を保有していることを意識的に気づくことはできないし，それらの知識に意図的・意識的に検索をかけることもできない。

第5節　記憶のシステム

　外界から入力された物理刺激や感覚刺激としての情報は，まず感覚記憶に入り，そこから短期記憶へと送られる。短期記憶においてリハーサルが行われて，長期記憶へと送付されていく。リハーサルとは，短期記憶に貯蔵されている情報に注意を向けて，意図的あるいは無意図的に何度も反復して記銘することである。短期記憶の貯蔵時間は限られているがために，入力された情報はリハーサルしないと短時間（15～30秒）で失われてしまう。しかし，リハーサルすることによって情報を短期記憶に留め置くことができれば，その情報を長期記憶へと送付する可能性を高めることができる。

　リハーサルには，維持リハーサル（maintenance rehearsal）や精緻化リハーサル（elaborative rehearsal）などがある。

1. 維持リハーサル

　維持リハーサルとは，ある情報を短期記憶に留め置くためのリハーサルであり，単純な反復のリハーサルのことである。つまり，維持リハーサルとは，記銘する学習材料の意味をあまり考えないで，その学習材料の音韻そのものを単純に反復する方法のリハーサルのことである。維持リハーサルでは，情報処理の水準も低いし，リハーサルの時間や量を増加させても，情報を短期記憶に留め置くことはできるのだが，その

第9章 ── 記　憶

情報を長期記憶へと転送することは難しいのである。

2. 精緻化リハーサル

　精緻化リハーサルとは，情報に関するイメージ構成や意味的処理によって既有知識と関連づけることである。精緻化リハーサルにおいては，記銘する情報の意味を考えたり，またイメージ化を行ったりして処理水準を深められるので，その情報が短期記憶から長期記憶へと転送される可能性は高い。

　長期記憶内の情報は，短期記憶へ戻されることで意識化され，想起されることになる。

● 第6節　記憶の方略

　短期記憶に保持された情報を長期記憶へと送付するためには，短期記憶に保持された情報をそのまま記憶していくのではなく，その情報に意味づけをしたり，その情報と既有知識との間で関係性を見出したりするように，意味に基づく加工が必要である。たとえば，言語的ラベリング（verbal labeling），リハーサル，精緻化（elaboration），体制化（organization），処理水準（levels of processing），生成効果（generation effect）などが記憶方略（memory strategy）に関係している。

1. 言語的ラベリング

　言語的ラベリングとは，ある刺激事象と他の刺激事象との間に違いをつけさせたり，類似性を認知させたり，その刺激事象をカテゴリー化するために，その刺激事象に名称（言語）のラベルを貼ることである。そのような言語的ラベリングは，言語を媒介として差異性や類似性やカテゴリー化という認知を行わせることになるので，言語によってその刺激事象の学習や記銘を促進させることになる。このことをラベリング効果という。

2. リハーサル

　リハーサルとは，前述したように，短期記憶に貯蔵されている情報に注意を向けて，意図的・無意図的に何度も反復して記銘することである。リハーサルによって情報を短期記憶に留め置くことができれば，その情報は長期記憶へと転送される可能性を有することになる。たとえば，新しい単語を覚える際に，提示されている単語を何度も何度も繰り返して覚えることである。一般に，記憶課題では刺激対象に対してリハーサルを頻繁に行えば行うほどに再生率は高くなる。

3. 精緻化

精緻化とは，入力された情報に対して，すでに保持している何らかの知識を加えて，意味的に記銘しやすくすることである。たとえば，$\sqrt{3}$（= 1.7320508）は，「人並みに奢れや」のように意味的に符号化することで記銘しやすくする。このように，情報への意味付与や連想やイメージ化などを通して精緻化リハーサルを行うと，その情報を短期記憶から長期記憶へと容易に転送することになる。

4. 体制化

体制化とは，独立した情報を相互に関連づけて，何らかのまとまりをなす形にして覚えることを意味している。ランダムな順序での提示よりも，同様のカテゴリーに属する項目の集まりとしてまとめた形で提示したほうが，その後に行われる単語の再生の成績は良かった（Cofer, C. N., Bruce, D. R., & Reicher, G M., 1966）。また，体制化とは，構造化されている既存の知識構造に新しい情報を組み込むようにすることでもある。

5. 処理水準

クレイクとロックハート（Craik F. I. M. & Lockhart, R. S., 1972）によって，"情報はその処理水準によって保持量は異なる"という情報の「処理水準」説が出された。その説によれば，入力情報は処理の浅い水準の情報から処理の高い水準の情報まで処理されるのだが，処理の水準の深さによって長期記憶に送付されやすいか否かということが決定されるという。処理の浅い水準の情報は，精緻化の量が少なく，短期記憶から長期記憶に転送されにくい。それに対して，処理の深い水準の情報は，精緻化の量が多くなって，長期記憶に転送されやすい。

6. 生成効果

生成効果とは，"実験において覚えるべき項目の記憶に何らかのものを生成すると，覚えるべき記憶は増加する"という現象である。スラメッカとグラーフ（Slamecka, N. J. & Graf, P., 1978）は，対連合学習の方法を用いて，"rapid-fast"のように各単語の対を読んで記憶する読語条件と，"rapid-f"のように1つの単語と頭文字のアルファベットだけを提示して，頭文字から何らかの単語を学習者に生成させる生成条件とで，語の項目の記憶をさせた。これらの学習の後に，読語条件（READ）と生成条件（GENERATE）でそれぞれに記憶させた語の記憶の量を調べた。横軸に「規則（RULE）」を，縦軸に「再認率（RECOGNITION PROBABILITY）」をとる。結果は，「連想語（ASS）」「カテゴリー語（CAT）」「反対語（OPP）」「同意語（SYN）」「押韻語（RHY）」の規則にかかわらず，読語条件よりも，生成条件のほうが記憶の成績は

第9章 ── 記　憶

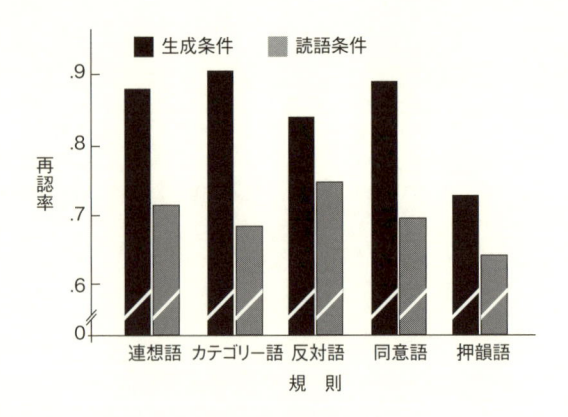

[図: 棒グラフ。縦軸「再認率」、横軸「規則」。黒棒=生成条件、灰棒=読語条件。連想語、カテゴリー語、反対語、同意語、押韻語の5条件について生成条件と読語条件の再認率を比較]

図9-4　生成条件と読語条件の再認率の平均値（Slamecka, N. J. & Graf, P., 1978, p.594）

高かった（図9-4）。つまり，学習者が，単に学習材料の項目を読むように記憶するよりも，学習材料の頭文字から単語を生成する作業を行う生成条件で記憶したほうの成績が高かったのである。

● 第7節　想起の現象と忘却の理論

1．エビングハウスの忘却曲線

　エビングハウスは，連想を引き起こしにくい1系列13個からなる無意味綴りを学習材料として学習し，そしてある一定時間の経過後にどれほどの個数を想起し得るかを調べる実験を，自身を実験参加者として行った。それによると，20分後には41.8％の忘却率と58.2％の保持率，64分後には55.8％の忘却率と44.2％の保持率を，526分後には64.2％の忘却率と35.8％の保持率，24時間後には66.3％の忘却率と33.7％の保持率を，2日後には72.2％の忘却率と27.8％の保持率を，6日後には74.6％の忘却率と25.4％の保持率を，31日後には78.9％の忘却率と21.1％の保持率を示した。この曲線は「エビングハウスの忘却曲線」と呼ばれている。記憶の保持率は記銘直後が最大であるのだが，その後に急速に忘却が進展し，それ以後には忘却は緩やかに進行する（Ebbinghaus, H., 1885）（図9-5）。

2．レミニセンス

　一般的には，記憶の実験での学習材料の再生における成績は，学習直後から時間の経過と比例して，低下していく。しかし，条件によっては，学習直後の再生成績よりも，一定の時間を経過して後の再生成績が高いことがある。このような現象をレミニ

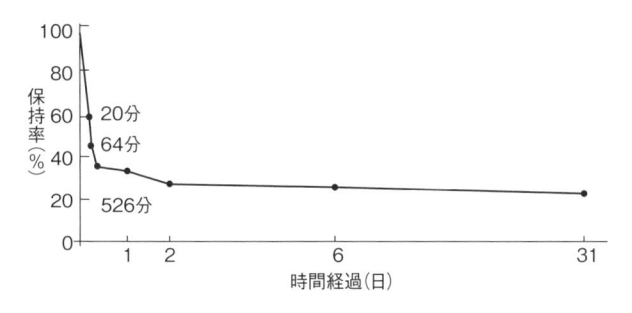

図9-5　エビングハウスの忘却曲線 (Ebbinghaus, H., 1885/1913より作成)

センス（reminiscence）という。レミニセンスには，記憶内容と時間に違いのある2つの現象がみられる。

1つは，バラード・ウィリアムズ現象（Ballard-Williams phenomenon）であって，それは詩とか散文とかの有意味材料を記銘する場合に，記銘直後の想起の正反応の成績よりも，2～3日後に想起したほうが正反応の成績が高いという現象のことである。この現象をマギュー（McGeoch, J. A., 1942）は，分化的忘却説（differential forgetting theory）として次のように説明している。その有意味材料を記銘する際には正反応とともに正反応とは無関係な情報も記銘しているので，記銘直後では"不純"な情報も含んだ記憶となる。そして，その情報によって想起に際して妨害を受けるので，正反応の成績はそれほどには高くはない。しかしながら，数日後には，不必要な情報が正反応にあたる情報から分化され，そして忘却されてしまい，しかも正反応にあたる記憶だけが忘却されずに残っているから，つまり妨害を受けることがないので，想起する場合には正反応の成績が高くなるのである。

もう1つは，ワード・ホヴランド現象（Ward-Hovland phenomenon）がある。この現象は，無意味綴り材料の記銘において，数十分以内の短い時間でみられるレミニセンスの現象のことである。

3. 系列位置効果

系列位置効果（serial position effect）とは，リスト形式で提示された学習材料の項目の記銘を行った直後に，リスト内の項目について順序を問わずに自由再生を求められた場合に，各項目の再生率がリスト内での提示される項目の位置の影響を受けて，初頭部と終末部に提示される数項目の再生率がリストの中間部の位置での項目の再生率に比べて高くなるという現象のことである（Murdock, B. B. Jr., 1962, p.486）（図9-6）。

リスト提示の最初のほうで提示された項目の再生率が高い現象を，初頭効果

第9章 —— 記　憶

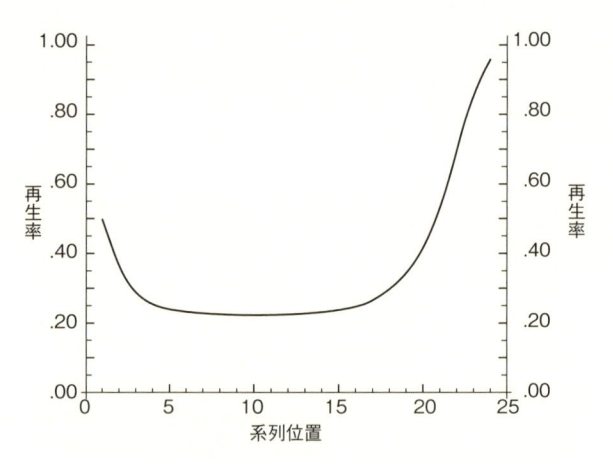

図9-6　系列位置曲線（Murdock, B.B.Jr., 1962, p.486）

（primacy effect）という。初頭効果は，最初の数項目においては短期貯蔵庫に入る容量内であることや，中間部の位置での項目よりも，リハーサルが頻繁に行われることにより，短期記憶から長期記憶へと転送される可能性が高いことにより生じる。

リスト提示の終末部で提示された項目の再生率が高い現象を新近性効果（recency effect）という。リスト提示の終末部で提示された項目はまだ短期記憶に残っているので，そこから直接に検索されることにより，最後のほうで提示された項目の再生率が高くなるのである。

しかし，すべての項目（単語）において，その提示後に計算などの課題を10秒間，あるいは30秒間ほど行ってから再生させると，遅延時間を設けられる。しかしながらこれにより終末部の新近性効果は消失する（Glanzer, M., & Cunitz, A. R., 1966）（図9-7）。それは，リスト提示の初頭部で提示された項目は，頻繁なリハーサルによって長期貯蔵庫に転送されるので，その再生率は高くなるが，リスト提示の終末部で提示された項目は，計算などの作業によってリハーサルが妨害を受けて短期貯蔵庫に留まって短期貯蔵庫から失われるために，その再生率が低くなるのである。つまり，新近性効果が減衰するのである。

それに対して，項目の提示速度を速くさせた場合には，別の現象が現れる。項目の提示速度が速くなるほどに，系列位置の初頭部や中央部の再生率は低下する。終末部の項目の再生率は影響を受けることはない。終末部においてはリスト提示直後で，ある項目がまだ短期貯蔵庫にある場合には，その項目の再生は可能である。

系列位置の初頭部や中央部の再生率は，短期貯蔵庫から長期貯蔵庫へと転送された情報量に関わっていると考えられるので，遅延時間の影響を受けない。しかしながら，

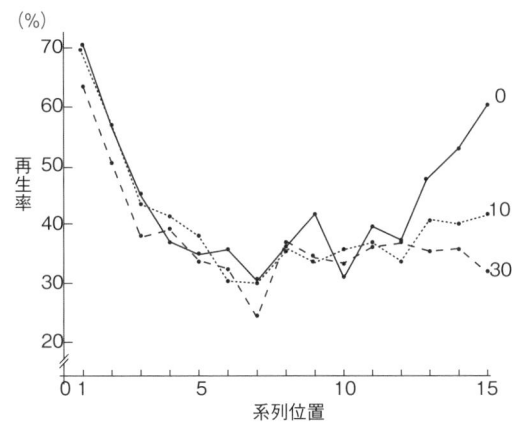

右端の数字は単語の提示後に別課題に取り組ませる時間である。

図 9-7　新近性効果の減衰（Glanzer, M. & Cunitz, A. R., 1966, p.358）

　初頭部や中央部では，10 秒〜 30 秒の遅延時間の後にテストをされると，提示時間の速度に影響を受けて，短期貯蔵庫からその項目がすでに消失してしまう可能性があるので，その項目の再生は困難となる。つまり，短期貯蔵庫から長期貯蔵庫へと転送するためには，リハーサルとかコーディングなどの記銘処理が必要とされているのである。しかし，提示速度が速すぎると，初頭部や中央部においてリハーサルとかコーディングなどの記銘処理が十分にはできないので，長期貯蔵庫には転送されにくくなるのである。したがって，提示速度が速すぎる場合には，初頭部や中央部では再生率が低下するのである。

4. プライミング効果

　プライミング効果（priming effect）とは，先行刺激が後続刺激の処理において促進的な効果，あるいは抑制的な効果を及ぼすことである。促進的効果のあるプライミングを促進プライミング（facilitative priming）という。提示される条件によっては，抑制効果を及ぼす場合もある。その場合には，ネガティブプライミング（negative priming）あるいは抑制的プライミング（inhibitory priming）という。プライミングは，直接プライミングと間接プライミングとに分類される。

　直接プライミングは，同一刺激を先行提示した反復プライミングを意味しており，知覚的プライミングと概念的プライミングに分けられる。

　知覚的プライミングの実験では，先行刺激（プライム刺激）として，いくつかの単語が提示される。たとえば，「はくさい」という単語が提示される。そして，一定の

第9章 ── 記　憶

時間を経過した後に,「□く□い」という単語完成テストが行われると,「□く□い」の単語完成テストの項目は, 先行刺激として「はくさい」という単語が提示されなかった場合での単語完成テストの項目よりも, 高い正答率を示すようになる。この効果をプライミング効果というのである。先行刺激の知覚的要素によって知覚的プライミングが引き起こされているのである

　概念的プライミングの実験においては, 先行刺激として「はくさい」という単語を提示し, 一定の時間の経過の後に,「たべもの」から何の単語を連想できるのかという自由連想テストを行う。このような手順を設けられていると, 提示された「はくさい」という単語のほうが, 事前に先行刺激として提示されなかった単語の場合よりも, 連想する単語としての出現率は高くなる。このように, 先行刺激の概念的要素によって概念的プライミングが引き起こされているのである。

　一方, 間接プライミングの実験においては, 先行刺激としての「はくさい」を提示し, その単語の提示後にその意味を理解するまでの時間（認知閾）を測定する。次に,「たべもの」という単語を提示し, 同様に, その単語の提示後にその意味を理解するまでの時間を測定する。そうすると,「はくさい」という単語を見た場合のほうが,「はくさい」という単語を見なかった場合よりも,「たべもの」という単語を理解する速度は速い。このことは, 先行して提示された単語（「はくさい」）と次に提示された単語（「たべもの」）との間に意味的な連想関係があって, 先行刺激の単語の認知が後続刺激の単語の認知を促進したということである。

5. 忘却の理論

　多くの情報を長期記憶として私たちは貯蔵している。しかし, 記憶したはずの情報がいつのまにか思い出せなくなっていることがある。記憶したものを, 何ゆえに私たちは忘れてしまうのであろうか。いくつかの忘却の理論を考察しよう。

(1) 衰退理論

　以前には, 正確に記憶していた情報でも, その記憶を使わないでいると, その記憶はしだいに薄れてしまって, 思い出せないようになっていく。つまり, 記憶した情報は何らかの痕跡（trace）として大脳のどこかに残るのだが, その情報を不使用の場合には, その情報は時間の経過とともにしだいに消失していって忘れてしまうようになる。このような考え方を衰退理論（decay theory）という。この考え方は, 記憶痕跡は放置しておくと消失してしまうというものである。しかし, 経験を通して獲得した情報などは, 使用しない場合でも, いつまでも貯蔵されていて, いつでも想起できる。衰退理論では, それらのことを説明できない。

(2) 干渉理論

単なる時間の経過で記憶した情報が忘却するのではなくて，記憶した後に，新しい情報と既有の情報との間の関係によって忘却が生ずるとする考え方もある。これを干渉理論（interference theory）という。既有の情報が，その後に新しく記憶した情報に干渉を与えて，その学習を妨害し，忘却させる場合を順向干渉（proactive interference）という。それに対して，新しく記憶した情報が，それ以前に記憶した情報に干渉を生じさせて，弱め，その情報を忘却させる場合を逆向干渉（retroactive interference）という。

(3) 検索失敗説

保持されている記憶の貯蔵庫から出力する過程のことを検索というのだが，その作業ができない場合を検索の失敗（retrieval failure）という。記憶した情報は長期貯蔵庫に保持されているのではあるが，その情報を検索するための適切な手がかりを有していない場合には，長期貯蔵庫のなかから見つけ出すことができないのである。ある情報の再生ができない，その情報をどうしても思い出せないのである。ところが，検索手がかり（retrieval cue）を与えられることによってその情報の再生ができた場合には，それが検索の失敗を原因とする忘却であったことがわかる。

(4) 抑圧説

フロイトの忘却理論では，意識下にあると対応ができないほどの辛さを引き起こす情報は，意識の領域から無意識の領域へと抑圧されて，想起されにくくなるという（Fueud, S., 1901）。その情報は，意識の領域から完全に消失されたわけではなくて，自我を守ることを目的とした自我防衛機制の稼働によって，意識の領域から排除されるとともに無意識の領域へと抑圧されるのである。その情報は，無意識の領域に閉じ込められる形となって，意識の領域には容易に出てこられなくなる。抑圧が忘却の原因となって，その個人は抑圧されたその情報をまったく思い出せなくなるのである。

● 第8節　日常生活における記憶

長期記憶の研究として，実験室的研究と日常記憶研究の2つの方向がある。実験室的研究は，実験室内での記憶の探究を目的として，場や方法や材料や参加者などの要因に関して厳密に統制している。それに対して，日常記憶研究では，日常生活の場における日常記憶（everyday memory）を研究対象としている。日常記憶とは，エピソード記憶，自伝的記憶，フラッシュバルブ記憶，展望的記憶，目撃記憶などがある。これらのうちのいくつかを考察しよう。

第9章 ── 記　憶

1. 自伝的記憶

　自伝的記憶（autobiographical memory）とは，自身のそれまでの生涯において，自身が経験してきた出来事の記憶を意味している。自伝的記憶の知識は，自身を理解するための裏づけ知識となったり，自身の意志決定の方向づけを指示し根拠づける知識となったり，他者との関係を構築する際の知識ともなるような，自身を自分自身として支える知識となる。自伝的記憶の研究法としては，日誌（日記）などの日誌法，質問紙などによる自己報告などがある。

2. フラッシュバルブ記憶

　フラッシュバルブ記憶（flashbulb memory）とは，通常の日常の出来事ではなくて，非常に大きなショックを与えるような出来事であって，強い感情・情緒を伴って想起される記憶のことである。その想起の仕方は，当初に見聞きした状況と同じように，まさしくその時の状況のように，詳細かつ鮮明に想起できる。

3. 展望的記憶

　記憶は，過去の記憶としての回想的記憶（retrospective memory）と未来の記憶としての展望的記憶（prospective memory）とに分類される。
　回想的記憶とは，エピソード記憶とか自伝的記憶とかフラッシュバルブ記憶とかのように，過去を想起する記憶を総称している。それに対して，展望的記憶とは，これから先に行うであろうとする将来の行動や出来事などについての予定や意図に関しての記憶である。このような意味から，展望的記憶は未来記憶（future memory）とも呼ばれることもある。展望的記憶は，事象ベース（event-based）の展望的記憶と時間ベース（time-based）の展望的記憶とに分けられる。事象ベースの展望的記憶とは，特定の出来事が生じた際に何かを行うという記憶を意味する。
　たとえば，事象ベースの展望的記憶とは，「今度，Aに会ったら，遊びに行く相談をしよう」とか「ポストを見たら，この手紙を投函しよう」とかのように何かの出来事に遭遇したときに，それを契機に何かの行動を起こそうという予定や意図に関しての記憶のことである。また，時間ベースの展望的記憶とは，特定の時間がきた場合に，何かを行うという記憶を意味している。つまり，時間ベースの展望的記憶とは，「17時になったら，事務室に行って，レターケースの中を見てみよう」だとか，「明日は，午前4時に起きるつもりだ」というあらかじめ決めた時間になったら，何かを行動しようという予定や意図に関しての記憶のことである。

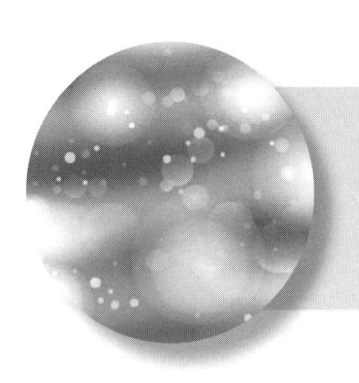

第10章 性　　格

　私たちは，日常会話の中で他人や自分の「その人らしさ」を語るときに「性格」という言葉をよく使う。たとえば，「あの人とは性格が合わない」「彼は優しい性格の持ち主だ」などと言う。それだけ性格が，私たちの関心の対象になっていることの現れであろう。現代に限らず古くから，性格は人間の大きな関心事であった。性格に関する書物で最古のものは，紀元前3世紀のギリシャのテオプラストス（Theophrastus）によるものであるという。時代を問わず，私たちにとって性格は大きな問題なのである。

　心理学においても，性格の問題は大きな関心事となっており，性格心理学という分野が確立されている。この分野では，性格を体系的，かつ論理的にとらえようとしている。心理学の大きな目的は人間理解にあるが，そのためには人間の内面的な全体である性格を解明することが不可欠なのである。本章では，性格という概念を解説し，その後に性格心理学の主要な成果について概説する。

第1節　性格とは

　性格とは，何らかの目に見える具体的な実体をもつものではない。しかし，私たちは経験から個人の中にその人らしいまとまった特徴をもっていることを実感している。このまとまった特徴を説明するために，性格という概念を用いているのである。このような具体的な実体をもたない概念を構成概念という。性格心理学では，人間の内面にあるまとまった特徴を指すものとして性格という概念を用い，様々な論を展開している。しかし，この性格という概念を明瞭に定義することは困難で，性格について論じている心理学者それぞれに定義が存在しているとも言えるほどである。ここではまず，性格とはどのような概念なのかを明らかにする。

1. 性格とパーソナリティ

　託摩（2003）は，様々な研究者の定義に共通する点に注目して，性格（character）

第10章 —— 性　格

を「個人の行動にみられる感情や意志の特徴」で「一貫性と安定性をもつもの」であり，「その人を特徴づけている基本的な行動傾向」（詫摩, 2003, p.3）としている。私たちがある人の行動を見ていると，様々な場面におけるその人の行動の中に一貫した傾向を見出すことがよくある。私たちはそれを手がかりに，その人を「優しい」とか「怒りっぽい」とか判断する。この一貫した傾向の背後にあって，その源泉になっているものが性格である。

性格と非常に近い概念にパーソナリティ（personality）がある。パーソナリティは人格と訳されていることも多いが，人格には「高尚な人格」などというように道徳的な価値基準が入り込むことがあるために，心理学ではパーソナリティと呼ぶことが多くなっている。オルポートは，パーソナリティを「個人の内部にあり，環境に対するその個人独自の適応を決定している，精神物理的な体系の力動的機構である」（Allport, G. W., 1937, p.48）と定義している。環境に対する適応とは行動を伴うものであり，パーソナリティとは，個人の行動を決定する内的なものであると考えられる。性格とパーソナリティについて，パーソナリティが感情，知能，性格から構成される全体であるとする研究者もいるが，ともに個人の一貫した行動の傾向を決定する内的なものという点では共通しており，同等の意味をもつものと見なしてもさしつかえないであろう。

2. 性格の構造

宮城（1960）は，性格を図10-1のような同心円で表される構造をもつものと考えている。この図の中心近くにある部分は先天的な遺伝的要因によって決定される度合いが高く，周辺に行くほど後天的な経験の要因によって決定される程度が高くなる。

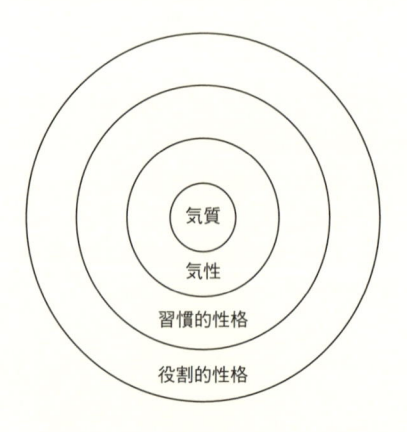

図10-1　性格の側面（宮城, 1998, p.9）

気質とは，個人が生まれつきもっている性格の基盤で一生にわたって変化することのない部分である。気性は，遺伝的要因に規定されつつも，ある程度環境からの影響によって形成される部分で，気質よりは変化しやすい。習慣的性格は個人が生育した文化などの社会的な条件によって形成される部分である。これは発達の初期から形成されてきたものなので変化しにくい部分である。しかし，たとえば日本で幼少時代を過ごした個人が青年期にアメリカに移住した場合に，しだいにアメリカ的な行動様式をするようになってくるなど気質や気性に比べると変化しやすい部分である。父親らしい行動とか教師らしい行動などの個人がおかれた役割に応じた行動のことを役割行動というが，役割的性格とはこの役割行動に伴う性格である。これは，場面ごとに変化するものである。このようにひと言で性格といっても，一貫性の点では様々なレベルに分けることができるのである。

3. 性格の一貫性

前述の通り，性格は個人の行動の一貫性を作り出すものである。経験上，確かに私たちは他人や自分にそのような一貫性があることを実感している。しかし，図10-1でも明らかなように，性格は様々なレベルの一貫性をもつ部分から構成されている。レヴィン（Lewin, K., 1957）は，人間の行動が個人内の要因と環境という外的な要因の両者によって決定されるとしている。前者には，個人の感情や身体の状態，性格などが含まれる。性格心理学は個人の要因を重視し，そのため一貫性を強調している。ミッシェル（Mischel, W., 1992）は環境の要因を重視し，人間の行動が個人内の要因よりも，その時々に個人がおかれた環境の要因によって決定されるところが大きいとした。つまり，彼は，性格心理学が強調する一貫性があるのかどうかについて疑問を呈したのである。この考えは，はたして性格というものが存在するのかどうかという議論を引き起こした。しかし，私たちは経験上，性格という概念で言い表されるような一貫性をもっていると実感している。性格を想定し人間の行動をとらえることに大きな間違いはないであろうが，そこには環境の要因も少なからず影響を及ぼしているということには留意すべきであろう。

● 第2節　性格のとらえ方

性格研究の目的の1つは，人間の性格を理解するということである。たとえば目の前にいるある人との関係をうまく築いていこうとするとき，相手の性格が理解できれば便利である。このような要請に応えるために性格心理学では様々な性格理解の方法を考案してきた。その方法には大きく分けて2つある。1つは，個人の性格をタイプに分類し，ある個人のタイプを見分けようとする方法である。もう1つは性格を構成

# 第10章 性　格

する要素を想定し，それぞれの要素の濃淡によってある個人の性格を記述しようとする方法である。前者を類型論，後者を特性論と呼ぶ。

1. 類型論

　類型とは，個人がもつ全体的な特徴を観察，記述した結果見出されるタイプのことである。類型論は，性格をある理論的な観点からいくつかのタイプに分けて理解しようとする試みである。人間の性格は十人十色と言われるように非常に様々であり，それぞれがユニークなものであって決して同じものは2つと存在しない。しかし，それらの性格を互いに比較的似たものどうしにまとめて分類することができるであろう。この分類を，何らかの基準と関連づけたものが類型論である。一般的によく行われる，性格を血液型と関連づけて把握しようという血液型人間学も，心理学の立場からは科学的・論理的な根拠には著しく欠け間違ったものであるが，類型論的な人間理解の一つである。

　類型論は非常に古くから行われている試みである。すでに2世紀のギリシャのガレヌス（Galenus）は，人間の体液には血液，黒胆汁，胆汁，粘液の4つがあり，それらのうちどれが優勢になるかによって表れる気質が異なるとし，それぞれ多血質，憂うつ質，胆汁質，粘液質の4類型に性格を分けている。この説は，実証的な裏づけをもたない思弁的なものであり現在では否定されているが，その後，20世紀になるまでおもにヨーロッパにおいて強い影響力を及ぼした。類型論には非常に様々なものがあり，それぞれ性格をどのような理論的な観点に従って類型化するのかによって，使用される類型も大きく異なっている。たとえば，性格を体型と結びつけるもの（クレッチマー，シェルドン），心理的なエネルギーの傾向と結びつけるもの（フロイト，ユング），価値観に結びつけるもの（ディルタイ，シュプランガー）などがある。次に代表的な類型論について述べることにする。

　精神医学者であるクレッチマー（Kretchemer, E., 1960）は，臨床経験から特定の精神疾患が特定の体型との間の関連を指摘し，体型をそれらの精神疾患に特徴的な性格と関連づけた類型論を発表している（表10-1 参照）。その概要は次の通りである。精神分裂病（統合失調症）は，細長型（痩せ型）の人に多くみられ，分裂気質という性格特徴を示す。躁うつ病は肥満型の人に多く，その性格特徴は循環気質である。また，てんかんは，闘士型（筋骨型）の体型の人に多く，粘着性気質を示す。クレッチマーの類型論は，精神病者の性格と体型についてだけのものではない。彼は，精神病者の発病前の性格や健常者の性格についても研究しており，その結果から健常者の性格と体型との間にも同様の関連があると考えている。たとえば，痩せ型の人は，分裂病という病的な状態ではなくとも，そのような人に特徴的な非社交的，きまじめなどの性格特徴を示すとされている。

表10-1 クレッチマーの類型論

体型	関連する精神疾患	気質（性格類型）	性格の特徴
細長型（痩せ型）	統合失調症	分裂気質	非社交的，きまじめ，臆病，神経質，従順
肥満型	躁うつ病	循環気質	社交的，親切，明朗，活発，寡黙
闘士型（筋骨型）	てんかん	粘着性気質	几帳面，凝り性，粘り強い，頑固，誠実

　またシェルドンとスティーブンス（Sheldon, W. H. & Stevens, S. S., 1942）も，体型と性格を関連づけた類型論を公にしている。シェルドンは約4,000人の大学生の体型を外胚葉型（痩せ型），中胚葉型（筋骨型），内胚葉型（肥満型）に分け，それぞれの性格を頭脳緊張型（控えめ，過敏），身体緊張型（大胆，活動的，自己を主張する），内臓緊張型（安楽を求める，社交的）と類型化している。

　精神分析学の創始者であるフロイト（Freud, S., 1969）は，独自の心理−性的発達理論のどの段階に固着するかによって個人の性格が異なるとしている。つまり，どの発達段階の特徴が性格に色濃く残るかによって性格を類型化している。フロイトの類型には口唇性格（受動的，依存的），肛門性格（几帳面，倹約，頑固）などがある。

　また，同じ精神分析学者のユング（Jung, C. G., 1970）は，リビドーと呼ばれる心的エネルギーの向かう方向が，自己の外界と内面の2つあるとし，そのどちらが優勢になるかによって類型化している。より外界に向かうタイプを外向型といい，その性格は自分の周囲の事象に関心が向きやすく，好奇心旺盛，感情表現が豊か，陽気，活発，飽きっぽい，社交的，独立心旺盛，常識的である。一方，より内面に向かうタイプを内向型といい，自分自身に関心が集中しやすく，控えめ，内気，思慮深い，ひとりを好む，凝り性，従属的，批判的といった性格をもつとされている。

　シュプランガー（Spranger, E., 1961）は，人がもっている価値観，すなわち人生において何を重視しているのかという点から，性格の類型化を試みている。彼の用いた類型は以下の6つである。

- 理論型…物事を客観的にとらえ，論理的な知識体系を作り出すことを重視する。好き嫌いで判断するような感情的・主観的な判断をせず，具体的な事柄よりも普遍的な事柄に関心を向ける傾向をもっている。
- 経済型…物事の経済的な側面を重視する。功利的で財産に強い関心を向け，利己主義的なタイプである。
- 審美型…繊細で敏感である。何よりも美を重視する。感性的であり，客観的なと

らえ方を嫌う傾向がある。他人からの干渉を嫌い，個人主義的，自由主義的である。
- ●宗教型…神のような絶対的な価値を重視する。神秘的な体験を好み，信仰心が篤いタイプである。
- ●権力型…他者に対して支配的で，権力を指向する。他者よりも優位に立つことを重視するため攻撃的，高圧的である。
- ●社会型…仲間を大切にし，他者との間の愛情や信頼を重視する。他者との共存共栄を大事にすることから，献身的な側面ももつ。

　この他の類型論には，次のようなものがある。ホーナイ（Horney, K., 1973）は，個人の基本的な対人関係のもち方に注目し，依存型（他者に向かうタイプ），攻撃型（他者に反抗するタイプ），離反型（他者を回避するタイプ）の3類型に分けている。フロム（Fromm, E., 1951）は，性格形成の際に社会・経済体制が大きな影響を及ぼすとし，受容型，搾取型，貯蔵型，市場型，生産型の5類型を提案している。

　以上のように，いろいろな研究者がそれぞれの理論的な視点から人々の性格を類型化している。しかし，類型論には問題もある。その問題とは，類型論が多種多様な人間を少数のタイプに分けてとらえようとしているため，ある類型と別の類型との間に位置する中間タイプが説明できないという点である。確かに，類型論で想定されている少数の類型にすべての人間が分類できるということはあり得ないであろう。また，類型に分類することで，一人ひとりがもつ性格の独自性を軽視してしまう危険性もある。さらに，ある個人が生活の中で様々な経験を経ていくうちに，その性格が変化していくということは十分にあり得ることだが，この場合ある類型に分類されていた個人が別の類型に移行するということになる。類型論では，性格が変化しにくいものであると見なす傾向をもっているが，そうなると移行する場合の性格の変化を軽視しているということになる。

　一人の個人の性格を詳細かつ具体的に理解するためには，当然，その個人と関わり時間をかけて観察する必要がある。その際，類型論的なとらえ方をすることによって，様々な人間を素早くとらえることが可能であり，人間理解の便利な手がかりとすることができるのである。

2. 特性論

　ある個人の性格を言葉によって表現しようとする場合，非常に多くの言葉があげられるであろう。たとえばAさんという人は，「社交的」「明るい」「責任感が強い」「慎重である」などと表現できるとする。これらその人の性格特徴を表す表現が特性（または性格特性）である。各個人の性格は複数の特性から構成される。それらの特

性は数量的に測定されるものであり，性格はその測定値の総和であると考えられている。つまり，特性とは，性格を構成する要素（因子）なのである。私たちは誰でも「明るい」という要素をもっている。しかし，その「明るさ」の程度は個人によって様々であろう。たとえばBさんとCさんがいて，Bさんの「明るさ」は4点でCさんは2点であるとすると，この2人の性格はともに「明るさ」という特性をもっているが，Bさんのほうがより明るいというように結論する。このように特性論は，各個人の性格の違いを質的なものではなく量的なものとして説明するとらえ方であるということができる。はじめて特性という概念を心理学に導入したのは，アメリカの心理学者オルポートだが，その後，因子分析という統計的な分析手法の発達に伴って，おもにアメリカを中心に発展してきた。

　前述の通り，特性という概念をはじめて心理学に導入したのはオルポート（Allport, G. W., 1937）である。彼は，まず人間の行動や態度の特徴を表す用語を辞書から約18,000語を選び出し，一方でクレッチマーやシュプランガー，ユングの類型などを考慮し，外向的－内向的，支配的－服従的など21の特性を導き出している。彼はこの特性を心誌（psychography）という一覧表にまとめ，これによって個人の性格を記述できるとしている。

　キャッテル（Cattell, R. B., 1950）はオルポートの研究を参考として，因子分析などの統計的な手法を駆使した特性論を展開している。彼は，性格が階層的な構造になっていると考えた。すなわち，表面的に観察できる特性を第一の階層とし，その背後にあって第一階層の表面的な特性を決定している潜在的な因子を第二の階層と考えたのである。さらに，キャッテルは統計的な手法を駆使し，情緒安定－情緒不安定，積極的－消極的，急進性－保守性など第二の階層にある根元的な16の特性を抽出している。

　アイゼンク（Eysenck, H. J., 1970）も，キャッテルと同様に因子分析などの統計的手法を駆使し，性格を階層的構造でとらえている。アイゼンクの考えた性格構造は4階層からなっている。彼は最も根元的な階層として内向性－外向性，神経症傾向，精神病質傾向の因子を考えた。この階層に続き，特性，習慣的な反応（いろいろな状況において一貫して表れる行動の特徴）の階層，個別的反応（状況に応じて表れる行動の特徴）の階層という4階層を想定している。このなかで，最も根元的な階層の3因子は類型に相当する概念であり，この意味ではアイゼンクの特性論は，類型論とのつながりをもったものといえる。また，彼は，自らの特性論からアイゼンク人格目録という性格検査を開発している。

　ところで，特性論は性格検査に適用されることが多い。その代表はYG性格検査（矢田部－ギルフォード性格検査）である。これは，矢田部がギルフォード（Guilford, J. P.）らの性格理論を，日本人に適用できるようにしたものである。この検査では

第10章 ── 性　格

12の特性から構成されている。その特性は，抑うつ性，回帰性傾向（情緒的な不安定さ），劣等感，神経質，客観性の欠如，協調性の欠如，攻撃性，一般的能動性（活発さ），のんきさ，思考的外向（物事をくよくよ考えない），支配性，社会的外向（社交性）である（辻岡，1965）。これも特性論の一つである。

　以上のように，特性論はおもに性格という大きな全体構造をその要素から説明する立場といえる。したがって，一人ひとりの性格を詳細に把握することが可能である。また，性格を数量的にとらえていることから，ある人と別の人を比較でき，客観的に個人を理解することができる。しかし，研究者によって想定している特性が異なり，1つの特性論に偏って人間を理解するのは危険である。

　また，どの特性論も用いられている特性が多く，一人の性格の全体像をとらえることは困難である。このような批判に対して，比較的最近の研究では，性格を5つの因子（特性）で説明しようという動きが盛んにみられる。それら一連の研究で想定されている5因子をビッグ・ファイブ（Big Five）と呼ぶ。これは多くの研究者が異なる状況における研究でいずれも5因子で性格を説明できるという結論を導き出したことによる。もし，5つという少数の特性で性格をとらえることができれば，前述の特性論者が行った多くの特性による説明の煩雑さを避けることができる。辻（1998）は，内向性（控えめな）－外向性（積極的），分離性（自主独立的）－愛着性（親和的），自然性（あるがまま）－統制性（目的合理的），非情動性（情緒の安定した）－情動性（敏感な），現実性（堅実な）－遊戯性（遊び心のある）の5つの因子によって性格をとらえようとしている。

● 第3節　性格測定の方法

　他人や自分を理解するために，その性格を知りたいという欲求は誰もがもつものであろう。性格心理学においても性格を測ることは大きな目的の1つである。それは，医学的な診断，適性の判断などのためである。ここでは，性格の測定法を概観する。一言に性格を測定するといっても，その方法は様々である。最も頻繁に用いられるのは，性格検査を使ったテスト法であろう。しかし，その基本には観察法と面接法がある。

1. 観察法と面接法

　観察法とは，個人の行動のありのままを具体的に記述し，そこから性格特徴を把握する方法である。これには大きく分けて2種類ある。1つは日常的な状況において個人の行動を観察する方法で，これを自然観察法という。1つは，実験状況などの人為的な場面を作り，その場面における個人の行動を観察する方法で，これは実験的観察

法と呼ばれる。

　また，面接法は，面接者と被面接者が直接会話し，個人の性格を把握する方法である。この際，性格を知るための資料となるのは会話の内容だけでなく，話をするときの表情や身振りなども非常に重要な手がかりとなる。面接法にも2種類ある。1つは自由面接で，これは面接に際し何の制約も設けずに面接者と被面接者が自由にやり取りをすることによって資料を得ようとする方法である。もう1つは構造化面接で，これはあらかじめ質問項目を決めておいて，面接者が被面接者に問いかけて資料を得ようとする方法である。これらの方法において，観察者や面接者は対象の反応に敏感になり，偏ったとらえ方をしないよう可能な限り客観的態度でいる必要がある。したがって，観察者や面接者はある程度の知識と訓練を要する。また，面接法においては，面接者と被面接者との間にラポールと呼ばれる信頼関係を築くことが必要である。このためには，面接者は雰囲気を和らげて話しやすい環境を作り，相手を尊重し共感的に理解することに努めなくてはならない。

2. テスト法

　テスト法には質問紙法，投影法，作業検査法がある。実に多くのテストが考案されている。代表的なものを表10-2にあげておく。よいテストとは，実施方法と採点方法，テスト項目が測定しようとしている特性を正確にとらえているか（妥当性），同一のテストを同じ条件で繰り返して実施したときの結果が一貫しているか（信頼性）について厳密に検討が行われているものである。このような検討の手続きを標準化と呼ぶ。テスト法は非常に有効な手段であるが，テスト法だけを用いるのではなく，観察法や面接法との併用が正しい性格の測定方法である。

(1) 質問紙法

　質問紙法は，多くの質問項目を書いた質問紙を被検者に提示し，自己評定させ，その結果を得点化して性格を把握する方法である。質問紙は特性論を基礎として作成さ

表10-2　代表的なテスト法

テストの種類		テストの名称
質問紙法		YG性格検査，MMPI，FFPQ，エゴグラム
投影法	図を刺激として用いる方法	ロールシャッハ・テスト，TAT，PFスタディ
	文章や言葉を刺激として用いる方法	SCT，言語連想テスト
	刺激を用いず表現させる方法	バウム・テスト，人物画テスト
作業検査法		内田クレペリン精神検査

第10章 ── 性　格

れており，各特性を測定するためのものさしとなる多数の質問項目から構成されている。このものさしのことを尺度という。

代表的なものには，先に述べたYG性格検査（矢田部-ギルフォード性格検査）がある。YG性格検査では12の性格特性ごとに10個ずつの質問項目からなる尺度があり，計120項目の質問で構成されている。被検者の回答結果は，12の特性ごとに得点化され，それをプロフィールに示して個人の性格を把握しようとする。

質問紙法は，①一度に多くの人を対象に実施できる，②結果を出す手続きが簡単である，③結果の処理が客観的である，④比較的短時間でできるという利点をもっている。しかし，自己評定を用いているという点で，回答結果が被検者によって意図的に，あるいは無意識的に変えられてしまい，目的の特性を正確に測定できないという危険性をもっている。たとえば，被検者が検査に対してあまり乗り気でないときの結果は，正確なものと見なすことができない。

(2) 投影法

空に浮かぶ雲などあいまいな形をしたものを眺めていると，何かの形に見えてくることがある。同じ物を何人かで眺めていても，人によってその見え方は異なる。これは，その人の心の内部の状態が対象に反映されているからであり，このような心理的な仕組みを投影という。投影法はこの心理的な仕組みを利用した検査法である。被検者にあいまいな刺激を提示し，それに対する反応内容を解釈して性格を把握する方法である。

代表的な投影法にはロールシャッハ・テストがある。これは，スイスの精神科医ロールシャッハ（Rorschach, H., 1998）が考えたもので，10枚の左右対称のインクの染みの図版を被検者に提示して，それが何に見えるのかを連想してもらう検査法である。図版の絵柄はインクを紙にたらして偶然にできたものであり，その絵柄自体には何の意味もない。連想の結果は，被検者が自己の内面を投影した結果であると見なされ，それが被検者の内面を知るための手がかりとなる。

TAT（主題統覚検査，Thematic Apperception Test）はマレー（Murray, H. A.）によって開発された検査法で，いろいろな場面を描いた20枚の図版を被検者に提示し，その場面がどのような状況なのか，なぜそのような状況になったのか，この後その状況はどうなるのかと，その場面の現在，過去，未来について物語を作らせる方法である。TATでは被検者が語った物語の内容が投影の結果と見なされ，解釈の対象となる（木村，1964）。

図版を使わない検査法としては，被検者に木の絵を描かせ，それを投影の結果として解釈の対象とするバウム・テストがある。

投影法は個人の内面を深く知ることができるための手段として有効であるが，反応

内容の解釈には，かなりの経験と熟練が必要である。また，質問紙法などと違って解釈の基準が完全に確立されていない検査法も多く，解釈が検査者の主観によって偏ってしまう危険性をもっている。

(3) 作業検査法

　作業検査法とは，被検者に作業をさせ，その作業量や内容，態度から性格をとらえようとする検査法である。代表的なものに内田クレペリン精神検査がある。これは，ドイツの精神医学者クレペリン（Kraepelin, E.）が実験で使用した単純な連続加算作業を，内田勇三郎が作業検査に確立したものである。この検査では，被検者は一定時間，加算の作業に繰り返し従事する。その作業結果をプロフィールに表し，性格をとらえようとする（瀧本，2000）。

　作業検査法の利点としては，被検者に検査の目的が知られる可能性が少なく被検者の意図によって結果が偏ることがないということがあげられる。しかし，性格の特徴の細部について測定するのは困難であるという問題点をもっている。

3. テスト・バッテリー

　以上，代表的な性格の測定法について概説してきた。非常に多くの検査法があり，それぞれの検査には長所と短所がある。また，各検査によってとらえることができるのは性格の一側面でしかない。したがって，個人の性格全体をとらえようとするのであれば，複数の測定法を併用して多面的な情報を手に入れることが必要になる。複数の性格テストを併用することを，テスト・バッテリーを組むという。個人の性格を知ろうとするとき，おもな手段はテスト法になりがちである。しかし，その基本として観察法や面接法があることを忘れてはならない。

● 第4節　発達過程における性格の形成

　性格がどのように形成されてくるのか，またある個人の性格を決定づけているものは何かという問題は，性格心理学において大きなテーマである。性格は個人の発達の過程の中で形成されていく部分が大きい。

　性格の形成には生まれ持った遺伝の要因と誕生後の環境の要因の両者が関わっている。後者の要因がより強力であろうと思われるが，乳児をよく観察しているとそれぞれの個性があることから前者の要因も無視することはできない。また最近では，性格は，生まれ持った遺伝の要因である気質が基盤となり，そのうえに誕生後の環境の要因が関わっていると考えられている。私たちが誕生後の初期に出会う環境には，両親やきょうだいなどの家族がいる。児童期までの発達の過程における家族からの影響は

第10章 ── 性　格

性格の形成に大きく影響する。また，特に青年期以降の発達段階に大きな影響力をもつもので，自発的に自分を変えていこうという自己形成の要因がある。

1. 性格の形成に影響する遺伝の要因

　性格に限らず人間がもつ心理的な特性は遺伝と環境の相互作用によって形成される。親と子どもの性格の類似性が遺伝の影響であると見なされがちであるが，それがすべて遺伝によって決定されていると判断するのは早急である。なぜなら親と子どもは同じ家庭環境で生活し，子どもは親をモデルとして成長するからである。親と子どもの類似性は親からの刺激によるところのものと考えられるのである。遺伝の要因による部分もあるだろうが，そこには環境も大きく影響していると考えるのが妥当であろう。

　遺伝と環境の影響を明らかにする目的で双生児を対象とした詳しい研究が行われている（詫摩・天羽・安藤，2001）。この一連の研究では，一卵性双生児と二卵性双生児が比較されている。前者は同じ受精卵から発生しているので，遺伝学的に同じ素質をもっている。一方，後者は別個の受精卵から発生しており，約50％の同じ素質をともにもつ。同じ遺伝的素質をもつ一卵性双生児どうしの間にある相違は環境の要因によるものと判断でき，一卵性双生児どうしで差が小さく二卵性双生児どうしで差が大きいものがあれば，それは遺伝の要因によるものと判断できる。双生児研究から性格について明らかになっていることは，気分や活動性について遺伝の要因が大きな影響を及ぼしているということである。

　体格や容姿，運動能力が遺伝の影響を受けやすいことは周知のことである。美しい容姿を親から受け継いだ個人が周囲から肯定的に評価されることが多くなり，自信をもった性格になることもあろう。逆に，身長が低いなど親から恵まれない素質を受け継いだ場合，それが影響して引っ込み思案な性格になることもあり得る。このようなことは，遺伝の要因が体格や容姿，運動能力といった特徴に影響し，それが間接的に性格形成に影響を及ぼす例である。

2. 気質の影響

　性格心理学では，従来，性格は誕生後の環境の要因によって形成され，遺伝的な要因である気質の影響は小さいと考えられてきた。しかし，最近の新生児・乳児研究の発展により，性格の形成には気質の影響もあることが明らかになってきた。

　気質の影響に注目した先駆的な研究には，トーマスら（Thomas, A., Chess, S., & Birch, H.G., 1970）によるニューヨーク縦断研究がある。この研究では，生後数か月から12年間にわたって追跡調査が行われた。それによると，生後すぐに見られた活発さの程度や生活のリズムの安定性，新しい環境に対する慣れやすさの程度，および

機嫌の良さなどが、生後数年間は持続することが報告された。これらの要素は、生後すぐに見られたものであることから、遺伝的に獲得されている気質によるものと考えられる。つまり、気質は少なくとも生後数年間の性格の形成に影響を及ぼしているのである。同様の報告は、より厳密な調査方法を用いたブラゼルトン（Brazelton, T. B., 1998）によってもなされている。

田島（2000）は、気質が性格形成に及ぼす影響過程について、子どもと親との相互影響過程を強調している。たとえば気質的に生活リズムの安定性が高い"扱いやすい子ども"と、安定性が低い"扱いにくい子ども"では親の養育態度が変わってくるであろう。その結果として、子どもの性格形成に影響を及ぼす環境が大きく変わってくるのである。

3. 児童期までの性格の形成

ここでは、児童期までの性格の形成に大きく影響する要因として、発達期待と家族について説明する。

(1) 発達期待

親や教師は「〜という資質を身につけたおとなになって欲しい」と望んで、子どもをしつけ教育する。子どもを育てるときにおとながもっているこのような願望を発達期待という。発達期待は明確に意識されているものではない。しかし、おとなはそれに基づいて、子どもの行動を褒めたり叱ったりする。その結果として、特に児童期までの子どもは発達期待に適った性格等の特徴をもつようになる。たとえば、親が子どもに「自立心をもって欲しい」と考えてしつけをしていれば、自立的な性格が形成されやすいであろう。

発達期待の背景には、社会に浸透している理想的な人間像があることが指摘されている。箕浦（2003）は、子どもの発達がそれぞれの文化がもつ意味空間の中で進んでいくとし、様々な文化の状況の中で形成される人格（性格）の多様さを明らかにしている。発達期待は、その社会の理想的人間像に基づくものであり、文化の影響を受けるのである。一般的に文化という言葉は芸術に関して使われることが多いが、社会科学では「当該社会で維持され、その成員（メンバー）に共有されている生活様式のすべて」（野村, 1987, p.22）と定義されている。そこには衣食住、習慣、宗教、価値などが含まれる。つまり、私たちは文化に包み込まれて成長していくのであり、文化が私たちの性格形成に影響を及ぼしているのは、いわば当然であるといえるであろう。

東ら（東・柏木・ヘス, 1981）は、日米の母親の発達期待を比較し、親に対して従順であることと感情をコントロールするという特徴については、アメリカの母親よりも日本の母親が高い期待を示し、自己主張をすることと社会的スキル（他者を説得し

第10章 ── 性　格

て自分の考えやしたいことを通す力）については，日本よりもアメリカが高いことを示している。このような日米の発達期待の違いが，それぞれの文化に特徴的な性格形成に影響を及ぼしている可能性が示唆されている。また，塘（2005）は，小学校低学年の教科書の内容には文化がもつ価値観が反映されているという観点から，アジア各国の国語の教科書を分析し，それらの理想的な家族像・親役割と性役割・よい子像の相違を明らかにしている。このような相違は，それぞれの文化において形成される性格の違いをもたらしている可能性がある。現状では，文化による発達期待の違いが，それぞれの文化における性格の形成に影響を及ぼす仕組みに関する詳しい研究は少ない。これら両者の影響過程というテーマは非常に興味深いものであり，今後の成果が待たれる。

(2) 家族

私たちは，乳幼児期から青年期にいたるまで家族の中で成長する。この時期は性格の基礎ができる時期であり，この意味では家族による要因は非常に大きなものといえる。まず，家族の宗教や価値観や経済状態，社会的地位は性格形成に影響を及ぼす。さらに，家族の要因をより詳細に述べると，家族構成，養育者の育児方法や養育態度，きょうだい関係などをあげることができる。

①家族構成

家族構成が核家族か，3世代同居なのかは性格形成に影響を及ぼす。祖父母がいる家庭の子どもは，父母だけの場合よりも多様な価値観を伴う知識を与えられる。また，祖父母は父母とは違う接し方を子どもにするであろう。核家族と3世代同居家族では子どもが受ける刺激の多様さにおいて違いがある。

②育児方法と養育態度

しつけの仕方などの育児方法も子どもの性格形成に大きな影響を及ぼす。たとえば排泄のしつけについて，精神分析学では，過度に強制的な排泄のしつけによって子どもが几帳面，強情，倹約家，敵対的な性格（肛門的性格）になるとしている。

養育者の子どもに対する一般的な態度を養育態度という。特に子どもの直接的な養育者である母親の養育態度は，子どもの性格形成に大きな影響を及ぼす。サイモンズ（Symonds, P. M., 1939）は，母親の養育態度を拒否－保護，支配－服従の2軸によって整理し8つのタイプに分類し，それぞれのタイプと子どもの性格との関連をまとめている（図10-2参照）。この図で示されるように，母親が子どもに過度に保護的に接していると，子どもの性格は感情安定，思慮的，好奇心旺盛，親切，神経質でないというものになる。正反対に母親の養育態度が過度に拒否的な場合，子どもは，絶えず注意をひこうとする，落ち着きがない，反社会的，冷淡，神経質といった性格になる。また，子どもに対し過度に支配的で，なおかつ保護的である場合をかまいすぎ型とい

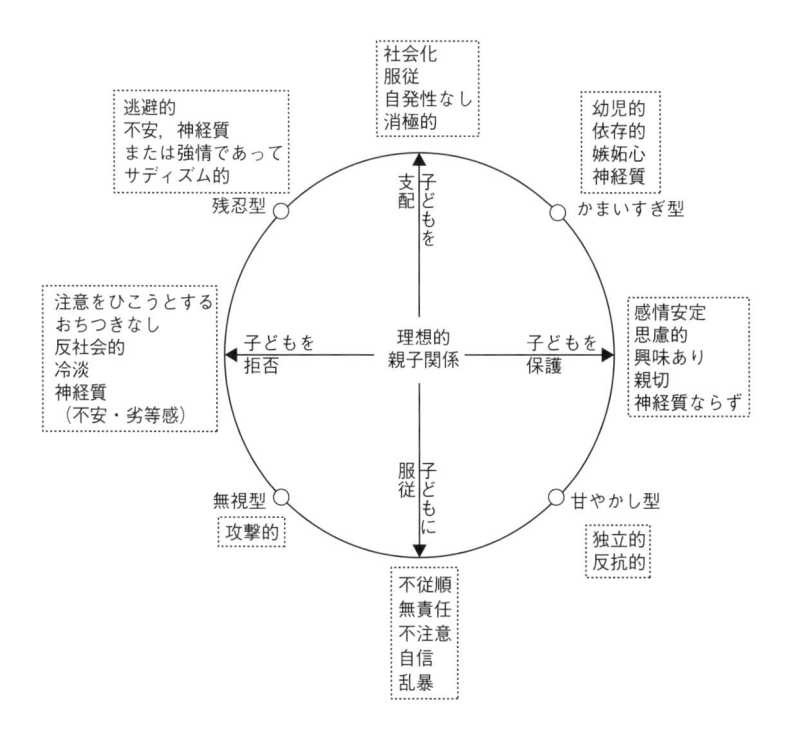

```
          ┌─────────────┐
          │ 社会化       │
          │ 服従        │
          │ 自発性なし   │
          │ 消極的      │
          └─────────────┘
┌─────────────┐                    ┌─────────────┐
│ 逃避的       │                    │ 幼児的       │
│ 不安, 神経質  │                    │ 依存的       │
│ または強情であって│                 │ 嫉妬心      │
│ サディズム的  │                    │ 神経質      │
└─────────────┘                    └─────────────┘
       残忍型                            かまいすぎ型
                    子
                    ど
                    も
                    を
                    支
                    配
┌─────────────┐                    ┌─────────────┐
│ 注意をひこうとする│                 │ 感情安定    │
│ おちつきなし  │   子どもを  理想的  子どもを │ 思慮的    │
│ 反社会的    │   ←拒否    親子関係  保護→  │ 興味あり  │
│ 冷淡       │                    │ 親切       │
│ 神経質      │                    │ 神経質ならず │
│ (不安・劣等感)│                    └─────────────┘
└─────────────┘
                    子
                    ど
                    も
                    に
                    服
                    従
       無視型                            甘やかし型
┌──────┐                          ┌──────┐
│ 攻撃的│                          │ 独立的│
└──────┘                          │ 反抗的│
                                  └──────┘
          ┌─────────────┐
          │ 不従順       │
          │ 無責任      │
          │ 不注意      │
          │ 自信        │
          │ 乱暴        │
          └─────────────┘
```

図 10-2 親の養育態度と子どもの性格特性（宮城，1960，p.103）

い，子どもは幼児的，依存的，嫉妬深い，神経質といった性格を示す。

③きょうだい関係

　きょうだいの数や出生順位も性格に影響を及ぼす要因である。同じ親の子どもでも第一子と第二子では性格が異なる。2人きょうだいの場合，第一子と第二子に対する両親の接し方は異なるであろう。第一子は，両親にとってはじめての子どもということもあり慎重に，ときには神経質なほど手をかける。また第一子は，第二子の誕生までおとなに囲まれて育つ。第二子になると，両親もある程度子育てに慣れているために第一子ほど手をかけることはない。そして第二子の遊び相手はおもに第一子であり，きょうだいげんかをすることも多いだろう。このような生育環境の違いが第一子と第二子との性格の違いを生み出すのである。

　依田（1990）は出生順位と性格との関連に注目し，3人きょうだいの場合の長子，末子，中間子の性格特徴を調査している（表10-3, 10-4, 10-5参照）。これを見ると，出生順位によってそれぞれ独特な性格が形成されていることがわかる。長子的性格は，控えめ，慎重，親切，わがままである。末子的性格は甘えん坊，依存的，社交的であ

第10章 ── 性　格

表 10-3　3人きょうだいの長子的性格（1984年調査）（依田，1990, p.73）

自分の用事を平気で人に押しつけたり，頼んだりする
欲しい物でも遠慮してしまう
しごとをするとき，ていねいに失敗のないようにする
面倒なことは，なるべくしないようにする
お父さんによく叱られる
何かするときに，人の迷惑になるかどうかよく考える

表 10-4　3人きょうだいの末子的性格（1984年調査）（依田，1990, p.73）

お父さんにいつも甘ったれる
お母さんに告げ口をする
少しでも困ることがあると，人に頼ろうとする
人にほめられたりすると，すぐお調子に乗ってしまう
お母さんにいつも甘ったれる
とてもやきもちやき
外へ出て遊んだり，騒いだりするのが好き
すぐ「ぼく（私）知っている」などといって，何でも知っているふりをする
お父さんに告げ口をする

表 10-5　3人きょうだいの中間子的性格（1984年調査）（依田，1990, p.73）

よく考えないうちにしごとを始めて，失敗することが多い
面倒がらないでしごとを一生懸命にする
気に入らないと，すぐ黙りこむ

る。また，中間子的性格は，軽率，自己中心的，責任感が強い。依田によると，長子と中間子とでは性格が類似しているところが多く，長子と末子にはそれぞれ独特な性格特徴がみられる。

(3) 青年期以降の性格の形成
　性格の大部分は児童期までに形成されると考えるのが妥当であろう。しかし，私たちは，青年期以降に幼少の頃とは性格が変わったと実感することもある。それには，青年期以降の心理的な発達が関係している。
①青年期の性格の形成
　エリクソン（Erickson, E. H., 1959）は青年期を「アイデンティティ確立」の時期としている。「アイデンティティの確立」とは，青年期以前に親の世代から与えられ

た価値観を自分自身が正しいと信じる価値観へと作り替えることである。青年期の個人は，まず親の世代から与えられた価値観が正しいかどうか，自分にふさわしいものかどうかを批判的にみる。これが「アイデンティティの危機」である。その後に，自分が好ましいと思う他者と自分を重ね合わせたりしながら，最終的に自分自身が正しいと信じる価値観を作り出す。個人は，この価値観に沿った方向で自分の人生を進めていこうと試みる。つまり，青年期とは，自分がどのような人間になるべきかを決定し，人生の方向性を決定する時期ともいえる。

この「アイデンティティの確立」にいたる過程の中で，個人は，他者との比較などを通して，自分自身を客観的に顧みて，自分で好ましくない性格を自分の望むものに変えようと努力することがある。自分の理想像が積極的で自律的な性格の持ち主であるのに，実際の自分は消極的で依存的であるとする。そのような場合，努力によって自分の好ましくない面を克服し性格を自ら変えることもあり得る。青年期の性格の形成は，児童期までのものと比べると自発的な努力によって行われるものといえる。このような性格の形成を，詫摩（2003）は，自己形成によるものと呼んでいる。

②成人期以降の性格の形成

岡本（1997）によると，30歳代後半から60歳頃にかけての中年期において，個人は身体や職場・家庭の状況に大きな変化を経験することが多い。体力が衰えてきた，職場において管理職になった，子どもが家を出てひとり暮らしを始めた，老いた親の介護をするようになったなどの変化である。これらの変化に伴って，中年期の個人は，自分自身がそれまでにもっていたアイデンティティをとらえ直すという大きな転機（アイデンティティの危機）に遭遇する。

たとえば，20歳代から自信をもって仕事に邁進してきたが，40歳代になって管理職に昇進してからは自分が思うように仕事をこなせないことが増え，「仕事が自分のすべて」だとの信念が揺らぎ，仕事以外の生きがいを探すようになったなどという場合がこれに相当するであろう。このような場合，それまでは成果主義的で激しい性格だったという人が，穏やかになるということもあろう。

また，老年期には退職という大きな転機がある。これに伴って，中年期と同様に性格の変化が生じるということもある。

③一回性の要因

ここまで述べてきた性格形成に影響を及ぼす要因は，ある程度の時間持続的な影響を及ぼし続けるものである。ところが，災害や恋人との別れ，家族の死など偶発的な出来事，つまり一回きり生じた出来事の影響によっても，個人の性格は変化する（詫摩，2003）。たとえば，それまで楽観的な性格だったのが，不意に災害に遭遇したことで変わったということもあろう。2011年に発生した東日本大震災という大災害を経験したことで，自分の性格のある部分が大きく変容したという人は少なからずいる

第10章 ── 性　格

のではないだろうか。また，ある映画を見たことで深い感銘を受け，その感動がその後の性格形成に大きく影響したという場合も，一回性の要因が性格形成に影響を及ぼした例である。

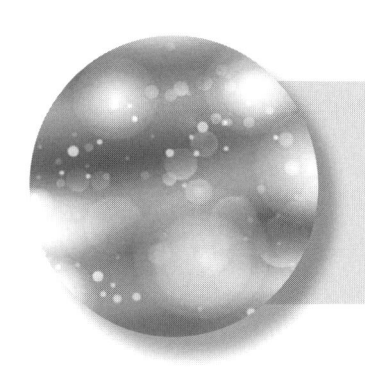

第11章 適応とストレス

● 第1節 適　応

1. 適応の概念

　適応（adjustment）という言葉は，元来は生物学の概念である。意識的・無意識的にかかわらず，個体が環境に対して自らの行動や構造を調整し変化させることで，自己を存続させ発展させて，環境との関係が調和的になることをいう（斉藤，1999）。

　環境は自然環境でも社会的-心理的環境でも，たえまなく変化しており，人は大なり小なりその変化に合わせて生きている。したがって，人は環境に合わせて受動的に行動する場合もあるし，環境を変えるために能動的に行動する場合もある。この受動・能動の両面が適応であり，人はよりよく環境に適応しようとして課題を解決したり，学習したりする。また，一時的な適応の場合も，時間的な変化の中で適応していく場合もある。

2. 生理的適応と心理－社会的適応

　生理的な適応の例として，ホメオスタシス（homeostasis，恒常性の維持）がある。たとえば，恒温動物である人間は，外的な気温の変化に応じて，熱いときには汗腺を開き，汗を出して体温を下げ，寒いときには身震いすることによって筋肉を動かして体温を上げて，身体の温度を一定に保とうとする。私たちの身体では，このように気温の変化に応じて体温調節が行われているが，これは気温に適応している例である。

　また，社会的存在である人間は，生理的適応だけでなく，個人にとって重要な社会的－心理的環境である家族，友人，学校，職場，地域，社会的規範などといかに調和的，安定的に関わるかが社会生活の大きな課題となる。その個人がどのように環境の状態や変化をとらえ，どのように環境に働きかけるかによって，うまく適応できるか否かが変ってくる。

3. 外的適応と内的適応

社会的－心理的適応には，個人が他者や社会から受け入れられ認められている，という外的適応と，個人が自身の基準で自己を認め受容する，という内的適応がある。自己の欲求を一方的に主張し満足していても，他者との調和を欠き，他者が困ったり問題視したりしている場合は外的適応に欠けているといえる。また，一見円滑な人間関係であっても，他者に合わせるためにいつも我慢し，自分を抑えて不満や苦痛を感じている場合や，他者の顔色を窺っておどおどしている状態などは，内的適応に欠けているといえる。どちらも外的適応と内的適応が大きくずれており，不適応（maladjustment）の状態である。

他者と調和しながら自己の欲求を満たし，自他の価値を認めて生きていくためには内的適応と外的適応のバランスが必要になる。

4. 適応機制

自己の欲求はいつも満足させることができるわけではなく，欲求を阻止されると個人に欲求不満（フラストレーション，frustration）が生じる。欲求不満による心的緊張を合理的手段で解決できないときに，心を安定させ，自我を守るための一種のショック・アブソーバー（衝撃吸収材）としての機能を果たし，現実に適応しようとして無意識的に用いられるものが適応機制である。自我を防衛しようとする働きであるため，自我防衛機制とも言われる。適応機制（自我防衛機制）について，詳しくは第6章で示している。

● 第2節　ストレス

不適応の要因の一つにストレスがある。第2節ではストレスがどのように適応に影響を与えるかをみていく。

1. ストレスと適応
(1) ストレスという用語

「友だち関係がうまくいかなくなったことでストレスを感じている」とか「やらねばならない課題がたくさんあってストレスだ」というように，ストレスという言葉は日常生活でもよく使われる。

ストレス（stress）という語は，もともとは工学系の用語であり，圧力や圧迫などをさし，歪を起こす力を意味していた。最初に，ストレスを身体の反応という概念で使ったのはセリエ（Selye, H., 1936）である。セリエは，内分泌を研究する生理学者であったが，環境からの有害な刺激により生体（人間を含む動物）に歪みが生じ，ホ

メオスタシスが崩れることによって，神経系や内分泌系に様々な生理的反応がみられることを見出した。セリエは，これらの反応は環境の中で生命を維持しようとして起こった適応であるとして，汎適応症候群（General Adaptation Syndrome: GAS）と名づけた。生理的反応には，①副腎皮質の肥大，②胸腺・リンパ節・脾臓の委縮，③十二指腸の出血と潰瘍化の3つがある。

　セリエは，環境に抵抗しようとする生体の状態をストレス状態と呼び，汎適応症候群を引き起こす有害な刺激をストレッサー（stressor）と呼んだ。現在では，心身の安全を脅かす環境や刺激，つまりストレス反応を引き起こすあらゆる刺激をストレッサー，環境や刺激に対応する心身の諸機能・諸器官の働きをストレス対処，対応した結果としての心身の状態をストレス反応と呼んでいる。しかし，一般にはストレッサーとストレス反応を厳密に区別することなくストレスと呼んでいることが多い。

(2) ストレッサーと汎適応症候群

　セリエは，生体がストレッサーに継続的にさらされた場合の汎適応症候群の状態を時間経過によって3つの段階に分けて説明した。

①警告反応期

　この時期は，ストレッサーが生体に取り込まれたことに対する警告反応の時期であり，ショック相と反ショック相がある。ストレッサーによりショックを受ける（ショック相）と，体温・血圧・血糖値の低下，白血球・リンパ球の減少，筋緊張の低下などが起こる。しかし，それに対する防衛反応として反ショック相に転じると，交感神経が活性化し，副腎皮質からアドレナリンやノルアドレナリンが放出されて，身体は緊張し，戦うか逃げるかするための準備を行い（第2章参照），体温・血圧・血糖値の上昇，白血球・リンパ球の増加，筋緊張などがみられるようになる。

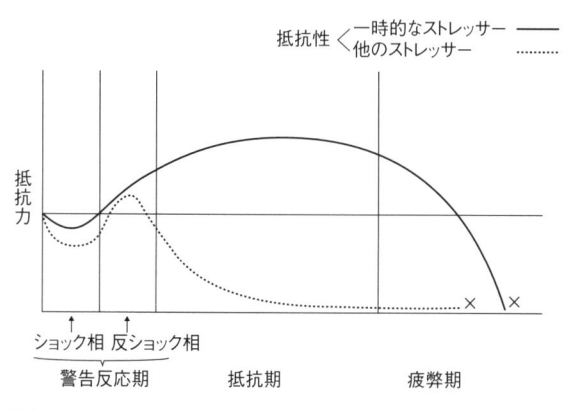

図 11-1　ストレッサーの継続と汎適応症候群（原，1999，p.128）

第11章 —— 適応とストレス

②抵抗期

その後もストレッサーが継続する場合には，反ショック相の身体状態はさらに強化される。これが抵抗期である。この時期には自律神経系やホルモン系のアンバランスが生じながらも，継続中のストレッサーに対して抵抗することで適応状態を保持できているが，新たに別種のストレッサーが取り込まれると，新たなストレッサーには抵抗しきれず，十分に適応できなくなる（図11-1 破線部分）。

③疲憊（疲弊）期

なおもストレッサーが継続し続けると，適応状態を維持することができず，生体はしだいに抵抗力が弱まり，衰弱状態になる。いわゆる"へとへと"の状態になる。生理的にはショック相と同じ状態になり，副腎皮質の肥大による血圧上昇，胸腺・リンパ腺の縮小による免疫力低下などから病気に罹りやすくなり，場合によっては死にいたる。

ストレスはすべて悪いものというわけではない。現実にまったくストレスのない生活はほとんどありえないし（気温や何らかの痛みや感情の揺れ動きなど），まったくストレスのない生活が個人にとって幸福かどうかは疑問である。セリエ（1983）はストレスの質については，生体にとって良いストレス（eustress）と悪いストレス（distress），量については，過剰なストレス（over-stress）と寡少なストレス（under-stress）に分けている（図11-2）。質・量ともに適度なストレスがあることで，人は抵抗力や筋力を伸ばすことができる。しかし，適度なストレスの質や量はどの程度であるのかは個人によって異なる。たとえば，日常，身体を鍛えている人には軽い運動となるよいストレスであっても，日常ほとんど運動しない脆弱な人にとっては，同じ強度や量の運動が障害を起こすほどの過剰な悪いストレスとなることもある。

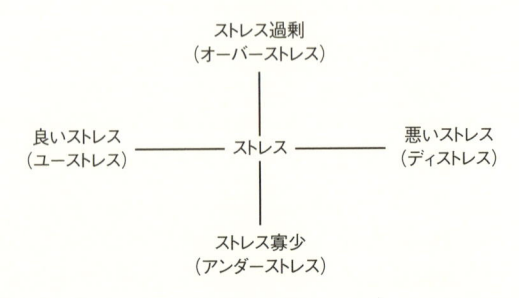

図 11-2　ストレスの4つの基本形（Selye, H. A., 1983, p.18)

2. ストレッサーの種類

個人に影響を与えるストレッサーにはどのようなものがあるだろうか。日常的なストレッサーには次の4種類が考えられる。

- 物理的ストレッサー…暑さ，寒さ，光，音，痛覚刺激など
- 化学的ストレッサー…薬物，有害な化学物質，酸素の欠乏，栄養不足など
- 生物的ストレッサー…ウイルス，細菌，カビ，炎症など
- 心理的ストレッサー…緊張，怒り，憎しみ，人間関係のトラブル，貧困，近親者との別れなど

日常生活で経験する心理的ストレッサーと疾患の発症の関係について研究したのが，ホルムズとレイ（Holmes, T. H. & Lahe, R. H., 1967）である。彼らは社会的再適応評価尺度（SRRS）（表11-1）を作成し，生活体験上の出来事によって変化した生活環境にうまく適応できない場合には，疾患発症の危険性が高まるとした。一見すると望ましい出来事であっても，環境への適応には努力やエネルギーが必要であるし，環境

表11-1 社会的再適応評価尺度（Holmes, T. H. & Lahe, R. H., 1967, p.216）

順位	ライフイベント	ストレス値	順位	ライフイベント	ストレス値
1	配偶者の死	100	23	息子や娘が家を離れる	29
2	離婚	73	24	姻戚とのトラブル	29
3	夫婦別居生活	65	25	個人的な輝かしい成功	28
4	拘留，または刑務所入り	63	26	妻の就職や退職	26
5	肉親の死	63	27	就学・卒業・退学	26
6	自分の病気や傷害	53	28	生活条件の変化	25
7	結婚	50	29	個人的な習慣の変更	24
8	失業	47	30	上司とのトラブル	23
9	夫婦の和解調停	45	31	仕事時間や仕事条件の変化	20
10	退職	45	32	住居の変更	20
11	家族の病気	44	33	学校をかわる	20
12	妊娠	40	34	レクリエーションの変化	19
13	性的障害	39	35	教会活動の変化	19
14	新たな家族成員の増加	39	36	社会活動の変化	18
15	職業上の再適応	39	37	約1万ドル以下の借金	17
16	経済状態の変化	38	38	睡眠習慣の変化	16
17	親友の死	37	39	親戚づき合いの回数の変化	15
18	転職	36	40	食習慣の変化	15
19	配偶者との口論の回数の変化	35	41	休暇	13
20	約1万ドル以上の借金	31	42	クリスマス	12
21	担保，貸付金の損失	30	43	ささいな違法行為	11
22	仕事上の責任の変化	29			

が変化するほど個人の努力やエネルギーが必要だととらえていた。

　しかし，同じ出来事であっても，環境の変化の受け止め方（認知的評価）や，適応するための努力やエネルギー，対処（コーピング）の個人差によっても心理的ストレッサーの影響は変わってくる。たとえば，「配偶者の死」についていえば，深く愛し合っていた夫婦と，相手を大切に思うことができず形だけであった夫婦とでは，受ける打撃が大きく異なる。社会的再適応評価尺度には個人差の問題が含まれておらず，さらに異なった視点が必要であろう。

3. 認知的評価とコーピング

　ホルムズらが評価したライフイベントだけでなく，友人との意見の食い違いなどの日常の些細な出来事であっても，本人にとっては大きなストレッサーになりうる。

　ラザルスとフォルクマン（Lazarus, L. S. & Folkman, S., 1984）は日常の環境と人との関係に注目した。彼らはストレスを，個人のもつ資源（resource, 目的のために利用できる物資や人材）に負担をかけたり，個人のもっている資源を超えたり，個人の幸福を危機にさらしたりすると評価されるものととらえた。そして，出来事をどのように受け止めるか，というストレスの認知的要因に注目した（図11-3参照）。

(1) 認知的評価

　ラザルスらは認知的評価を，最初に行う一次的評価とそれに引き続く二次的評価に分けて考えた。

①一次的評価

　一次的評価は，無関係，無害－肯定的，ストレスフルに区分される。自分の価値や幸福などに影響があるか，自分にとって重要か，の評価によってストレスは変わってくる。

- **無関係**　その出来事が個人の幸福や健康にとって特に意味をもたない，無関係なものである場合の評価である。たとえば，友人の親戚が家を改築した話を聞いたところで，個人的には健康や幸福に特段の問題にはならない。
- **無害－肯定的**　その出来事や環境が少なくとも害がなく，自分にとって良好であり，さらにそれを強化したいと思うような，喜びや幸福感といった肯定的な感情を伴う場合の評価を無害－肯定的評価という。たとえば，自分の仕事ぶりを上司に褒められた，というような経験である。褒められることは多くの人にとって喜びと感じるであろうし，自分を認めてもらったという思いはさらにやる気を引き起こす。
- **ストレスフル**　自分の安全や幸福が脅かされる，と判断される場合の評価である。自分が大切だと思う試験に落ちてしまった場合の「害－損失」，このままでは試

験に落ちそうと思う場合の「脅威」，この試験に合格すればチャンスが開けると期待している場合の「挑戦」がある。試験に合格してチャンスが開ける一方で，不合格であれば周囲の自分への評価が下がるだろうと感じている場合には「挑戦」でもあり「脅威」でもある。このように，どう認知するかによって評価は異なり，同時に二つの評価がなされることもある。評価には，自分がそれを克服できると思える自己効力感（self efficacy）の有無が影響を与える。

②二次的評価

　一次的評価に基づいて，その状況をどのようにとらえ，理解し，取り組むか，を検討する評価である。パーソナリティや個人の資源，過去の経験，環境における手がかりなどによって，いつ，何を，どのように，といった方略だけでなく，何が有効か，最悪の場合は何が起こるかなどを検討する評価である。この検討の結果，自分は今後どのようなコーピング（対処）を行うか，を選択する。また，自分は何とかうまくできると評価できるか否かで，一次的評価は変わってくる。自分はうまくできないと評価すると，ストレスフルになるし，自分は何とかできると評価すると，無害-肯定的な評価になる。このように二次評価によっても一次評価は影響を受けるのである。

　これらの認知的評価は，意識的に行われる場合もあるし，無意識的に行われる場合もある。過去に経験した状況でどのような結果を得たかによっても，認知的評価は異なってくる。ラザルスらは，個人がどのようにストレス状態に対してコーピングするかによっても認知的評価は異なると考えた。

　では，次にコーピングについて見ていくことにする。

(2) コーピング

　ストレスフルな状況において，心理的に傷つくことから自分を守るために，状況を自分なりに処理，操作しようとして行う認知的・行動的対処を，コーピング（coping）という。コーピングは，問題をうまく処理するという意味の cope から派生している。

　ラザルスらはコーピングを，決まったスタイルや特性ではなく，状況によって変化する動的なプロセスであるととらえた。コーピングは意識的に行うものであって，無意識的に行われる適応機制とは異なる。コーピングによってストレス反応を有効に低減させることができなければ，ストレス反応が長期間継続して，ストレス性の疾患が発症することになる。

　ラザルスらの分類によればコーピングには，問題解決に焦点を当てるか，不快な感情を変えることに焦点を当てるか，という焦点の置き方の違いによる2種類がある。

①問題焦点型コーピング

　ストレッサーやストレス状況そのものを具体的に変化させようとするコーピングを問題焦点型コーピングという。問題解決に向けて情報を集め，問題解決やストレス状

第11章 ── 適応とストレス

況を変えるための方法を考え，問題解決のための計画を立て，具体的に行動する，問題状況の意味を問い直したり距離を置いたりして考える，などを含んでいる。たとえば，難しい試験を受けるために問題の傾向を知り，対策を立て，少しずつ計画的に勉強して合格を目指すというコーピングである。

②情動焦点型コーピング

ストレスの結果として生じた不快な情動を変化させようとするコーピングが情動焦点型コーピングである。不快な情報を遮断したり，必要なソーシャルサポートを求めたり，怒りや不安などの感情を発散したり，抑圧したりすることなどを含んでいる。

難しい試験のことを考えると気が滅入ってくるので，勉強しなければならないができるだけ考えないようにする，他のことで気を紛らわせる，などがこの例である。なお，適応機制（自我防衛機制）も，無意識的に行う認知的レベルにおける情動焦点型コーピングの一部と考えられる。

また，コーピングを行う際に，個人がどのような心理的・社会的な資源（resource）をもっているか，によってもコーピングが変る。具体的な資源としては，健康，エネルギー，知的な能力，問題解決のスキル，ソーシャルスキル，ポジティブな信念，ソーシャルサポート，資金などがあげられる。ソーシャルサポートとは，家族や友人，隣人など，ある個人を取り巻く様々な人からの有形・無形の援助であるが，ソーシャルサポートの種類（家族によるか友人によるか），ソーシャルサポートの質（親密性）や広がり，サポートを得る可能性，サポートの経験，ストレスの種類，個人の属性（性別，年齢，パーソナリティなど）によっても，コーピング資源としてのソーシャルサポートの意味が異なる。カプラン（Caplan, G., 1974）のソーシャルサポートと健康状態との関連をみた研究では，支援的な対人関係に恵まれて様々な心理的・物理

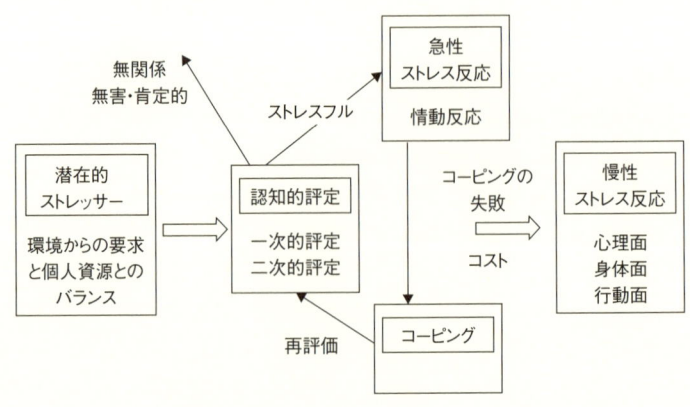

図11-3 心理学的ストレスモデルの概要（大塚，2002，p.104）

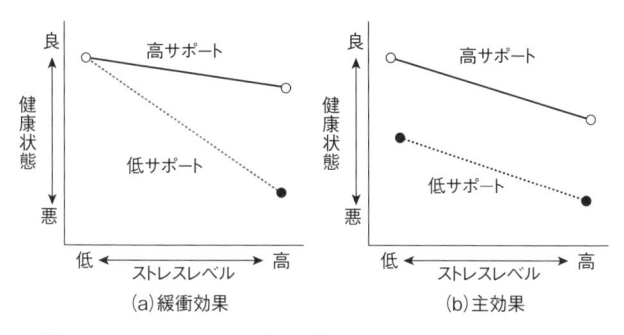

図 11-4　ソーシャルサポートとストレス（嶋，2004, p.156）

的サポートを得ることができる高サポートの人は，低サポートの人に比べて健康状態が悪化しにくかった。図11-4のように，ストレスレベルが低い場合は高サポートの人も低サポートの人も健康状態にあまり変わりはないが，ストレスレベルが高くなると，低サポートの人は健康状態が悪化しやすかった（緩衝効果）。また，ストレスの高低にかかわらず高サポートの人は健康状態が良好であった（主効果）。さらに，十分なソーシャルサポートがあれば，ストレスフルな出来事を防いだり，心理的な適応状態を高めたりすることができた。

どのようなコーピングを行うかは個人のパーソナリティが大きく影響する（パーソナリティについては第10章参照）。また，認知やコーピングは個人の置かれた状況によっても異なる。様々なことが細かく気になる人は不安が強くなり，ストレスフルと認知しやすく，不安が強くない人であっても嫌なことや辛いことが続いたときには，ストレスフルと認知しやすくなる。また，情動焦点型のコーピングによって辛い状況から一時距離を置くことで，問題に正面から取り組む問題焦点型のコーピングを行うためのエネルギーを充電できる。このように，個人は自分のパーソナリティに基づき，認知的評価やコーピングを状況に合わせて使い分けながら適応しようとするのである。

第3節　ストレスと不適応

図11-3のように，コーピングが成功しない場合には不適応やストレスによる身体疾患，障害が起こる。その例として，心身症，ストレス障害についてみていく。

1. ストレスと心身症
(1) 心身症のメカニズム

ストレッサーが視床下部で感知され脳下垂体へと伝わると，視床下部－脳下垂体－

第11章 —— 適応とストレス

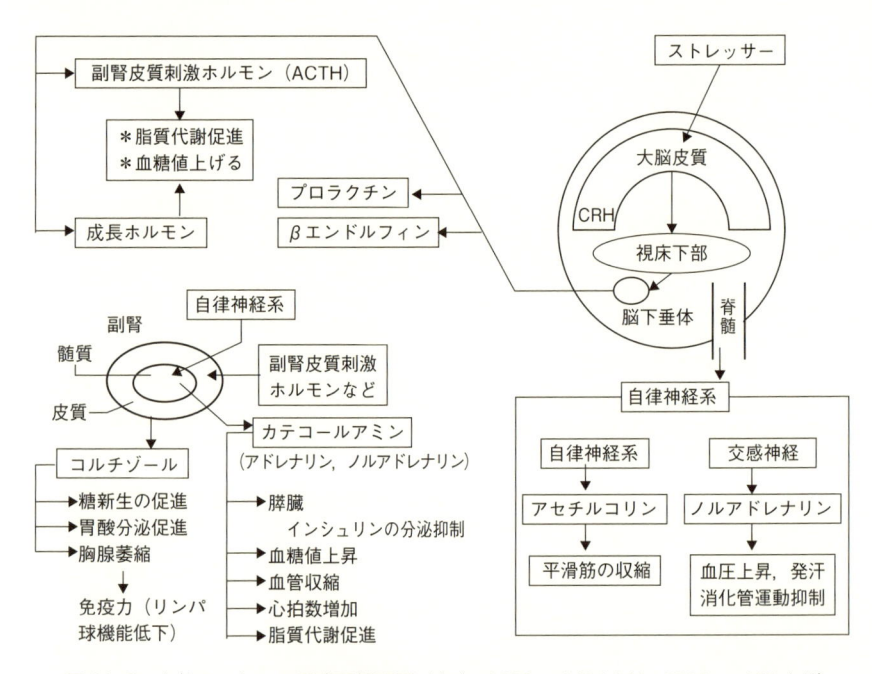

図11-5 人体のストレス反応系概要図（森本，1999, p.142／小杉，2002, p.125より）

　副腎系の反応により，副腎皮質刺激ホルモン（ACTH）の分泌が増加する。これによりアドレナリンや副腎皮質ホルモンの分泌が促進され，副腎からコルチゾールが放出されてコルチゾールによるストレスに対する免疫機能低下，血糖値上昇，脂質代謝促進，血圧上昇，消化管運動抑制，平滑筋の収縮など身体の様々な生理的反応が起こる（図11-5）。これは前にも述べたように，生体が逃げるか戦うかするための生理的反応である。この状態が続いた結果として起こるストレス性の疾患の一つが心身症である。心身症はストレスを自覚しない人にも発症する。自分の感情を認知したり表現したりできず，緊張の持続によって心身症に至ってしまうのである。
　心身症の治療は，まず，身体疾患の疾患に応じた専門的治療を行うことが中心になる。それとともに，薬物療法や認知行動療法，リラクセーション法などが使われることが多い。ストレスによって生起したり悪化したりする疾患は，元来その個人がもっている脆弱な部分に現れやすい。たとえば，もともと胃が弱い人は他の臓器よりも胃がストレスの影響を受けやすくなる。ストレスが影響を与える疾患は表11-2のように広範囲にわたる。

表11-2 心身症に含まれる疾患の例（成田，2004, p.774）

循環器系	本態性高血圧，本態性低血圧，心臓神経症，一部の不整脈，狭心症など
呼吸器系	気管支喘息，過呼吸症候群，神経性咳嗽　ほか
消化器系	消化性潰瘍，消化性大腸炎，過敏性大腸症候群，神経性無食欲症，神経性嘔吐症，空気嚥下症　ほか
内分泌代謝系	甲状腺機能亢進症，肥満症，糖尿病　ほか
神経系	偏頭痛，緊張性頭痛，痙性斜頸，自律神経失調症　ほか
泌尿器系	夜尿症，過敏性膀胱，神経性頻尿，インポテンツ　ほか
骨筋肉系	慢性関節リウマチ，書痙，チック，頸腕症候群　ほか
皮膚系	慢性蕁麻疹，円形脱毛症，抜毛症，アトピー性皮膚炎，慢性湿疹　ほか
耳鼻咽喉科領域	メニエル症候群，耳鳴り，失声，乗り物酔い　ほか
眼科領域	緑内障，眼精疲労，心因性視力障害，眼瞼痙攣　ほか
産婦人科領域	月経困難症，月経異常，更年期障害，不妊症　ほか
小児科領域	起立性失調障害，夜驚症，心因性発熱，再発性腹痛　ほか
口腔領域	突発性舌痛症，義歯神経症，口臭症　ほか

(2) パーソナリティとの関連

　ストレスはまたパーソナリティによっても変わる。ストレスとパーソナリティの関連について言及したのがフリードマンとローゼンマン（Friedman, M. & Rosenman, R. H., 1974）である。医療ビル内で心臓専門のクリニックを開いていた彼らは，家具職人から，他のクリニックのソファよりも早くソファが擦り切れ，短いサイクルでの修理が必要になっているという話を聞き，患者のパーソナリティを調べた。その結果，心臓の冠状動脈疾患と特定のパーソナリティが関わっていることがわかった。心臓疾患をもつ人は，競争心や達成欲求が強く，野心的，攻撃的で，仕事をバリバリこなす仕事人間であり，いつも時間に急き立てられているような感じで，クリニックの待合室でもソファに前のめりに座ったり，貧乏ゆすりをして落ち着きのないパーソナリティの人が多かった。彼らはこのタイプを便宜的にタイプA，そしてそれと反対の，競争心が少なく，落ち着いていて，マイペースで，プライベートを重視するタイプをタイプBと呼んだ。さらに調査すると，都会に住むアメリカ人のうち50％がタイプAであった。また，数年にわたる追跡調査では，タイプAはタイプBより3倍近く心臓疾患にかかりやすく，高コレステロール，高血圧を示した。

　タイプAは自らストレスの多い生活を選び，ストレスの多い状態であっても，あまり自覚せずに過ごす傾向があった。また，ストレスに対して交感神経優位の反応である血圧上昇や脈拍増大などが現れやすく，それが循環器系への負荷となって，冠状動脈疾患に罹りやすかった。アメリカで行われている冠状動脈疾患と関係する心筋梗

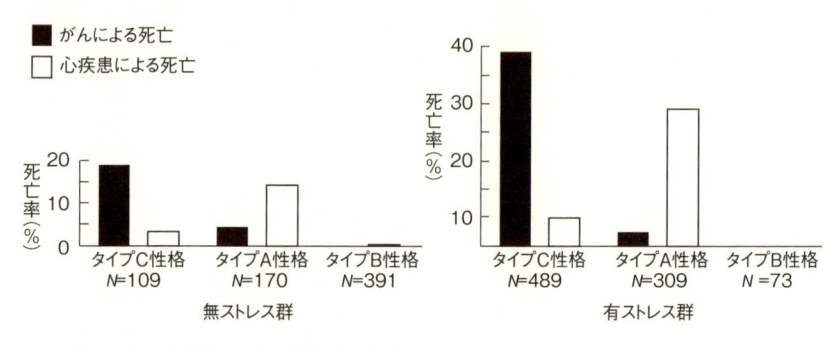

図 11-6　性格タイプと疾患死亡率 (Eysenck, H. J., 1991, p.113 より一部改変)

塞の予防プログラムでは，タイプAの心理特性の中でも特に敵意と怒りの感情の抑圧が最も危険であると考えられている（野村，1999）。

癌もまたパーソナリティと関連するという，アイゼンク（Eysenck, H. J., 1991）の調査もある。多くの癌患者は発症の前に大切に思うものを失くして喪失感を経験しており，自分の怒りの感情に気づかず，悲しみや不安などのネガティブな感情を表現できず，人づきあいにおいては忍耐強く，権威に対しても従順であり，気を遣いすぎ，他人の要求を満たそうとして自分は我慢するパーソナリティの持ち主だった。このようなタイプをタイプCと呼んでいる。タイプAやタイプBが便宜的なAやBであったのに対し，タイプCのCは癌（cancer）に由来する。図11-6のように，ストレスがある場合には，タイプAもタイプCも死亡率がほぼ倍になっている。

2. ストレス障害

死や重症を負うような出来事を経験したり，自分または他人が身体の危険が迫っていることを体験・目撃または直面したりして，強い恐怖や無力感・戦慄などの反応がみられるような外傷的出来事にさらされた場合に起こる障害をストレス障害という。

ストレス体験の4週間以内に現れ，2日以上かつ4週間以内の範囲で症状が持続した場合を急性ストレス障害（Acute Stress Disorder: ASD），4週間以上続く場合を外傷後ストレス障害（Posttraumatic Stress Disorder: PTSD）という（DSM-5）。

これらの経験は，戦争や災害や事件・事故などによって引き起こされるが，強い恐怖や衝撃・ストレスは心の傷（トラウマ：trauma）となって発達への悪影響や，日常生活に障害を与えることがある。アメリカでヴェトナム戦争帰還兵にこれらの症状がみられたことから有名になった。特徴的な症状には次のようなものがある。

● **再体験症状**　体験した出来事を繰り返し思い出したり悪夢を見たりする，体験し

た出来事がそのまま目の前で起きているかのように生々しい感覚が突然によみがえったり（フラッシュバック等），今まさに体験しているような行動をしたりすることを再体験症状という。このため，激しく情緒を揺さぶられ，恐怖状態や不安状態が続くことになり，社会生活が営めなくなる。安全なはずの場にいても悲惨な出来事が突然によみがえることで恐怖におびえてパニック状態になったり，いない相手を攻撃しようとしたりする。
- 回避症状　体験を連想させるものの話題を避けようとしたり，体験した出来事がボーっとしていて思い出せなかったり，他の人から孤立していると感じたり，人を愛する感情をもてなかったりするなどの記憶や意識の障害がおこる。
- 覚醒亢進症状　感情や緊張が高まる症状であり，よく眠れない，イライラする，怒りを爆発させる，落ち着かない，集中できない，警戒心が異常に強くなる，過剰に驚くなどの症状がみられる。

　その出来事が発生した月日になると，治まっていた症状が再燃する，アニバーサリー効果（アニバーサリー反応）がみられることもある。子どもの場合は年齢が幼いほど，心理的な症状とともに身体症状が現れやすい。また，ストレスの引き金となった場面を再現するような遊びをしたり，はっきりとした内容のない恐ろしい夢を見たり，恐怖感を訴えることなく興奮や混乱を表すことがある（National Child Traumatic Stress Network and National Center of PTSD, 2006）。
　これらの症状は，激しいストレスを受けた人の誰にでも起こりうるが，どの程度の影響・障害を受けるかは個人の心理的・身体的特性だけでなく，社会的支援の有無によっても異なる。そのため，ストレスによって心が傷ついた人に対しては，早急に苦痛を軽減し，短期・長期にわたる適応と対処行動ができるよう，その人のペースで本人に負担をかけず回復力を促進するような心の支援が求められる。

第4節　ストレス・マネジメント

　坂野（1999）によれば，様々なストレスに対し不適応の予防という観点からストレスを管理しようとするのがストレス・マネジメントである。ストレスとならない状態を作るために成人を対象として臨床場面や職場で行われてきたが，学校教育の場面でも行われるようになってきている。
　ストレス・マネジメントは，不安や不安に関する様々な症状，ストレス性の反応や怒り，頭痛，痛みに対して行われる。学校教育では不登校などの学校不適応に効果が得られている。
　方法としては，行動療法で使われる技法のリラクセーション法，バイオフィードバ

第11章 —— 適応とストレス

ック法，認知的技法，行動修正法，セルフモニタリング法，ソーシャルスキルトレーニング，自己教示法などを中心として，運動，家族への介入，カウンセリング等を組み合わせて実施されている。学校教育の場面では，ソーシャルスキルトレーニングやセルフエフィカシーの向上を中心としたストレス・マネジメント，リラクセーション法，メンタルトレーニングが行われている。

　ストレス状態からリラックス状態への生理的変化の特徴には，①心拍が緩やかになり血圧が正常化する，②呼吸が緩やかになり規則正しくなる，③筋肉が緩みリラックスする，④意識が落ち着き静寂になるが同時に明瞭で焦点のあるものになる，などがあげられる。これらは相互に関連しており，どれか一つを変えることで他も変わる。

　中西（2003）は様々なストレス・マネジメントについて図11-7のようにまとめ，Phase①を対症療法，First aidとして用いられるもの，Phase②を個人がスキルとして獲得できるもの，Phase③を単なるスキルを超えたものとしている。

　Phase①で見ると，腹式呼吸で深い呼吸によって心拍が緩やかになれば，緊張が緩んで筋肉も緩み，自律神経系のバランスが整い，身体器官のバランスも整う。体調がよく，ゆったりしたなかではポジティブ・イメージが作りやすくなり，自己に対して

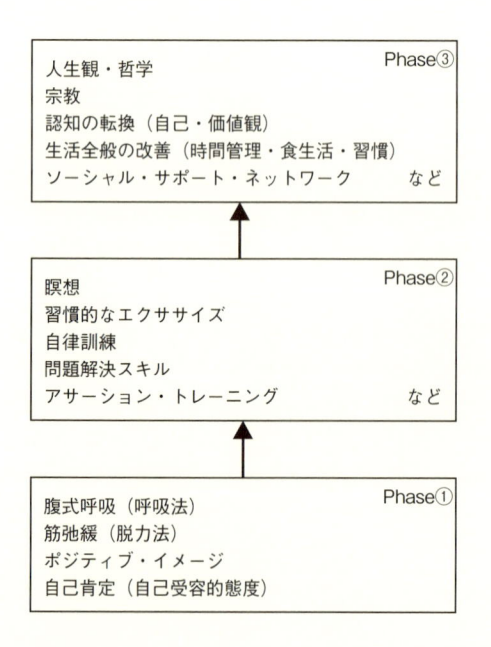

```
┌─────────────────────────────────┐
│ 人生観・哲学             Phase③ │
│ 宗教                             │
│ 認知の転換（自己・価値観）       │
│ 生活全般の改善（時間管理・食生活・習慣）│
│ ソーシャル・サポート・ネットワーク　など │
└─────────────────────────────────┘
              ▲
┌─────────────────────────────────┐
│ 瞑想                    Phase②  │
│ 習慣的なエクササイズ             │
│ 自律訓練                         │
│ 問題解決スキル                   │
│ アサーション・トレーニング　など │
└─────────────────────────────────┘
              ▲
┌─────────────────────────────────┐
│ 腹式呼吸（呼吸法）      Phase①  │
│ 筋弛緩（脱力法）                 │
│ ポジティブ・イメージ             │
│ 自己肯定（自己受容的態度）       │
└─────────────────────────────────┘
```

図11-7　ストレス・マネジメントの3階層（中西，2003, p.174）

も肯定的になり，成功する姿を思い描くことができることにつながる。愛や希望，自信は，また心を活性化させ，心の状態と関連する身体状態にも影響を与える。

　これらを可能にする方法には，Phase ②のように，身体に働きかけるエクササイズや運動，心に働きかける瞑想や，アサーション（爽やかな自己主張）などの考え方やスキルがある。

　また Phase ③のように，リフレッシュできる生活や信頼できる人間関係の要因があり，低い自己評価や完璧主義からの認知の転換を行うためのカウンセリングや人生哲学などの要因がある。

第5節　適応的な生き方

　人は，よりよく生きようとして社会の中で身体と心を使って活動している，身体的・心理的・社会的な存在である。内的にも外的にも適応している場合は心身ともに良好な状態であり，健康な状態であるといえる。WHO（World Health Organization, 世界保健機関）の憲章前文では健康の概念を「単に病気や虚弱でないというだけでなく身体的・精神的ならびに社会的に真に健やかな状態（well-being）」としている。しかし，WHO の定義のように真に健やかな状態というのは現実にはなかなか難しい。人は様々な環境との関わりや内因的な要因で病を得ることも障害をもつこともある。また心が屈することもある。WHO の定義は理想的な姿であって，現実の多くの人は個人と環境の関わりのなかで多少の歪みを抱えつつ，何とか自分が健康だと思う範疇にいる，というのが多くの実態である。

　精神的な健康とは悩みや苦しみが全然ない状態ではない。生きている以上は様々な問題や不都合が起こる。身体の不調や障害があっても，社会に適応して自分の人生を自分のものとしていきいきと生きている人は，精神的・社会的に健康だといえるだろう。その一方で，身体的には問題がなく，世渡り上手で，社会的に成功しているように見えても，それが表面的なもので自分の人生に生きがいを見出すことができずにいる人は，精神的・社会的に健康だとはいえない。

　人生の終わりはすべての人にやってくるが，それがいつかはわからない。病気などで死に直面しないうちは，明日も人生が続くであろうと思い込んで日々を生きているが，限られた命の中で，どのように人生に意味を見出し，周囲の人に受け入れられたり働きかけたりしながら自分らしく生きることができるかは個人に因っている。

　適応的な生き方とは，周囲の人との良好な関係を作っていくだけではなく，様々な問題はあっても，変化する環境に柔軟に合わせ，働きかけ，ときには悩み苦しみながらも，自己を肥大化させたり矮小化させたりせずにそれを受け入れ，他者の価値ではなく自分の価値で自分らしさを発揮して生きていく生き方であるといえる。

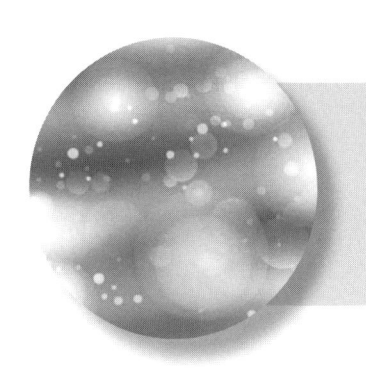

第12章　発達障害

● 第1節　発達障害とは

　発達障害（Developmental Disability，または Developmental Disorder）は，通常，発達期（幼児期や児童期，青年期）に初めて診断され，その機能障害（impairment）の原因が身体的，精神的または両方にわたるもので，その状態がいつまで続くか予測することができず，自己管理，言語機能，学習，移動，自立した生活能力，経済的自立などのいくつかの領域で機能上の制限のあるものをいう（坂野，1999；下山，2004）。

　disability も disorder もともに「障害」と訳されるが，disability は疾病や事故などによってその人の何らかの能力が奪われている状態を意味するのに対し，disorder は異常・不調としての意味合いをもつ。障害をどのようにとらえるかの視点により用語が異なる。

　発達障害には，知的障害，学習障害，協調性運動障害，コミュニケーション障害，自閉症スペクトラム障害，注意欠如多動性障害，行為障害などが含まれる。

　本章では，このうち知的障害，学習障害，注意欠如多動性障害，自閉症スペクトラム障害について述べることにする。

● 第2節　知的障害

1. 知的障害の定義

　知的障害（Intellectual Disability，または Intellectual Developmental Disorder）は，知的な障害と適応の障害を併せもつ，18歳までに発症する障害である。

　日本では1988年から法律用語で知的障害という言葉が使われているが，医学的には精神遅滞（Mental Retardation）という語を使うことが多かった。しかし，2013年に改訂されたアメリカ精神医学会の診断基準 DSM-5 では，医学・教育をはじめ様々な分野で一般的に使用されている知的障害（Intellectual Disability）あるいは知的発

第12章 ── 発達障害

達障害（Intellectual Developmental Disorder）という語に変わっている。また，それ以前の診断基準では知能障害（知能検査の結果がIQ70以下）と適応機能の障害であったが，DSM-5では同様に知的機能の障害（deficit in intellectual function）と適応機能の障害（deficit in intellectual function）をあげているものの，具体的な知能指数の数値は入れられていない。IQのより低い部分においてはIQによる分類が妥当ではないこと，また，必要な支援のレベルを決定するのは適応機能であることから，障害の程度（重度）は知能指数ではなく，適応の状態によって分けられている。今までアメリカ精神遅滞学会（AAMR）では支援の必要性により障害の重さを分けていたが，DSMでも数値基準よりもその人がどのような不都合さを抱えているかに焦点が置かれるようになってきたといえよう。

「知的障害」という名称であっても，知的な障害だけでなく発達期における概念的・社会的・実際的な領域の，知的・適応的機能の両方の障害をいうのである。

2. 知的障害と適応的障害

知的機能とは，理解や問題解決，計画，抽象的思考，判断，学業の学習，経験からの学習をいい，これらについて臨床的アセスメントと知能テストによって障害があることが確認される場合に知的障害とされる。

適応的機能とはその文化圏で，その年齢に期待される規準に適合する有能さのことであり，いかに日常生活で必要なことを効率的に考え，処理し，その個人の年齢，社会的背景・地域社会状況において期待される自立の基準を満たしているかをいう。これらがその人の発達的社会的基準に合わない場合に，適応機能に障害があるということになる。

適応機能については次の3領域が考えられており，これらの障害は日常生活を送っていくうえで様々な不都合さをもたらす。

①概念的な領域
  言語の理解・表現，読む・書くなどの言語力や，計画や時間，金銭などの自己管理，抽象的な思考，など。
②社会的な領域
  コミュニケーション，会話などの対人関係，感情や行動の調節，社会状況における危険の理解，騙されやすさ，責任，規範の遵守，自尊心など。
③実用的な領域
  身辺自立，買い物やバスや電車での移動，食事の準備や掃除・整理整頓などの家事，安全な環境の維持，職業技能など。

3. 知的障害の分類

　障害の重さは上記の適応機能のレベルで軽度，中度，重度，最重度に分けられるが，それぞれの程度はおよそ次のように分類される。

①軽度

　抽象的な思考や推論は困難だが，身辺自立や実際的な家事能力は身につけることができる。

②中度

　運動能力や身辺自立の基本的な能力をつけるために訓練を要する。職業訓練により収入を得ることができ，監督されれば自分の身の周りの世話ができる。

③重度

　幼児期にはコミュニケーションできる会話がほとんどまたはまったくできない。児童期には身辺自立などの基本的な自己管理の訓練が可能である。成人期には十分に監督されれば，単純な作業ができる可能性がある。

④最重度

　幼児期には感覚運動機能に相当程度の機能不全を示す。言語理解がきわめて低く，運動はきわめて難しい状態にあり，常時の介護を必要とする。

4. 知的障害の要因

　この障害の要因は表12-1にみられるように多岐にわたっており，原因が特定できない場合も少なくない。胎児期や周産期（妊娠22週～生後1週間），出生後の各時期に障害をもつ可能性がある。たとえば，胎児期の要因には染色体異常，身体疾患，先天性代謝異常，脳形成の発達障害，環境の要因などがあげられる。比較的よくみられる常染色体異常の例としてダウン症がある。これは21番目の染色体が通常の2本ではなく3本になった場合に発現するが，その状態や症状は様々である。性染色体異常の例としてクラインフェルター症候群（通常の男性の性染色体はXYであるがX染色体が多い），先天性代謝異常の例としてアミノ酸代謝異常のフェニルケトン尿症（フェニルアラニンが体内に過剰に蓄積し知的障害やけいれんがみられるが，フェニルアラニン除去ミルクや食事で治療が可能）などがある。

5. 知的障害の対応

　重度の障害は反射や定頸（首が据わる）などの運動機能の遅れや表情・関心の乏しさから早期に気づかれることが多いが，一般に知的障害児は対人関係が良好であるため，軽度であるほど判断が保留され発見が遅れがちになる。また，知的障害の80～85％は軽度知的障害とされている。

　クレチン病やフェニルケトン尿症のように早期発見による治療で障害を防ぐことが

第12章 ── 発達障害

表12-1 知的障害の要因（AAMR, 1999, pp.140-154 より）

胎児期	染色体異常	常染色体異常，性染色体異常
	身体疾患 （症候群疾患）	神経皮膚の疾患，筋肉の疾患，眼の疾患，頭蓋と顔の疾患，骨の疾患，その他（プラダーウィリー症候群）
	先天性代謝異常	アミノ酸代謝異常，糖質代謝異常，ムコ多糖類代謝異常，ムコ脂質代謝異常，尿素回路異常，核酸代謝異常，銅代謝異常，ミトコンドリア代謝異常　など
	脳形成の発達障害	神経管閉鎖不全，脳形成不全，細胞移動不全，神経細胞内の異常，後天性の脳障害，原発性小頭症
	環境の影響	子宮内栄養失調，薬物・毒物・催奇性物質，母親の疾患，妊娠中の放射線照射
周産期	子宮内の異常	急性胎盤機能不全，慢性胎盤機能不全，異常分娩，多胎性妊娠
	新生児期の障害	虚血性低酸素脳症，頭蓋内出血，出血後水頭症，脳質周囲白質軟化症，新生児痙攣，呼吸の障害，感染症，出生時の頭部外傷，代謝異常，栄養障害
出生後の原因	頭部損傷	大脳震盪，頭蓋内出血，蜘蛛膜下出血，実質組織の出血
	感染症	脳炎，髄膜炎，皮膚寄生菌による感染症，寄生虫の侵襲，ウイルスによる感染症
	脱髄性疾患	感染後疾患，免疫後疾患
	変性疾患	症候群の疾患，ポリオジストロフィー，基底大脳核疾患，白質萎縮症，スフィンゴ脂質代謝異常，その他のリポイド代謝異常
	てんかん発作	点頭てんかん，ミオクロニーてんかん，レンノックス-ガストー症候群，進行性局在てんかん，癲癇重積状態による脳損傷
	中毒性代謝障害	急性の中毒性脳症，ライ症候群，中毒，新陳代謝異常
	栄養障害	プロテインカロリー，長期静脈内栄養法
	環境剥奪	心理的社会的不利益，幼児虐待と養育の怠慢，慢性的な社会/感覚遮断
	関係不全症候群	

可能な場合もあり，早期発見・早期対応によって障害の程度を把握し，理解することで，教育や援助のよりよい方法を探ることができる。社会の中で生きていくための日常生活や社会生活および職業生活の基礎的知識やスキルを習得し，自分らしく生きていくことができるよう支援することが必要である。実態に合わせた様々な課題をスモールステップに分けて成功体験を通して学習させ，自発性や意欲を育てることが大切になる。知的障害そのものは教育や福祉の対象となるが，身体的な問題を抱えている場合もあり，状態によって服薬などの医学的な対応も行われる。

　保護者は，子どもが幼く障害が軽度の場合には，わが子がゆっくり伸びていくタイプとしてあまり問題視しなかったり，逆に定形発達の子どもと同じようにさせようと過剰な訓練を強いたり叱ったりしがちになる。それゆえ，早期発見・早期対応が必要であり，子どもの行動の背景を理解し，適切な関わりを行うことで情緒的葛藤が軽減

され，子どもの二次的障害を防ぐことができる。

第3節　学習障害

1．学習障害の定義

　文部科学省（1999）は学習障害（Learning Disabilities, または LD）を，「基本的には全般的な知的発達に遅れはないが，聞く，話す，読む，書く，計算する又は推論する能力のうち特定のものの習得と使用に著しい困難を示す様々な状態を指すもの」とし，視覚・聴覚障害や知的障害などは直接的な原因とならない，としている。

　学習障害は，学習がうまくできない場合すべてを指すのではなく，学習に必要な能力が年齢，就学，知的水準からみて年相応より低い場合をいう。DSM-5 では限局性学習障害（Specific Learning Disorder）としており，学習スキルの習得の困難の1つ以上が，6 か月以上続いているという，期間も示している。

2．学習障害の症状

　学習障害をもつ人の例として，アメリカの俳優のトム・クルーズが読字に関わる学習障害（ディスレクシア，読字書字障害）であることはよく知られているが，学習においての現れ方は，どのような点で困難さを抱えるかによって異なる。たとえば，知的な問題はないのに文法的におかしな言葉遣いをしたり，国語はできるのに算数はできなかったり，いくつかの領域にわたってできないことを抱えていたりする。このように症状は個人によって様々に異なる。

　学習障害の困難さの例には以下のようなものがある。

- 聞く…聞いているが内容を理解していない，聞いていても注意が逸れやすい。聞きもらしや聞き返しが多い。
- 話す…話の内容に筋が通らず，内容が飛んだり，短い言葉でしか表現しなかったりする。語彙が少なく代名詞が多い。言葉に詰まったり適切な速さで話したりできない。
- 読む…字や行を飛ばして読む，「9」と「6」を読み間違う，「ねむっている」を「ねている」というように勝手な読み方をする，書いてあることを読んでも意味が理解できない。
- 書く…文字を書くことが下手，書き間違う（「ね」と「れ」「わ」を混同する，「きょう」を「きゅう」と書くなど），漢字は読むことはできても書けない。黒板に書かれたものを自分のノートにうまく写せない，写すのに時間がかかる。
- 計算…数を書くことや数や量の概念が理解できず（たとえば，「せんさんじゅ

うに」の数表記に「100032」と書く），繰り上がりや繰り下がりがわからない，九九ができない，計算で数字の桁を揃えて書けない。
- 推理…計算はできても文章題がわからない，問題や出来事の背後の意味がわからない。

このような診断基準で定義されている困難以外にも学習障害をもつ人には次のような問題がよくみられ，上記の症状に重複して現れることがある。

- その他の問題…音楽ではリズム感が悪い，体育では身体の使い方がぎこちなくたとえばスキップがうまくできない，図工では年齢に比べて描かれた絵が稚拙，方向や位置の理解が悪い，うまく整列できない，時間感覚が悪い，計画的な行動ができない，なかなかルールを覚えられない。

これらの特徴は，学習面だけでなく生活面でも次にあげるような様々な問題を引き起こすことがある。

状況の理解が悪く，人をまねれば必要な行動はできるものの，自分で適切な判断ができないことから，行動の不適切さや年齢に比べた行動の幼さがみられる。自分の気持ちや状況を説明するなどの言葉での表現がうまくできないために，誤解されやすく，ときにはつい相手に手を出すこともある。このため，集団行動がとれず，学習面よりも生活面での問題が目立つ場合もある。

これらの問題から，学習面の一次的な問題（たとえば，文字が読めない）を抱えているうえに生活面での問題も重なって，本来のその障害以外のいらだちやすさや自信喪失などの二次的な問題が生じてくる。また，トラブルのきっかけやいじめの対象にもなりやすくなる。

3．学習障害の要因

文部科学省（1999）は，その原因を，「中枢神経系に何らかの機能障害があると推定されるが，視覚障害，聴覚障害，知的障害，情緒障害などの障害や，環境的な要因が直接の原因となるものではない」としている。しかし，現時点では，どのような脳の機能障害かについては具体的な結論が出ていない。

学習障害をもつ人には，脳画像から左側頭葉での血流低下があり，視覚認知に問題がある場合には後頭葉での血流低下といった脳の機能の障害・機能不全がみられる。しかし，ヒューワード（Heward, W. L., 2003）のように，脳の神経回路が子どもの経験からどのように影響されるかがわかっていないとする考え方もある。

このような脳の機能障害・機能不全は記憶や認知の偏りを引き起こすことになる。

認知は，知覚することと知覚したものを認識することであるが，視覚認知，聴覚認知などの感覚認知と，記憶，注意，思考などからなり，行動や学習はこれらを相互に関連させて行われる。学習障害では，脳内の様々な部分を使って認知される感覚器官から入ってきた情報（視覚情報や聴覚情報など）が，情報の入力，処理，出力のいずれかで十分に機能していないことが考えられる。このため，視覚情報の記憶や，似たものを細かく区別ができないということが起こる。たとえば，「きょう」を「きゅう」と読み間違う場合には，文字を音に正しく変換できない，拗音が理解できていない，「ょ」が「ゅ」に見える，「きょう」という発音が「きゅう」に聞こえる，など様々な理由が考えられる。

　学習障害をもつ人のワーキングメモリ（working memory，作動記憶）の容量が小さいことは指摘されている（五十嵐，2002）。ワーキングメモリは黒板に書かれた文字を一時的に覚えてノートに書くなどの，そのときに必要な情報を一時的に集めて総合的な処理を行う記憶をいうが，いくつかの情報を同時に処理することが可能な記憶である。たとえば「38+25」の計算では1桁目が13になるが，10は2桁目に1として繰り上がるため，2桁目の計算は合計の5に先ほどの1を足して6とすることが必要になる。記憶（1を足すことを覚えている）だけでなく，課題の実行（2と3を足してさらに先ほどの1を加える）にも並列的に関わるのがワーキングメモリであり，これができないと算数の繰り上がりができない。このワーキングメモリは，読み，書き，計算，推論といった高次の認知機能の基盤として機能しているため，学習障害には様々な症状が現れてくるのである。ワーキングメモリが働いているときには前頭連合野が活性化するが，それ以外にも頭頂連合野や他の部位も活性化しており，様々な部位が連携しあって作業を遂行している。また，ワーキングメモリが働く高次で複雑な作業には，前頭前野に分布しているドーパミンや脳内の広い範囲に存在しているセロトニン，ノルアドレナリンなどの神経伝達物質が関わっている。永江（2004）によれば，サルを使った実験では，ドーパミンとノルアドレナリンを阻害するとワーキングメモリ課題ができなくなるという。

4．学習障害への支援

　学習障害は人によってその現れ方が様々であり，読むことだけができない人もいれば，できないことのいくつかが組み合わさっている人もいる。したがって，何がどのようにうまくできないかを把握する必要がある。そのうえで，得意な面を伸ばし，不得意な面の学習や運動の基礎訓練，他者との関わり方などの社会的訓練が必要になる。個々に応じた課題を細かく分けたスモールステップで確実に学習を進めていき，成功体験を積むことで自信をつけさせ，意欲を育てることが大切になる。

　スモールステップでの学習とともに，たとえば，読むことが難しい場合には，行間

を空けた特製のテキストを用いる，自宅では音声化したテキストで学習するなども併用して，学習についていけないという劣等感を防ぐ手立てが必要である．また，聴覚認知が悪い場合には，正面から目を合わせ，はっきりと明瞭な言葉で話すことで理解しやすくなる．このように，不都合さを軽減する配慮や工夫をすることで学習障害をもつ人の困難さを軽減させることができる．

● 第4節　注意欠如多動性障害

1. 注意欠如多動性障害の定義

　注意欠如多動性障害（Attention-Deficit /Hyperactivitiy Disorder：ADHD）について，文部科学省（1999）は「ADHDとは，年齢あるいは発達に不釣り合いな注意力，及び／又は衝動性，多動性を特徴とする行動の障害で，社会的な活動や学業の機能に支障をきたすものである．また，7歳以前に現れ，その状態が継続し，中枢神経系に何らかの要因による機能不全があると推定される」としている．DSM-5では，不注意，多動性-衝動性に関わる各診断基準の6つ以上の症状が6か月以上続くもので，症状のいくつかは12歳以前にみられるとしている．また，自閉症スペクトラム障害も併せもつ場合がある．

　幼児期前期の子どもは言語，運動能力や認知の発達が未熟なため，落ち着きなく動き回ったり，注意の集中や維持が困難だったりする．これらは発達過程の中で当然のように見られる姿であり，発達とともにコントロールが可能になっていく．しかし，注意を持続することが困難であり，注意の逸れやすさや落ち着きのなさ，激しい動きが一般的に見られる程度を超えていたり年齢相応の行動のコントロールができず，情緒が安定せず，集団行動や日常生活での不適応や困難を抱えたりすることが続いている場合には，何らかの発達障害を疑うことになる．

　知的障害や自閉症スペクトラム障害にもこのような行動上の問題が現れてくる．しかし，子どもに明らかな知的発達の遅れがなく，保護者の不適切な養育やその他の情緒的問題がない場合には，ADHDをもつ（自閉症スペクトラム障害と並存する場合もある）可能性が高い．

2. 注意欠如多動性障害（ADHD）の症状

(1) 全体的な特徴

　ADHDには，不注意が主で，多動性-衝動性がみられない，またはきわめて少ない場合と，多動性-衝動性が主になる場合，あるいは不注意と多動性-衝動性の両方をもつ場合があり，英文表記に「/」が付くことがあるのはこのためである．不注意が主である場合は，多動性・衝動性に比べて問題が目立ちにくく，周りへの影響が少

ないことから見過ごされがちになる。

　ADHDの30〜50％は学習障害との重複障害をもつが，重複していればそれだけ問題を抱えやすくなる。また，ADHDの発現は男子に多く，比率は男子2〜9（調査によって異なる）に対して，女子1とされる。

　このような不注意や多動性−衝動性の症状は，学校や家庭などの2か所以上で見られ，DSM-5では現在の表現形として，不注意優勢状態・多動性優勢状態・混合状態に，障害の重症度として，軽度・中度・重度の3つに分けている。

　司馬（1997）は，ADHDの不注意が主になるタイプを人気アニメ「ドラえもん」でいうと，「のび太」タイプ，多動性・衝動性が主になるタイプを我慢のできない自己中心的な「ジャイアン」タイプとして説明している。

(2) 不注意

　不注意の症状としては，「綿密な注意ができない，聞いていない，課題を完了できない，順序立てて物事を行うことができない，努力を続けられない，物をなくしやすい，気を逸らされやすい，毎日の活動を忘れる」などがあげられる。このため，単に本人の意識の問題であるとして，不注意，やる気がない，ぼんやりしている，だらしない，責任感がないなどの叱責を受け，そのことで二次的障害をもちやすくなる。

(3) 多動性−衝動性

　多動性−衝動性の症状としては，過剰に手足を動かす，席を離れる，走り回る，物の上に上がる，静かに遊べない，“エンジンが付いているかのように”といわれるほどにじっとしていられない，喋りすぎる，といった多動性の症状と，質問に待って答えられない，順番が待てない，他人を妨害する，といった衝動性の症状がみられる。

　このため，保護者はしつけの難しさを感じたり，周囲の人からわがままで身勝手なしつけのできていない子どもととらえられたりすることから，何とかしつけようとして激しい叱責を繰り返すが，あまり効果がなく，エスカレートして虐待にまでいたる場合がある。また，学校生活や仲間関係においてもトラブルが続くことが多い。

(4) 発達による変化

　ADHDの症状や重症度は成長とともに姿を変える。

　幼児期には多動性や衝動性が目立ち，就学後も低学年のうちは教室で立ち歩く，思い通りにならないとパニックを起こす，授業を聞いていない，物をなくしやすい等が見られる。このため，学業成績は知能に比べて低いことも多い。対人関係においては友だちを求めるが，順番を守れなかったり，些細なことでパニックを起こしたりすることからトラブルが多くなる。

第12章 ── 発達障害

　小学校中学年や高学年になると，授業中に立ち歩くことは減少するものの，1番でないと気がすまない，授業中はうわの空で質問されてもきちんと受け答えができない，授業に関係のないよそ事をしていて，きちんと授業に参加できない，整理整頓ができない，忘れ物が多い，行動が他の子どもに遅れる，教師の言葉を聴き間違ったり，勘違いして理解したりするなどが見られる。クラスの中の"問題児""できない子"として扱われて仲間はずれにされる，自己評価が低くなる，学業の遅れがしだいに大きくなり学業の面でも意欲や自信をなくしやすくなる，といった二次的障害が起こってくる。

　10歳頃～青年期には多動性は影をひそめ，そわそわする程度に目立たなくなり，日常生活に支障がなくなっていく。思春期は一般的な発達を遂げている子どもたちにとっても心身ともに大きく変化する激動の時期であるが，社会性において発達の遅れがみられるADHDの子どもたちにとっては，心と身体の発達のギャップがいっそう大きくなる時期であり，社会性や対人関係の未熟さによって周りから叱責されたり，周りから浮いたりして，自己評価が低くなりやすい。

　成人期になっても，不注意はその後も相変わらず続く場合が多い。努力して片づけてもかえって散らかってしまい手がつけられない，物事の優先順位をつけられない，と悩む人が，検査の結果ADHDであったという場合もある。

3. 注意欠如多動性障害（ADHD）の要因

　原因は，明確にはなっていないが，前頭葉や側頭葉の何らかの脳機能の障害が推測されている。不注意障害は，注意する能力がないのではなく，注意する対象をコントロールできないために問題が起こる。一つの注意を持続させたり，いま必要なことを選択的に注意して行動するためには，計画したり実行したり，必要な手続きを覚えているというワーキングメモリが必要になってくるが，それらに問題があると考えられる。

　また，多動性－衝動性は，努力して自己をコントロールする自己調整機能の発達に問題があると考えられる。これらは前頭前野に関わる機能である。

　脳の画像などでは，ADHDをもつ人は実行機能（努力してコントロールすること，認識の柔軟性，ワーキングメモリの3つの能力を併せて実行機能という）に関わる脳の前頭葉の血流量が減って代謝活動の低下がみられることから，脳の神経伝達物質の不足が関わって機能障害を起こしているのではないかという仮説が，現在のところ有力視されている。ドーパミンを放出する遺伝子に異変が多い，あるいは注意に関わる右脳の前頭前野や小脳，大脳基底核などの体積が少ない，という指摘もある（永江, 2004）。

4. 注意欠如多動性障害（ADHD）への支援

　早期発見・早期対応が原則である。望ましい行動を増やし，望ましくない行動を減らしていく行動療法や認知行動療法などで，より適切な行動を身につけることができるよう症状の特徴にあわせた指導が必要となる。

　また，衝動性や強迫性の改善，集中力や注意力の改善のために中枢神経刺激剤のメチルフェニデートやアトモキセチン（薬剤名コンサータ，ストラテラ）による治療を行うこともある。そのためには本人が自分の症状や服薬について理解することも必要である。

　ADHDの症状は環境によって影響を受けやすい。周囲の理解や適切な援助がなされない場合には，周りから叱責されたり，虐待やいじめの対象となったり，本人が自信を失って自己嫌悪に陥ったりするだけでなく，親も子育てに自信や意欲を失い，親子関係が不安定になるという，情緒や行動の二次的な問題を生じることがある。子どもへの支援とともに保護者への支援も必要なことを忘れてはならない。

● 第5節　自閉スペクトラム症／自閉症スペクトラム障害

1. 自閉症スペクトラムとは

　自閉症（autism），自閉性障害（autistic disorder）が認知されるきっかけとなったのは，カナー（Kanner, L.）が1943年に，11例の子どもたちを「早期幼児自閉症 early infantile autism」として発表したことによる。これらの子どもたちが対人的接触をもとうとしないことから，カナーは，人生の早期に発症する統合失調症ととらえ，早期幼児自閉症と名づけた。これらの子どもたちは賢そうな顔をしていたり，特定のものごとについては驚異的な記憶をもっていたりしたが，言語などのコミュニケーションや知的発達の遅れがあった。

　カナーの発表の翌年に，アスペルガー（Asperger, H., 1944）が言語発達や知的発達に遅れをもたない「自閉」症を報告した（「小児期の自閉的精神病質」）が，自身の報告した症候群の子どもをカナーの報告とは区別して，パーソナリティの異常と考えていた。カナーの自閉症の子どもの状態像とアスペルガーの報告の状態像が異なっていたことと，英語での発表でなかったことからアスペルガーの報告したものは自閉症とはみなされず，あまり注目されなかった。その後，イギリスのウィング（Wing, L., 1981）が，アスペルガーの論文を英文誌に紹介し再評価を行ったことをきっかけに国際的に注目されるようになり，アスペルガーの報告したタイプの自閉症を，アスペルガー症候群（障害）（Asperger's Syndrome, Asperger's Disorder）と呼ぶようになった。

　その後の診断基準（アメリカ精神医学会のDSM-Ⅳ-TRなど）では，これらの症状は，対人関係の社会性発達や言語などのコミュニケーションの障害や，こだわりなど

の特徴をもつ自閉症を中核とした広汎にわたる障害があることから,自閉症,レット障害,小児崩壊性障害,アスペルガー症候群,特定不能の広汎性発達障害が,広汎性発達障害(pervasive developmental disorders:PDD)という障害の一つとしてまとめられ,多くの障害の発症は3歳以前とされた。

広汎性発達障害には,自閉症の症状を明らかに示す人から比較的軽い症状の人まで障害の程度が連続していることや,これらの人の支援のニーズが連続することなどから,ウィングのいう,自閉症スペクトラム障害(Autism Spectrum Disorder:ASD)というとらえ方が少しずつ一般的になってきた。スペクトラムとは連続体という意味である。たとえば,黄色と緑色は個別に見ると異なって見えるが,虹にみられるように光のスペクトラムでは,黄色と緑色の境目がはっきりせず連続性がある。自閉症を中心症状としてみると,その裾野は広く,定型(健常)発達している者の性格の偏りへとつながっていき,明確な区分をしにくい。

このような背景を受けて,2013年に改訂されたアメリカ精神医学会の診断基準DSM-5では,自閉症やアスペルガー症候群などの様々なタイプの障害をそれまでの広汎性発達障害から,自閉症スペクトラム障害に呼称を変えた。その結果,自閉症,アスペルガー症候群などの分類はなくなり,発症年齢は小児期早期に存在するとして,年齢の限定は行っていない。

2. 自閉症スペクトラム障害の定義

人と関わること,人とコミュニケーションを行うことや人との関係を築いて理解す

表12-2　自閉症スペクトラム障害の診断基準(DSM-5より)

A. 社会的コミュニケーションおよび対人的相互反応の持続的な欠陥(以下の3つすべて)
　(1) 相互の対人的-情緒的関係の欠落
　(2) 対人的相互反応で非言語的コミュニケーション行動を用いることの欠陥
　(3) 人間関係を発展させ,維持し,それを理解することの欠陥

B. 行動,興味,活動の限局された反復的なパターン(以下の少なくとも2つ)
　(1) 情緒的または反復的な身体の運動,物の使用,または会話
　(2) 同一性への固執,習慣への頑ななこだわり,または会話
　(3) 強度または対象において異常なほど,きわめて限定され執着する興味
　(4) 感覚刺激に対する過敏さまたは鈍感さ,または環境の感覚的側面に対する並外れた興味

C. 症状は発達早期に存在していなければならない(しかし,社会的要求が能力の限界を超えるまでは症状は完全に明らかにならないかもしれないし,その後の生活で学んだ対応の仕方によって隠されている場合もある)

D. 症状は,社会的,職業的,または他の重要な領域における現在の機能に障害を引き起こしている

E. これらの障害は知的障害や全体的な発達の遅れではうまく説明されない

ることについての障害であり，こだわりの強さをもつ障害である。自閉症スペクトラム障害の診断基準を表12-2に示す。

3. 自閉症スペクトラム障害の症状

　DSM-5では自閉スペクトラム症／自閉症スペクトラム障害という診断名であるが，DSM以外で国際的に使われているICD-10（WHOの現在の疾病分類）では，自閉症やアスペルガー症候群という診断名を用いている。我が国の発達障害者支援法でも発達障害の一つに「自閉症，アスペルガー症候群その他の広汎性発達障害」をあげ，文部科学省の定義でもこの診断名を用いていることから，ここでは自閉症やアスペルガー症候群などについてみていく。

(1) 自閉症（自閉性障害）

　文部科学省の自閉症の定義は次のようなものである。「自閉症とは，3歳位までに現れ，①他人との社会的関係の形成の困難さ，②言葉の発達の遅れ，③興味や関心が狭く特定のものにこだわることを特徴とする行動の障害であり，中枢神経系に何らかの要因による機能不全があると推定される。」（平成15年3月の「今後の特別支援教育の在り方について（最終報告）」参考資料より抜粋）。

　自閉症は，カナーの発表したタイプの障害である。自閉という言葉から意図的に心を閉ざしているかのように誤解されがちであるが，自ら心を閉ざそうとしているわけではない。DSM-IV-TRでは発症率は10,000人に5人としており，また，ICD-10（国際疾病分類第10版：WHO, 1992）では，自閉症にはすべての段階のIQを随伴するが，約4分の3の症例では著しい精神遅滞が認められるとし，男児は女児の3～4倍であるという。

　乳幼児期にみられる症状の例としては，0歳では，視線が合いにくく，人見知りはないかあってもきわめて軽微であり，愛着が形成されず，共同注意（第4章を参照）やショーイング（提示行為）がないなどの特徴がみられる。1歳以降は，初めての場所でも平気で勝手にどこかへ行ってしまい，人とともに楽しむ行為はみられず，人の立場や気持ちがわかりにくい（心の理論ができないか，著しく遅れる）。言葉や身振りを使って意思や思いを伝えるコミュニケーションがうまく取れず，言葉を使ってもおうむ返しやコマーシャルなどの同じ言葉の反復が多く，抑揚も平板である。人を物のように扱うクレーン現象（相手の腕を取ってクレーンのように動かして取らせる）を示す。また，掌をひらひらさせたりミニカーのタイヤの動きばかりに集中したりするなどの無目的的・常同的な行動や，決まった特定の方法での関わりがみられる。数字を飽くことなく眺めたり，ときにはカレンダーを覚えているなどの驚くような記憶力をもっていたりすることもある。

第12章 ── 発達障害

[例]

　A郎には感覚が過敏な面と鈍感な面がある。友だちにふざけて消しゴムの小破片を投げ当てられると大変痛がって怒るが、自分はふざけではない普通の挨拶のつもりで友だちを力いっぱい叩く。

　嫌いな音は音量が小さくても耳をふさいでパニックになるが、気にならない音については耳元でガンガン大きな音がしていても平気である。

(2) アスペルガー症候群（障害）

　文部科学省のアスペルガー症候群の定義では、「知的発達の遅れを伴わず、かつ、自閉症の特徴のうち言葉の発達の遅れを伴わないもの」をいう。

　自閉性障害と同様に、行動や興味が限定的で、車や電車には特に興味をもつことが多く、タイヤをくるくる回す、飽きもせず一列に並べ続ける、初語もまだ出ないほどの早くから文字に関心を示すなどがみられる。対人関係の遅れはあるものの言語発達や認知発達、適応行動の遅れが目立たない、あるいは遅れがないことから、障害に気づかれることが遅れがちになる。なかには、ある程度の愛着関係が成立していたり、指さしの時期の遅れが少なかったりする場合もある。知的な遅れがなく（IQ70以上）、中には高い知能をもつものも少なくない。しかし、ファンタジーへの没入やパニック、他者の心情の理解や推測のできなさから、いじめを受けたり、対人関係のトラブルを抱えたりすることが生じる。青年期になると対人的孤立や自己を認識する能力が増大するため、抑うつや不安が発現する場合がある。また、職業生活においても他者の気持ちをうまく汲むことができないためにトラブルが起きやすくなる。

[例]

　B男は風呂に湯を入れている母から「お風呂を見ていてね」と言われて、風呂の湯があふれて流れていても見続けていた。母の「見ていて」と言う言葉の裏にある、適当なところで蛇口の湯を止めてほしい、または知らせてほしい、という思いを推測できず、字義どおりに湯があふれていても「見て」いた。

　窓のガラス拭きを指示されて、渡された布の使い方を尋ねたら、母親から「頭を使いなさい」と言われ、頭をガラスにこすりつけた。

[例]

　C太は昆虫にはたいそう詳しく、昆虫博士と呼ばれている。同じ年齢の子どもが使わないような難しい言葉も喋るのでおとなも驚くことがある。しかし、わずかなミスでも大きな失敗と同様に平謝りしたり、体育の授業が運動場から体育館に変更されるなどの物事の急な変更には適応できず、パニックを起こしたりする。

(3) 高機能自閉症

DSM や ICD では高機能自閉症の分類はないが，教育の分野を中心に分類されており，文部科学省は現在，次のように定義している (1999)。「3歳位までに現れ，①他人との社会的関係の形成の困難さ，②言葉の発達の遅れ，③興味や関心が狭く特定のものにこだわることを特徴とする行動の障害である自閉症のうち，知的発達の遅れを伴わないものをいう。」

文部科学省のいう知的発達の遅れがないとは，DSM-IV-TR や ICD-10 の知的障害の診断基準（IQ70以下）を満たさないということであり，知的遅れとの診断には至らないボーダーライン級知能（知能指数70〜85）も含んでいる。

4. 自閉性スペクトラム障害の要因

(1) 要因論の変遷

カナーは最初の論文で，自閉症児には言語などのコミュニケーションや知的発達の遅れがあったり，親に高学歴者が多く，また親が情愛的でなかったりしたことから，その原因は親の育て方や親の性格によるものととらえた。しばらくの間はこのとらえ方が続き，特に母親が批判された（現在は否定されている）。その後は，親の育て方や親の性格によるのではなく本人の認知の障害によるとのラター (Rutter, M., 1974) などの見方もあったが，現在は，脳の画像などから認知を含む脳機能に何らかの障害や機能不全があると推定されている。なぜこのような脳機能の障害が起きるかについての原因はまだ特定されていないが，認知の障害だけでなく社会性の障害でもあることから，脳機能に関しては前頭葉，側頭葉，頭頂葉，連合野，大脳辺縁系，小脳の異常・障害など多様な問題が指摘されている（永江，2004）。

また，親子・きょうだいでの発症率がそうでない場合に比べて高いことから遺伝的な要因も背後にあると考えられ，遺伝子についても調査されているが，様々な要因が考えられるなかでの仮説の段階であり，明らかにはされていない。

(2) 心の理論

自閉症スペクトラム障害では，心の理論 (theory of mind) の発達が遅れており，それゆえに他者との関係性の困難さを抱えているとも考えられている。心の理論とは，心の働きについての知識や理論をいい，他者の信念や意図，願望，心情を理解し，自分や他者の行動を予測し，説明する働きである。心の理論は，プレマックとウッドラフ (Premack, D. G. & Woodruff, G., 1978) が，チンパンジーが他の動物の心の動きを推測しているかのような行動を取ることを指摘し，"心の理論"が働いているのではないかと提案したことから注目された。心の理論を理解しているかどうかをみるのによく使われるのが誤信念課題である。パーナー (Perner, J., 1991) の行った"マ

第12章 発達障害

クシとチョコレート課題"もその例だが（他に同様な内容の"アンとサリー課題"もある），彼は，この程度の簡単な誤信念課題は4歳頃に正解が可能になるという。しかし自閉症スペクトラム児（自閉症児）についてバロン・コーエンら（Baron-Cohen, S., Leslie, A. M., & Frith, U., 1985）が行った研究では，平均年齢11歳11か月の自閉症児の通過率は20％であったことから，自閉症児の心の理論欠如仮説が提唱された。

［マクシとチョコレート課題の概要］
　「マクシは母親を手伝って買い物袋をあけ，緑の食器棚にチョコレートをしまう。マクシが遊びに出かけた間に母親がチョコレートを青の食器棚にしまう。母親が卵をとりに行った間にマクシが戻ってくる。」
　チョコレートを食べたいマクシはどこを探すと思うか，を子どもに尋ねる。心の理論を理解できていない場合は「青の食器棚」と答える。

5. 自閉症スペクトラム障害への支援

　障害の早期発見により早期対応が可能になることで二次障害を防ぐことができるため，専門機関への早めの受診が望ましい。

　他者の思いを汲むことが苦手な自閉症スペクトラム障害の子どもにとって，代名詞の使用や省略された言葉は理解しにくいため，具体的に，明瞭にわかりやすい言葉で，簡潔に伝えることが必要である。聴覚的認知より視覚的認知が得意な場合が多く，図で示す，文字で示すなどの視覚的に訴えることが有効である。いつ，何を，どのように，どの程度，いつまで，（予想される）結果を示すことで落ち着いて取り組みやすくなる。特に言語発達が十分でない場合には絵カードを使用することで理解しやすくなる。

　問題行動がある場合は，その背景を知ることが必要になる。毎日決められた順序や方法で物事を行うことを好むため，順序がわかっていると落ち着きやすい。急な変化がある場合には，できるだけ早めに，何度も知らせ，図で具体的に順序を示すなどのパニックに至らなくてもすむような配慮が求められる。

　また，人と関わる力を発達段階に応じて育てることが必要である。求める，呼びかける，一緒に経験する，説明する練習をするなど，人と関わる様々な体験を増やし，少しずつ無理のない範囲で視線を合わせていくことやスキンシップを行うこととともに，本人が示す興味や活動，こだわりを理解して接することが必要になる。

　人と関っていくために必要な技能や人の感じ方を学習し，適切な行動をとることができるための具体的なやり方を，本人に合う方法で身につける訓練として，ソーシャルスキル・トレーニング（社会的技能訓練 Social Skill Training：SST）が行われる。これは，知的障害やLD，ADHDなどの発達障害をもつ場合にも行われるものである。自分の気持ちを伝えたり，相手の気持ちがわかったりするために図や写真などを用い

たカードやアプリケーションソフトなどのコミュニケーションツールを使うこともある。また，対人関係や社会生活で何らかの問題があった場合には，責めずに，どのようにすることが望ましいか，対処法を教える。「〜してはいけない」など否定的な指示より，「〜します」と肯定的な表現の指示をして，できた場合にはしっかりと褒めて具体的目標を示すことで，身につけることができるようにする。

　子どもへの支援と同時に忘れてはならないのが親への支援である。対人関係の困難さを抱えているため，障害の程度にもよるが，親子の密接な情緒的交流を図ることが難しい場合も多い。親は関係を作ろうとしても子どもの応答が少なく，無力感を感じ，子育ての喜びを感じにくくなる。子どもの症状が親，特に接する時間が長い母親の育て方によるものでなく，子どもの特性によるものと理解することで，心理的な負担が減少する。このためにも早期発見は必要である。また，わが子にどのように対応してよいか戸惑っている親にとって，早期対応による子どもへの専門的支援が開始されることが心理的にも大きな支援となる。親が，家庭での関わり方を知ることで親子双方の心理的葛藤を減らし，子どもとの情緒的関係を作りやすくなる。

　障害をどう理解するかが対応や支援に影響を与える。障害の不都合さも，必要な支援も様々であるが，その人らしく人生を充実させて生きていくことが大切なことは論を待たない。誰にでも何らかの形で得意・不得意があるように，発達障害も個性的で顕著な得意・不得意の現れとみて"発達凸凹(でこぼこ)"と呼ぼうと杉山（2011）は提唱する。得意な部分を凸，不得意な部分を凹としてとらえており，障害として見てはいない。もちろん抱えている不都合さへの支援は必要であるが，発達障害をもつ人を"健常者"とは別の存在として見ない，という視点でもあろう。こうした姿勢に立って障害を理解し，支援していくことが大切である。

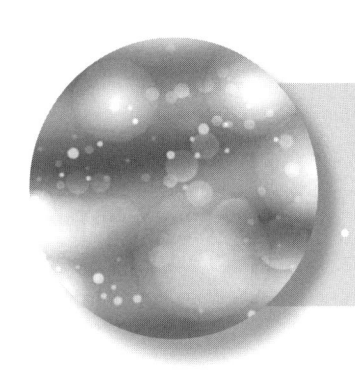

第13章
精神障害と心理的支援（心理療法）

● 第1節　精神障害

1. 精神障害の概念
(1) 精神障害とは

　精神障害（mental disorder）は，精神疾患そのものをさす場合と，精神疾患によって引き起こされた障害をさす場合がある（丹羽，1999）。精神状態は客観的・数量的にとらえることが難しいうえに，何を問題とするかは文化によっても異なる（たとえば，幻聴を，神の声を聴く特殊能力ととらえるか，精神障害ととらえるか，など）。

　精神障害について，ICD-10（WHO, 2005）では疾患や疾病の概念があいまいなために，障害という用語を正確な用語ではないとしつつも，個人的な苦痛や機能障害を起こすような臨床的な症状や行動がある場合に用いている。しかし，個人的な機能不全がなくて社会的な逸脱や葛藤だけという場合には精神障害に含むべきでない，としている。

(2) 精神障害に含まれるもの

　アメリカ精神医学会（2013）の診断基準 DSM-5 では，精神障害に次のような障害をあげており，多岐にわたっている。神経発達障害，統合失調症スペクトラムとその他の精神病性障害，双極性障害と関連障害，抑うつ障害，不安障害，強迫性障害と関連障害，トラウマとストレスに関連した障害，解離性障害，身体症状障害と関連障害，摂食障害，排泄障害，睡眠－覚醒障害，性的機能障害，ジェンダー違和感，破壊的衝動抑制障害と行為障害，物質関連－嗜癖障害，神経認知障害，パーソナリティ障害，性的倒錯障害，その他の精神障害，薬物によって誘発された運動障害と薬物のその他の副作用，臨床的関与の対象となるかもしれないその他の状態である。

　本章ではそのうちの，統合失調症，うつ病（抑うつ性障害），双極性障害，パーソナリティ（人格）障害，摂食障害，嗜癖，強迫性障害について述べる。

第13章 ── 精神障害と心理的支援(心理療法)

表13-1 精神障害の要因

内因	個人の素質に基づくもの	性格,遺伝子異常
外因	物理的・化学的・生理的な要因により引き起こされるもの	外傷,感染症,中毒,代謝異常,血管障害,変性疾患,脳腫瘍,その他の疾患
心因	心理的・社会的・環境的な要因により引き起こされるもの	葛藤,欲求不満,対人関係,悲哀体験,様々な喪失体験,心理的発達

(3) 精神障害の要因

　なぜ人は精神障害にかかるのだろうか。私たちの精神活動は脳でなされ,その行動は脳からの指令に基づいて行われる。このため,その人自身がもっている脳の特徴によって,あるいは脳自身の明らかな病変によって精神障害は起こるが,さらに脳の病変がなくても心理的な要因や身体各部の影響によって,精神障害が引き起こされる。脳の病変がない場合の脳機能の問題や心理的な要因が,より適切な精神活動をどのように妨げるかについては十分には解明されていない。

　精神障害の要因には内因,外因,心因がある。しかし,これらは単独で影響を与えるだけでなく,複合的に絡み合って影響を与えている。例えば,脆弱性をもっている人がストレスにさらされた結果,脆弱性もあいまってストレスに対処しきれず,その障害に特有な症状となって現れる場合などである。

2. 統合失調症

　統合失調症(Schizophrenia)は,かつては精神分裂病といわれたが,その人自身が分裂しているわけではなく,誤解を生じやすいので,症状が重くなると人格のまとまり(統合)がつかなくなるという意味で統合失調症という名称に変更された。

(1) 統合失調症の症状

　統合失調症は,下記の妄想,幻覚,まとまりのない会話のいずれかがあり,下記の症状が2つ以上ある場合で,それぞれ1か月以上続くものをいう(DSM-5)。

- 妄想…あるはずのない事の妄想。
- 幻覚…幻視,幻聴など。
- まとまりのない会話…支離滅裂な会話,頻繁な脱線。
- ひどくまとまりのない緊張病性の行動…行動の制止や過剰な運動性,極度の拒絶,常同性,衒奇性(奇妙な身振りや行動をわざと行うこと),反響言語(おうむ返し)。

● 陰性症状…感情の平板化（感情の動きがなくなる），思考の貧困，意欲や活動性の欠如。

　上記の症状のうち，幻覚や空笑（幻覚などに対する一人笑い），妄想，まとまりのない会話，緊張病性の行動の問題などの，一見して異常さがわかる症状を陽性症状と呼ぶが，それに比して感情の平板化や活動性の欠如などはあまり目立たないため，陰性症状と呼ぶ。
　また，発症しやすい年代は青年期頃からであるが，統合失調症にはいくつかのタイプがある。

(i) 破瓜型（解体型）
　破瓜とは思春期を指すが，このタイプは10代半ばを過ぎた，若い時期に発症する。まとまりのない会話や行動がみられ，日常的なコミュニケーションが取れず，感情が平板になり意欲が低下して閉じこもるようになる。

(ii) 緊張型
　幻覚や妄想といった陽性症状が急にみられるタイプで，激しく興奮したり，目的のない衝動的な行動がみられたりする。なかには突然に運動が止まり，同じ姿勢をとり続ける場合もあるが，その間の意識ははっきりしている。これらの症状は2～3か月で落ち着くが，再発しやすい。破瓜型より少し遅目の10代後半からみられる。

(iii) 妄想型
　妄想や幻覚，特に幻聴がみられるタイプで，認知や感情，意欲などの障害はあまりない。青年期からの比較的広い年代に発症がみられる。

(2) 統合失調症の要因と支援
　統合失調症の要因は特定されていないが，脳の神経伝達物質であるドーパミンが関係しており，多い場合には陽性症状が，少ない場合は陰性症状が出るのではないかと推測されている。内因性の遺伝的な要因も要因の一つとされているが，生育環境などの要因も大きいと考えられている。治療に関しては，薬物療法が主流である。幻覚や妄想を抑えることのできる薬剤や意欲低下を改善する可能性のある薬剤が使用される。
　また，早期の対応により症状を軽度の段階に留めておくことが可能になってきており，社会的活動が可能な場合も多いことから，早期発見・早期対応が大切である。

3. うつ病（抑うつ性障害）

(1) うつ病の症状
　近年，うつ病（Depressive Disorders）は「心の風邪」とも言われるほど，誰でもがかかりやすい疾患とみなされるようになっているが，その症状は軽いものやすぐに

第13章 ── 精神障害と心理的支援（心理療法）

軽快するものばかりではない。うつ病は単なる気分の落ち込みではなく，以下の①②症状を1つ以上含んで，あてはまる症状が5つ以上あり，その症状が2週間以上続いているものをいう（DSM-5）が，以下の症状によって，著しい苦痛や社会生活上の障害を引き起こしている疾患である。

　①抑うつ気分，②興味・喜びの喪失，③食欲不振・体重減少，④睡眠障害（入眠困難，中途覚醒，早朝覚醒のほか，過眠も含まれる），⑤焦燥感，⑥気力減退・疲れやすさ，⑦無価値感，⑧思考力・決断力の減退，⑨死の反復思考・自殺念慮・自殺企図。

　上記の症状は言うなれば，心のエネルギーが少なくなった状態である。
　一般に，朝方は気分が落ち込みやすく，午後から特に夕方から夜にかけて気分が軽くなりやすい。また，落ち込んで元気がなくなる以外に，いらだちやすく攻撃的になる場合もあり，この場合はうつ状態であることが気づかれにくくなる。
　自尊感情をもつことができず，症状が重くなると，自殺を考えるようになるが，何もできないほどの最も気持ちが落ち込んでいる時より，落ち込みが少し減少して行動できるようになりかけたころに自殺の可能性が高くなる。
　うつ病は乳児期からみられ，愛着形成後に母親を失った乳児にみられるうつ状態をスピッツ（Spitz, 1959）はアナクリティック（依存）うつ病とした。幼児期や児童期の子どものうつ状態は，身体症状や不登校，引きこもりの形で現れやすいため，今まであまり気づかれてこなかった（Weller, E. B., Weller, R. A., & Danielyan, A. K., 2004）。児童期のうつ病は，基本的にはおとなと同じであるが，再発しやすく，抑うつ感をうまく表現できないためにイライラ感をもちやすい。また，単独で出現するより，不安障害や摂食障害，発達障害の一つである注意欠如多動性障害（ADHD）などに伴って出現することも少なくない。

(2) うつ病の要因

　うつ病は脳の神経伝達物質がうまくやり取りできないことで起こると考えられているが，本人の内因的な要因に加え，外的なストレスが引き金になりやすい。発症する前の性格は，真面目に努力し，責任感が篤く，要求水準が高く，社会的ルールを重んじ，人に気を遣って自分のことを後回しにし，頼まれると嫌と言えない"いい人"であることが多い。このような人が，何らかの喪失体験（親しい人との別離・死別，退職，子どもの結婚）や責任の増大（昇進や栄転），新しい状況（転勤や転居）などのストレスや生活の変化に直面すると，発症が誘引されやすくなる。

(3) うつ病への支援

うつ病の治療には心理療法のほか，薬物療法も行われるが，苦痛の軽減や自殺予防のためにも早めの対応が必要となる。また，思考力が低下しているため，心身ともに休息が必要なこのような時期には重要な決定はすべきではない。

症状改善の治療としての薬物療法は，うつ病が神経伝達物質の中のモノアミン系（第2章参照）の，特にセロトニンの不足によると考えられていることから，セロトニン量を調節する薬剤が使われることが多い。また，うつ病の人は認知の歪みにより強くストレスを感じやすいことから，うつ病の心理療法として認知行動療法がよく用いられる。

うつ病の人は物事を大きく感じすぎ，問題が起こると取り返しのつかないこととして，自分の所為であるかのようにとらえてしまう傾向があるため，励ましがかえって自責の念を強めてしまう。過剰適応して"いい人"として頑張っていたが，エネルギーが続かなくなってしまったという状態であるので，叱咤激励は疲れ切った人をさらに鞭打つことになる。治療は専門機関にゆだね，周囲の人は受容的に見守り，本人が頑張ってきたことを認め，本人が話したいことがあれば共感的にしっかり聴く姿勢が必要になる。

近年，若い人に，"新型うつ病"あるいは"現代型うつ病"と呼ばれる症状がみられる。自責感より他責感が強く，仕事場などのストレスのかかる場面ではうつ状態がみられるが，仕事が終わると気分が軽くなり，うつ病の診断を受けて病気休暇を取っていても，自分の興味のあることや旅行などは元気で楽しんだり積極的に活動することができる。本人自身が強いストレスを感じており，うつ状態であり，苦しんでいることには変わりはないが，これをうつ病の範疇に入れるかどうかは議論が分かれるところである。

4. 双極性障害

(1) 双極性障害の症状

うつ病だけや躁病だけの場合を単極性の障害といい，うつ状態と躁状態という2つの極を繰り返す障害を双極性障害（Bipolar Disorders）という。躁状態とは，平素の状態と異なって気分が異常に高揚し，解放的になったり，いらだったりすることが1週間以上持続する状態である。自尊心が肥大する，睡眠時間が少なくても平気である，よく喋る，喋り続けようとする，よく動く，考えが次々と起こってくる（観念奔逸），注意散漫になる，買い物や安易な性関係などの抑制が利かなくなる，といった症状がみられる。その結果，衝動買いや性関係などによる日常生活や対人関係のトラブルが生じることもある。

ところが，一転してうつ状態になると，いままでの躁状態のときに行ってきたこと

が思い起こされ，自己評価が低くなり，抑うつの気分が重くなる。

(2) 双極性障害の要因と支援

うつ病と同様であるが，双生児研究では，単極性障害よりも双極性障害のほうが罹患の一致率が高く，遺伝的な要因があるとされているが，発症はストレスが引き金になることが多く，遺伝的な要因よりもストレス体験の要因が大きいと考えられている。治療としてはうつ病同様に，薬物療法や心理療法が適用される。

双極性Ⅱ型と呼ばれる障害は躁状態が目立ちにくく，うつ病と診断されやすい。このタイプの人がうつ病の薬を服用すると症状が悪化する場合もあるため，注意が必要である。

5. パーソナリティ（人格）障害

パーソナリティの著しい偏りによって社会的な不適応が生じる障害をパーソナリティ障害（Personality Disorders）といい，認知・感情・対人関係機能または衝動性の抑制のうち，少なくとも2つ以上の領域において，障害がみられる。性格傾向に柔軟性がなく非適応的で，社会的・職業的・他の重要な領域における著しい機能障害によって，本人または周囲の人たちに持続的な困難を生じさせる障害である。青年期または成人期早期に始まり，長期にわたって持続しているが，他の精神疾患や薬物などの物質，一般的身体疾患によって引き起こされた障害ではない。これらは3つのタイプに分類される（Mason, P. T. & Kreger, R., 1998; DSM-IV-TR, 2000）。

(1) 奇妙で風変わりなタイプ

(i) 妄想性パーソナリティ障害

不信と疑い深さがあり，他人の動機を悪意あるものとして解釈する。日ごろから相手が友人であっても自分をだましているのではないか，隠し事をしているのではないかと考え，なかなか信頼できない。自分の正しさは強く主張し，絶えず周囲と不和・摩擦を起こしやすい。

(ii) シゾイドパーソナリティ障害

感情が乏しく，対人関係や人とのつき合いに関心がない。自分のペースで，一人で淡々としている。何をしても喜びや感動が少ない。傍からはよそよそしく冷たい印象にみられる。

(iii) 失調型パーソナリティ障害

奇妙な考え方・話し方をし，他人と自然にうちとけられないという知覚・認知・行動の奇妙さと対人関係の拙さがある。霊感やテレパシーなどを信じ，客観的には問題がみられなくても，自分の体が歪んでいると感じるなど，自分の身体に奇妙な感覚を

もつこともある。

(2) 演技的－情動的－移り気タイプ
(i) 反社会性パーソナリティ障害

他人の権利を無視しそれを侵略し，利己的で他人の気持ちや迷惑を考えることができない。社会のルールや法律などに反する行為を平気で行う。場当たり的で無責任な行動をとったり，自分の気持ちを抑えられず，暴力を振るったり自分の利益のために平気で人を騙したりする。小児期・早期成人期では前兆的状態として行為障害がみられる。

(ii) 境界性パーソナリティ障害

対人関係，感情，自己像の不安定さがあり，見捨てられ不安が強く，ある時期は特定の他人を理想的に思い，親密にしていたかと思うと，わずかなきっかけで同じ人を急に憎んだり蔑んだりして，対人評価が極端に変化する。安定した自己像をもつことができず，自傷行為や自殺行為（リストカット，大量服薬など），浪費，自己を危険にさらす衝動的行動などがみられる。

(iii) 演技性パーソナリティ障害

過度に情動的で，他者の注目や関心を集めるために，奇抜で派手な外見や演技的な態度を示す。感情表現は大げさだが，表面的で真実味に乏しく変化しやすい。自分自身や他人からの暗示を受けやすく，周囲の影響を受けやすい。

(iv) 自己愛性パーソナリティ障害

自分を誇大視し，賞賛されたいという欲求が非常に強い。自分は賞賛されるべき優れた人間だと思い込んでおり，他人の欲求や気持ちに気づこうとせず，自分の目的のために他人を利用しようとする傾向がある。

(3) 不安－恐怖タイプ
(i) 回避性パーソナリティ障害

自己不全感があり，自己への否定的評価に対して過敏であり，極端な恥ずかしがりで引っ込み思案なパーソナリティ障害である。他人からの非難や人前で恥をかくことを極度に恐れ，そうなる可能性のある人間関係を避けようとする。劣等感を抱いていることが多く，他人のちょっとした言動によってすぐに傷つく。

(ii) 依存性パーソナリティ障害

世話をされたいという過剰な欲求をもっており，相手に従属したりその相手にしがみついたりする。日常の些細なことでも自分で決められず，どうしたらよいか他人に聞こうとする。孤独への強い不安や無力感をもち，自分に指示してくれる人から嫌われないように，その人の望むことは何でも従う傾向がある。

(iii) 強迫性パーソナリティ障害

秩序，完全主義，コントロールにこだわっており，極端に秩序正しくまじめで，几帳面で融通が利かず，何でも完璧にしなければ気がすまない。細かいところまで完璧にしようとして本来の目的を見失ってしまうことが多い。

(4) パーソナリティ障害への支援

パーソナリティ障害はパーソナリティの偏りによって生ずる障害であることから，不安や情緒不安定などに対する薬物療法も行われるが，基本的には心理療法が中心となる。パーソナリティの偏りによって起こる生きにくさの背景にある心理的な問題を理解し，日常生活で生じる様々な問題や対人関係についてのスキルを身につけていくために，治療を継続していくことが必要になる。

6. 摂食障害

摂食障害（Feeding and Eating Disorders）は食べることについての様々な障害（異食，反芻障害，回避的制限的食物摂取障害，神経性無食欲症，神経性大食症，大食障害など）であるが，ここでは神経性無食欲症と，神経性大食症に触れる。神経性無食欲症も神経性大食症も女性に多く，発症者の9割は女性である。発症年齢は神経性無食欲症が10歳代後半から，神経性大食症は20歳代前半からが多い。

(1) 神経性無食欲症

神経性無食欲症（Anorexia Nervosa）では以下のような症状がみられる。一般に拒食症と呼ばれる障害である。

年齢や身長から期待される体重の85％以下の体重（最低限の正常体重）が続いていても体重を上げようとせず，体重が足りなくても，体重が増えることや肥満することに強い恐怖をもっていて，自分の体重や体型に対する感じ方に障害があり，体重や体型が自己評価に大きく影響し，自分が低体重であっても重大だと感じていない。

節食や断食，または過剰な運動によって痩せようとし，その結果，低栄養による便秘，腹痛，貧血，腎機能障害，心臓疾患，歯科の問題（栄養の問題以外に嘔吐の酸によっても歯がぼろぼろになる），骨粗鬆症などの様々な身体疾患を引き起こす。食べてしまったときには，自ら嘔吐したり，薬剤による排出（下剤・浣腸）を行ったりする。やせ過ぎの症状が重篤になれば死にいたることもある。

神経性無食欲症は，食べ物が豊かな産業化された社会や痩せてほっそりしていることが美しいとされる社会の中でみられる。

(2) 神経性大食症

食べても食べても満足できず，無茶食いを繰り返し，食べることをやめることができない，という症状の障害が神経性大食症（Bulimia Nervosa）である。神経性無食欲症の人が神経性大食症に変化する場合もある。また，体重増加を防ぐために，自分の手を喉に入れて嘔吐したり，下剤や利尿剤，浣腸や他の薬剤を使用して排出したり，絶食したり，過剰な運動を行ったりする。無理な排出を行うことで，下剤の乱用による腸の機能不全（下剤を使用しないと腸がうまく働かない），下剤による直腸脱，嘔吐による食道裂傷や感染症などがみられたりする。無茶食いは少なくとも週2回以上3か月以上にわたっており，本人の自己評価は体重や体型によって左右される。

(3) 摂食障害への支援

生命に関わる場合があるので，早期発見・早期対応が必要となる。しかし，やせ細っていても，交感神経が活発化して元気な場合もあり，本人は自分が病的に痩せていることを問題視しておらず，受診を拒否しがちになる。食べることに関わる障害であるが，本人の抱えている問題が結果的に食べることに現れたものであり，本人の自己意識の問題が横たわっている。まじめで強迫的な性格であることが多く，親との関係，自分の女性性の受容，対人関係などの問題なども抱えていることが多い。このため，強迫性やうつ状態に対する薬物療法だけでなく，課題となる心の問題と取り組む心理療法が必要になる。

7. 嗜癖

(1) 嗜癖の症状

嗜癖（addiction）とは習慣的な行為や特定の行動に対する執着や耽溺をいい，アルコールや薬物などの物質への嗜癖を物質関連嗜癖という。DSM-5ではアルコール，カフェイン，麻薬，鎮静剤（睡眠薬または抗不安薬），覚せい剤，タバコなどの臨床的に重大な障害や苦痛を引き起こす物質について，12か月以内に以下のうち2つの項目が当てはまる場合を物質関連－嗜癖障害（Substance-Related and Addictive Disorders）としている。

一例として，アルコール使用障害の症状を以下にあげる。

①はじめのつもりよりも，大量に，長い期間，しばしば使用する。
②アルコールの使用を中止したり，または制限しようとしたりして努力してもうまくいかない。
③アルコールを手に入れるために活動することや，アルコールを使用すること，または，アルコールの作用からの回復などに時間がかかる。
④アルコールを使用したいという渇望・強い欲求または衝動がある。繰り返し使用し

第13章 —— 精神障害と心理的支援（心理療法）

た結果，仕事・学校または家庭の重大な役割や義務を果たすことができなくなる。
⑤アルコールにより社会的な問題や対人関係の問題が起きているにもかかわらず飲み続けている。
⑥アルコールを使用するために，重要な社会的，職業的または娯楽的活動を放棄したり，または減少させたりしている。
⑦身体的危険がある状態なのに繰り返し使用する。
⑧アルコールの使用により精神的または身体的問題が持続的反復的に起こり悪化しているらしいことをわかっているにもかかわらず使用し続ける。
⑨期待する効果に達するためにアルコールが大量に必要である，または，今までと同じ量では効果が少ない。
⑩アルコールをやめると離脱症状（幻覚や手の震えなどや激しい渇望感）を起こす，または，離脱症状を緩和するためにアルコールまたはアルコールに関連したものを摂取する。

このように，嗜癖は物質（たとえばアルコール）を摂取することで，自分で量や機会をコントロールできなくなる状態が生じ，その結果，日常生活に支障が生じる状態になったものをいう。嗜癖は，物質だけでなく，ギャンブルやゲームなどの行動のプロセスに対しても起こる。

(2) 嗜癖の要因

アルコールは日常で摂取する機会が多い物質であるが，麻薬や覚せい剤などの薬物は摂取回数が1回であっても嗜癖の状態になる。なぜ日常生活や社会生活に障害を来たすまで摂取または行為をしてしまうのだろうか。

嗜癖には脳内でドーパミンを作る腹側被蓋野とドーパミンを受け取る側坐核が関わっている。人は物質によって強い快感を体験すると，それを追い求めるようになる。これらの嗜癖を起こす物質は，それぞれ様々な作用があるが，脳の側坐核に大量のドーパミンを注ぐように働きかけ，報酬系と呼ばれる回路に作用して快感をもたらすことはどの物質でも同じである。アルコールは気分を大きく変化させる作用があり，強い快感が繰り返されると，脳の神経伝達回路に激しく電気信号が流れるようになるが，この報酬系は薬物の量に順応して耐性ができ，さらなる量の薬物を求めるようになる。その結果，飢えや渇きと同じように，快感への強い渇望感や飢餓感が起こり，意志の力だけでは止めることができなくなってしまうのである。このメカニズムは，激しい快感をもたらすギャンブルやゲームにおいても同じである。

(3) 嗜癖への支援

　飲酒で言えば，アルコールは日常的な物質であるため，嗜癖になっていて多少の問題行動があっても"酒の上のこと"とあまり問題にされない。はっきりとした身体症状（体調不良や病気）や精神症状（生活上や職業上の問題，家族関係の問題など）が起こるようになってから飲酒による問題が表面化する。症状が重篤な場合には，意識障害や幻覚，振戦（ふるえ）がみられ，入院しての治療が必要になる。減量や節制での治療は難しく，飲酒を何とか減らそうと本人が努力したり一時的にやめたりしていても，上記のような理由で渇望感が強く，少量でも飲用するとそれまでの本人の努力は無になってしまい，また，大量飲酒が始まってしまう。本人はトラブルを繰り返しても問題ととらえず，身近な家族などを巻き込むことも多い。

　治療には，自分の飲酒は問題のある飲酒であることを自覚することがまず必要になる。そのうえで，飲酒をいっさいやめる（断酒）ことが有効であると考えられており，断酒の必要性を本人がしっかりと理解するとともに，心理療法（認知行動療法など）や自助グループでの支え合いにより，断酒期間を延ばしていくことが治療となる。

　また，継続飲酒にいたる心理的背景に空虚さを抱えていくことが多く，そのための心理療法も必要である。

8. 強迫性障害

(1) 強迫性障害の症状

　強迫性障害（Obsessive-Compulsive Disorder）は，不安や恐怖を生み出す一定の思考やイメージが繰り返し起こり，コントロールできず，不安や恐怖を取り除くために特定の行動を繰り返さずにはいられない障害である。

　強迫には思考の強迫（強迫観念）と，行動の強迫（強迫行為）があり，強迫観念と強迫行為は同時に現れることが多い。強迫観念はイメージや言葉が頭に浮かんで離れない観念であり，自分でも不合理で病的なものとわかっていながら，自分にとって望んでいない行為をしてしまうのである。よくみられる強迫行為には，確認行為や手洗い行為がある。たとえば，自分が汚いものに触ってしまった，触れられてしまったと思う強迫観念をもつ場合，その観念にとらわれて，汚さを漱ぐために何度も手を洗わずにいられなくなる。洗っても洗っても，きれいになった気になれず手洗い行動を繰り返して時間を費やしたり，汚いと思うものに触れないようにしたり，その機会を減らすために閉じこもったりして，日常生活に支障を来たすようになる。

　ときには家族を巻き込んで，家族にも自分が汚いと思うものに触れないように要求したり，触れた場合には手洗い行動を要求したりする。

(2) 強迫性障害の要因

10代後半の思春期頃に始まり、ベアーら（Bear, M. F., Connors, B. W., & Paradiso, M. A., 2007）によると人口の2％の罹患率で、男女の割合は同じである。何かの出来事の後に急に発症することが多く、慢性の状態になる。

強迫性障害の病因はわかっていないが、フリーマンら（Freeman, J. B. et al., 2004）によれば、前頭葉－大脳辺縁系－大脳基底核の機能不全の結果として起こるのではないかと示唆されており、神経伝達物質の調節不全、遺伝子の影響、環境因子が障害の出現に関与していると考えられている。

(3) 強迫性障害の支援

家族の問題や心理社会的ストレスも考慮に入れる必要があるが、特に若年の児童や軽度の強迫性障害で重大な合併症状がない場合に、まず選択される治療法としては、認知行動療法が多い。子どもの強迫性障害の場合には家族療法も重要である。

また、薬物療法としては抗強迫性の作用をもつセロトニンに関わる薬物療法（セロトニン再取り込み阻害剤）などが使われる。認知行動療法と薬物療法の併用で効果があると考えられている（Freeman et al., 2004）。

● 第2節　心理的支援（心理療法）

現在、心理療法は多種多様にあり、それぞれの研究者・実践家によって新たな心理療法が編み出されてきている。代表的な心理療法として、精神分析、来談者中心療法、認知行動療法をあげる。

1. 精神分析・精神分析的療法

精神分析（psychoanalysis）はフロイト（Freud, S., 1909）によって始められた、心の奥の本人自身も気づかない無意識に光を当てようとする心理療法である。フロイトは、意識すると自我が傷つくような経験が、本人も気づかないうちに無意識の中に抑圧され、それが葛藤を生じさせて、精神疾患につながると考えた。このため、患者をリラックスさせてカウチ（寝椅子）に横たわらせ、心に浮かぶ様々なことを語らせて無意識の世界にアプローチしようとした。フロイトは、連想の途切れは抵抗（本人が無意識のうちに抑圧してきた感情）であり、それを明らかにすることで症状が消えると考えた。患者は、治療を続けるなかで過去の重要な人物に対してもっていた特定の感情を治療者に対して向けるようになる（転移, transference）。転移には、好意的な陽性転移と、否定的な陰性転移があり、治療者への転移を適切に取り扱うことで治療につなげようとする。フロイトは、転移の背後にある葛藤を明らかにし、自分の

症状や行動を理解することができるように治療を行った。

フロイトの治療の流れを汲むのが精神分析的療法である。フロイトの精神分析は週に4回ほどであったようだが，現在では週1回程度の治療も行われている。

フロイトの無意識についての見解は多方面に多くの影響を与えたが，ユング（Jung, C. G.）やアドラー（Adler, A.）のように後にフロイトから離れ，別の流派を打ち立てた研究者も少なくなかった。その他にも無意識に注目した心理療法は多々あるが，一例としてバーン（Berne, E.）の交流分析，アクスライン（Axline, V. M.）らの遊戯療法，ユング派のカルフ（Kalff, D, M.）の箱庭療法などがあげられる。

2. 来談者中心療法

来談者中心療法（client-centered therapy）はロジャーズ（Rogers, C. R., 1951）によって提唱された。来談者中心療法は，医学モデル（病理診断を行い，治療法を決め，治療を行う）ではなく，成長モデル（心理的な発達や機能の強化に向かう）を特徴としている。ロジャーズは，精神分析のような，知識をもった治療者（セラピスト）が患者の過去の無意識的な経験を解釈することで治療を進める治療者主導ではなく，真に問題を解決できるのはクライエント（来談者）であると考え，治療はクライエントの潜在的な回復力や成長力を引き出すことによって行われるととらえた（Rogers, 1951; Tudor, K., & Merry, T., 2002）。このような視点から，一時，自分の治療法を非指示的療法（指示的でない療法）としたが，非指示的という言葉が，聴くだけで何もしないかのように誤解されたため，治療の主導権はクライエントであるとして来談者中心療法と改めた。問題を抱えて悩んでいる人を，患者とせずにクライエントと呼んだこともロジャーズの姿勢の現れであるが，治療やクライエントに対する考え方はカウンセリングに大きな影響を与えた。

ロジャーズは，個人が不適応にいたるのは，理想の自己（自己概念）と現実（実際の経験）に大きな不一致があるからだととらえた。図13-1の中央のⅠは，一致して

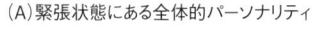

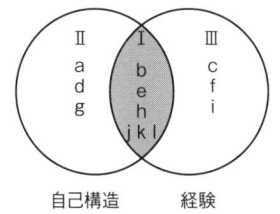

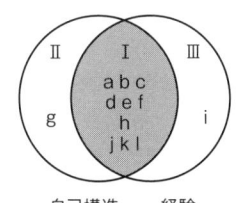

図 13-1　自己概念（自己構造）と適応（Rogers, C. R., 1951, pp.526-527）

第13章 ── 精神障害と心理的支援（心理療法）

いる部分であり，よく適応したパーソナリティや十分に機能する人はこの部分が大きい。Ⅱは，"歪曲"された部分であり，自己概念（自己構造）と経験が一致しない部分である。Ⅲは，"拒否"された部分であり，自己概念と経験が一致しないために気づくことを拒否している部分である。誰にも理想（ありたい姿）があり，その理想が向上する力にもなるが，理想の自己が現実の自己から離れすぎてしまうと，自己不一致により自己を受け入れることができず，心のバランスを崩して不適応に陥ってしまう。しかし，カウンセラーの支援により，クライエントがありのままの現実の自己を知り，自己を受け入れていくようになると，理想と現実の乖離が近づき，不適応が解消されていく。そのための治療には，クライエントと治療者の信頼関係がまず基本であり，その関係性の上に立った話し合いの中で，クライエントは気づき，成長し，自立し，自己実現する力を発揮し，その結果として問題や悩みが解消されていくのである。

　来談者中心療法は，会話することで進められる言語による関わりであり，過去に何があったかという出来事ではなく，今ここの面接でクライエントがどのように感じたかを重視している。自己について考えることが必要なため，これらが十分ではない人や子どもへの適用は適切ではない。

　ロジャーズは来談者中心療法を行う治療者がとるべき態度（3条件）を示し，このような態度であるときにクライエントの建設的なパーソナリティの変容が起こり，治療が成功するとした。
①純粋性・自己一致（genuineness・congruence）
　クライエントとの面接場面で，治療者は，自己概念と自己の経験の間にずれがなく一致していることが重要である。そのためには，治療者がクライエントとの関係の中で自分の心に起こる様々な感情に気づいており，それをしっかりと受け止め，必要によってそれを適切に表現できることが大切であり，この状態を純粋性・自己一致という。
②共感的理解（empathic understanding）
　クライエントが考え，感じ，体験していることを，治療者は"あたかも自分のことであるかのように"感じ，体験し，それに共感することをいう。クライエントの感情のままに治療者がともに揺れて混乱することを意味するわけではない。共感しつつも揺るがない態度でいることで，クライエントが安心して自己の感じや考え，体験を表すことができるのである。
③無条件の肯定的配慮（unconditional positive regard）
　クライエントを受容するのに条件をつけないことをいう。過度の友好的な態度や

「人当たりのよさ」ではなく，クライエントの態度や行動，考え方，感情についての否定的側面も批判せずに受容するという態度である。

ロジャーズは，個人だけではなく人間全体へと関心を広げていき，自分の治療法を人間中心療法（Person-Centered therapy）と呼ぶようになった。

成功する心理療法について研究したのは，ロジャーズの共同研究者であったジェンドリン（Gendrin, E., 1978）である。カウンセリングに成功したクライエントは，その問題に対する身体の感じを変化の源としていたことから，クライエントが自分の心の実感に触れることが鍵であることを主張し，体験過程療法（フォーカシング）を提唱した。フォーカサー（クライエント）はリスナー（治療者）に聞いてもらいながら，自分の感覚（フェルトセンス）と言葉を共鳴させることを通して自分の心に触れていく。それにより，新しい側面への気づき（フェルトシフト）が展開され，さらに，気づきが人生の様々な局面に応用されて，ときには本人が思いもかけなかったような局面にまで発展し，治療過程が促進されるのである。

3. 認知行動療法

アイゼンク（Eysenck, H. J.）の提案した行動療法（山上，2004）とベック（Beck, A. T., 1976）の認知療法やエリスとハーパー（Ellis, A. & Harper, A., 1975）の論理情動療法の融合したものが認知行動療法である。同じ出来事であってもどのように認知するかは人により異なる。合理的でない認知によって引き起こされる様々な問題に対し，その非合理的な認知を合理的な認知に変え，行動を変容させることにより，問題を解決していく心理療法が認知行動療法である。

(1) 行動療法

アイゼンクらの行動療法では，その人の問題行動は本人のパーソナリティや潜在意識の問題としてとらえるのではなく，間違った学習の結果，あるいは学習がまだ行われていないためだととらえた。したがって，問題行動は，学習理論による消去を行い，正しい学習を行うことで，あるいは適切な学習を身につけることで修正される，とした。行動療法は不安や恐怖の治療にも使われることが多く，一例としてウォルピ（Wolpe, 1969）の系統的脱感作法がある。これは系統的に段階を追って，少しずつ不安や恐怖を減らしていくことで敏感さを減らして慣れさせ，大丈夫であることを学習させ，行動を変容させていくものである。

行動療法では，トークンと呼ばれる代用コインや商品券を使い，よい行動を行ったときに報酬を与えて，適切な行動を強化する方法も用いられる。この場合の報酬の対象となる行動は，本人が努力すれば実現できるものであることが必要であるが，トー

第13章 —— 精神障害と心理的支援（心理療法）

クンなどの代理コイン以外に，褒める，注目することも報酬となる。

また，なぜそのような行動をとるに至ったかについて，応用行動分析も用いられる。応用行動分析では，問題行動が引き起こされる状況（Antecedent：A）と，そこでとられる問題行動（Behavior：B），およびその結果（Consequence：C）について検討し，その行動がどのような役割を果たしているかをみていく。そして問題行動が引き起こされる状況と結果を変え，適切な行動には報酬を与え，不適切な行動には罰ではなく無視という形をとって，望ましい行動を身につけるようにしていく。たとえば，友だちの注目を集めたくて騒ぐ子どもには，その子のよい行動を賞賛して友人の注目を集めさせることで，注目されたいという思いを叶えつつ，不適切な行動を減らしていくのである。

(2) 認知療法と認知行動療法
①認知療法

認知療法は，その人の問題はその人の歪んだ認知や非論理的な思い込みから発生しているとして，認知を変えることで問題を問題としなくなるようにする療法である。治療者はクライエントの自動思考（自動的に出てくる思考）に対し，それが現実的であるかどうかを問いかけ，証拠を求めることで認知の変容を図っていく。この方法の一つに論理情動療法がある。エリスは，個人にとっての出来事（Active Event：A）が，信念や固定観念（Belief：B）により歪められ，結果（Consequence：C）が生じるというABC理論を考えた（図13-2）。治療では，その人のもつ非合理的な信念（イラショナル・ビリーフ irrational belief）を変えるために，論理的な問いかけ（反駁はんばく，dispute：D）を行っていく。この結果，イラショナル・ビリーフが打ち砕かれる（効果，effect：E）のである。ABC理論を，ABC以外のDEも加えてABCDE理論という場合もある。

非論理的思考をもちやすい人は，はじめは"〜できるとよい""〜したい"という期待や願望であった考えが，しだいに"〜ねばならない"，"〜べきである"（たとえば，成功しなければならない，いい人でいるべきだなど）という至上命令的な非合理的非論理的な信念に変わっていく。しかし，この信念は現実には合わない。願望はいつも必ず叶えられるわけではないし，すべてが思うようにいくわけではない。どのようなことにおいてもいつも必ず成功することはありえないし，人それぞれに感じ方が異なるのですべての人にとっていい人とはなりえない。にもかかわらず，成功しないと自分に価値がないように感じていつも成功しようとしたり，あるいはすべての人にいい人だと思われ好かれねばならないと思い込んで自分なりのいい人でいようとしたりして，無理を重ね，その結果，ストレスを溜め込んでしまう。

このような非合理的信念を強くもつ人は，状況が思い通りにならなかった場合に

```
        A                    B                     C
     ┌─────┐              ┌─────┐              ┌─────┐
     │出来事│              │ビリーフ│              │結 果│
     └─────┘              └─────┘              └─────┘
  ジェーンは講義          ラショナル・ビリー        感情：不安
  をするとき，自          フ
  分がへまをしで                               行動：脅迫的に
  かすかもしれな          「私は最高の講義を        過剰な準備をす
  いと考えている   出来事が やりとげたい……」      る
                ビリーフ
                のきっか
                けになる

                          ジェーンは願望を         イラショナル・ビリー
                          願望レベルにとど         フが不健康な否定
                          めず「絶対にねば         的感情へと導く
                          ならない」にして
                          しまう


                        ┌──────────────┐
                        │イラショナル・ビリーフ│
                        └──────────────┘
                          「だから，私はうまく
                          やらなければならない」
```

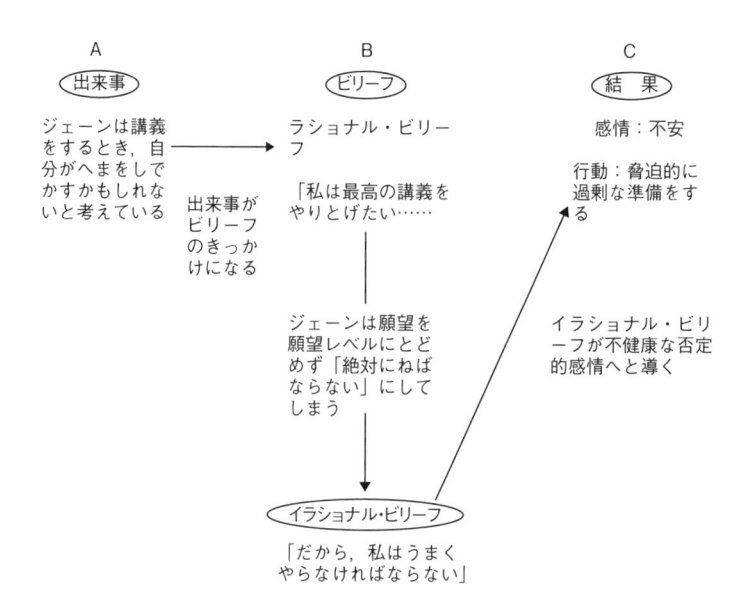

図 13-2　ABC 理論の一例（Yankura, J., & Dryden, W., 1994／岡田（訳），1998）

は最悪だと評価したり，起きてはならないと思うことが起きてしまったときには幸福や欲求充足の可能性がまったく断たれてしまったとみなしたりする。自分がやろうと思っていてもできなかった場合には自己を，他者から得られると確信していた評価が得られなかった場合には他者を，全面的に非難したり悪いと決めつけたりしがちになる。

　治療では，これらの思考パターンから脱却し，実際の場面でも合理的信念をもつことができるよう，課題などが出される。その結果，"ねば""べき"思考から，"成功すれば嬉しいがすべてがうまくいくわけではない，うまくいかなくてもまたやり直せばよい""すべての人から好かれることはありえないし，仮に自分を嫌いな人がいても自分の価値には変わりない"などと，より合理的・論理的な思考ができるようになるのである。

②認知行動療法

　認知行動療法は，認知療法と行動療法の2つが統合された心理療法であり，認知が変われば行動が変わり，行動が変われば認知が変わるというような，認知と行動の密接な関連によって認知と行動の両方の変容を目指すものである。出来事に対して即座に思い浮かぶ自動思考（認知）が感情や行動に影響を与えているが，自動思考は今までの経験のなかからいつのまにかできあがった認知の癖（スキーマ）によ

第13章 ── 精神障害と心的支援（心理療法）

って影響を受けており，自動思考を深く掘り下げてスキーマに気づくことで認知の歪みから生じる悪循環を修正していく。認知は感情を伴っていることが多く，認知と感情を分けることで認知の歪みに気づきやすくなり，その結果として行動も変わりやすくなる。

　アメリカやイギリスではうつ病や不安の治療に認知行動療法が広く用いられており，薬物療法と併用することで効果をあげている。

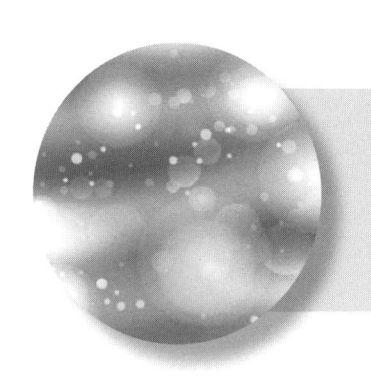

第14章　個人と集団

● 第1節　対人認知

1. 印象形成
(1) 第一印象とは

　人が初めて出会った他者に対して抱く印象を第一印象 (first impression) という。外見 (顔つき, 髪型, 服装, 体型など), 姿勢, 視線, 話し方などの非言語的コミュニケーションが第一印象の形成に与える影響は大きい。

　大橋ら (大橋・佐々木, 1989) は, 性格特性から類推される相貌特徴と, 逆に, 相貌特徴から類推される性格特性について一定の関連傾向があることを見出している。体型では, 太った人は「感じのよい, 親しみやすい, 親切, 心の広い, 気長, 積極的」, 痩せた人は「知的」とみられる傾向がある。身長の高い人は「知的」, 低い人は「責任感がない」とみられる傾向がある。容貌では, 色白で顔・耳・鼻・唇・口が全体的に小作りな人は「消極的, 心のせまい, 内向的」, 色黒で顔・耳・鼻・唇・口が全体的に大作りな人は「積極的」とみられる傾向がある。また, 血色がよい, 目が大きい, まつげが長い, 鼻がまっすぐ, 口元が引き締まっている, 歯並びがよいといった人は「分別があり, 責任感があり, 外向的」とみられる傾向がある。

　上記の傾向は日本社会での一般的傾向であり, 社会・文化により, 異なる傾向が見出される。たとえば, アラブ系社会における実験では, ひげをたくわえた22～25歳の8人の男性のひげを剃り落とされる前・途中・後の写真を撮り, 写真の印象について調べた。A. あごひげと口ひげがある, B. あごひげまたは口ひげのどちらか一方だけがある, C. ひげはない, の3種類の写真である。調査の結果, A. は男らしく, 成熟しており, 見ばえがよく, 権力があり, 自信があり, 勇敢で, 人間が大きく, 勤勉であると, 最もよい印象だった。B. はその次によい印象だった。C. は最も悪い印象だった。すなわち, アラブ系社会では, 男性がひげを生やしていることが男らしさ, 成熟性, 勇敢などのよい印象を与えるのである。また, アメリカの大統領選では背の高い候補者のほうが勝利をおさめることが多いという研究がある。これは, アメリカ

第14章 ── 個人と集団

社会では背が高いことがよい印象を与えることを示している。

(2) 印象形成

他者についての限られた情報を手がかりにして，その人物の人格特性や行動傾向を推論することを印象形成（impression formation）という。

印象形成は，他者についての様々な断片的な情報を統合して全体的なイメージ形成や一般的な評価・判断を行う。限られた情報から，まとまりのある印象が形成されるのは，人がもっている暗黙の性格理論（implicit personality theory）によるところが大きい。暗黙の性格理論とは，性格に関して漠然とした形で抱かれている考え方や信念の体系のことであり，血液型による性格判断，人相学，また，女は優しいとか銀行マンはまじめだというような性・人種・職業に関するステレオタイプ（stereotype），さらには，「無口な人は我慢強い。おしゃべりな人は楽天的だ」というように性格特性間に関連があると考える傾向も含む。したがって，同じ情報が与えられても人により抱いている暗黙の性格理論が異なるため，異なる印象が形成されることもある。

また，集めた情報は，ただ単純にまとめられるわけではない。アッシュ（Asch, S. E., 1946）は，被験者に，形容詞の読み聞かせという方法で，架空の人物の印象形成の手がかりとなる情報を与えた。1つの群には，「知的な－器用な－勤勉な－暖かい－決断力のある－実際的な－用心深い」の順に聞かせ，もう1つの群には，4番目の「暖かい」を「冷たい」に変えて聞かせた。その結果，「暖かい」が入っている群のほうが，「冷たい」が入っている群よりも好意的な印象が形成されていた。これについて，アッシュは，人は個々の情報を単純に寄せ集めて印象を形成するのではなく，情報の中の重要な部分（中心的特性と呼ぶ。この実験では「暖かい－冷たい」）に着目し，それを核にして他の情報を相互に関連させ，意味のある全体像を作り上げると考えた。

印象形成に用いられる情報は，時間経過により異なる。初対面の時は相手についての手がかりが少ないため，外見や身体的魅力といった外的特性から相手を判断しがちである。だが，時間の経過とともに性格，価値観，行動特性などといった内的特性に基づき判断するようになる。

(3) 対人認知に歪みを与える要因

様々な対象や事象に関する情報を処理するときに，私たちは，スキーマ（schema；過去の経験によって身につけた知識構造）を利用する。スキーマは対人理解に役立つが，スキーマにとらわれすぎると，後述する光背効果やステレオタイプのように，対人認知に歪みがもたらされる原因となる。対人関係に歪みを与える要因についてみてみよう。

①初頭効果と新近効果

　最初に提示された情報が印象に強く影響することを初頭効果（primary effect）という。アッシュは，被験者に，形容詞の読み聞かせをし，架空の人物の印象形成をさせた。1つの群には，「知的な－勤勉な－衝動的な－批判力のある－強情な－嫉妬深い」と，好ましい性格特性語を最初に提示した。もう1つの群には，「嫉妬深い－強情な－批判力のある－衝動的な－勤勉な－知的な」と，好ましくない性格特性語を最初に提示した。その結果，好ましい性格特性語を最初に提示したほうが，好意的な印象が形成された。このことから，全体的印象は，最初に与えられた刺激語に強く方向づけられることがわかった。

　判断の直前に提示された情報が強く影響することは新近効果（recency effect）とよばれる。たとえば，「口数が少ない」特徴をもつ初対面の人についていろいろと情報を与えられて，最後に「控えめで信頼できる人だからね」と言われると，好意的な印象を形成しやすいが，最後に「何を考えているかよく判らない人だからね」と言われると好ましくない印象を形成しやすい。

②光背効果

　1つの特性が好ましいもの（あるいは好ましくないもの）であれば，その評価を全体的評価にまで拡大し，他の特性も好ましいだろう（好ましくないだろう）と判断する傾向を光背効果（halo effect）という。たとえば，電話の声がきれいな人は容姿も美しいだろうと判断したり，成績のよい子は性格までよいだろうと判断することがある。

③ステレオタイプ

　集団の構成員全体を過度に一般化し，ひとくくりにした認知をすることである。たとえば，性別についてのステレオタイプ（stereotype）には「男は論理的思考力に優れている。女は，情緒的にしか考えられない」という考え方がある。その他に，職業，社会的地位，人種などについてのステレオタイプがある。ステレオタイプの中で，特に否定的な認知や感情の混じったものを偏見という。たとえば，「黒人や黄色人は，白人よりも劣っている」というものがある。

④想定類似性

　好きな者は自分に似ていると知覚する傾向を想定類似性（assumed similarity）という。たとえば，自分と仲のよい友人のほうが仲の悪い友人よりも自分と似た特徴をもつと考える傾向である。これは，投影的知覚の一種であると考えられている。

⑤寛大効果

　望ましい特性はより高く評価し，望ましくない特性は寛大に控えめに評価する傾向を寛大効果（leniency effect）という。こうした傾向には，人の短所を厳しく評価するよりも長所を認めるべきだという文化的規範が働いていると考えられる。

第14章 ── 個人と集団

⑥認知的複雑性

　環境を多様な次元からとらえて，複雑に知覚する能力・性質を認知的複雑性（cognitive complexity）という。認知的複雑性の高い人は，多くの複雑な情報を統合して認知でき，より正確に他者を判断できる人である。逆に，認知的複雑性の低い人は，多くの複雑な情報を統合できず，特定の情報にとらわれ極端な評価をしてしまう傾向がある。

　たとえば，失敗が多い人について，認知的複雑性の高い人は，「あの人は失敗をすることが多いが，慎重に取り組む姿勢があり，決していい加減にしているわけではない」と判断するのに対して，認知的複雑性の低い人は，「あの人は何をさせても失敗ばかりで，態度もよくないし，何の取り柄もない人だ」と，「よくない」という単一の次元で評価をする傾向がある。

2. 対人魅力

　人が他者に対して抱く好意や嫌悪といった感情的評価を対人魅力（interpersonal attraction）という。対人魅力を感じることを促進する要因は，多数見出されており，魅力を感じさせる人間の外部にある物理的・外的要因と魅力を受け取る人間の態度・価値観などの内的要因の2つに分けられる。代表的な要因についてみてみよう。

(1) 近接性

　空間的に近い位置にいる人に好意をもつ傾向を，近接性（proximity）という。フェスティンガーら（Festinger, L., Schachter, S., & Back, K., 1950）は，初対面の学生ばかりが暮らす既婚学生用のアパートの部屋の位置関係と親しくなりやすさの関連について調べた。その結果，近い位置関係であるほど，親しい友人である率が高かった。また，シーガル（Segal, M.W., 1974）は，アメリカの警察学校での調査で，教室での座席配置や寮の部屋などが近接する者ほど親しくなりやすい傾向があったと報告している。これらのことから，距離が近いほど親しくなりやすく，遠いほど親しくなりにくいといえる。

(2) 単純接触効果

　ザイアンス（Zajonc, R. B., 1968）は，近くにいる者に好意を抱くようになる理由として，対象に接触する回数が増えることで対象への好意が増加する傾向があるからだと考えた。この傾向を，単純接触効果（mere-exposure effect）という。

　ザイアンスは，被験者が初めて見る顔写真を使い，顔写真を見る回数と好意度の関係を調べた。その結果，好意度を尋ねられる前に一度も顔写真を見せられなかった場合に好意度が最も低く，写真を見た回数が増すほど好意度が高くなることを示した。

これは，接触回数の増加が未知のものへの不安を低下させ，慣れることで安心感や親近感を増加させるためであると説明されている。

(3) 身体的魅力

　服装や化粧の仕方なども含めた容貌や容姿の美しさを身体的魅力 (physical attractiveness) という。一般的に身体的魅力の高い人をより好きになる傾向にあることが，実験により証明されている。

　ウォルスターら (Walster, E. et al., 1966) は，大学生を対象としたダンス・パーティでの実験によって，ダンス・パートナーに対する好意度は，性格や学業成績とは関連なく，身体的魅力とのみ関連していることを明らかにしている。また，シガールらは模擬裁判実験を行い，被告人女性の魅力の程度が陪審員の判決に影響することを実証している。強盗事件の場合は魅力的な女性ほど刑が軽くなり，詐欺事件では魅力的な女性ほど刑が重くなった。これは，強盗事件では，魅力的な女性に対する好意度が刑を軽くする方向に働いたが，詐欺事件では，その美しさを犯罪に利用したと陪審員が考えたことで刑を重くする方向に働いたからだと解釈されている。

　身体的魅力の影響力は，出会った当初は大きいが，つき合いが深まるにつれて影響が小さくなり，性格・知性など身体的魅力以外の比重が大きくなるのが一般的である。また，外見の美しさは，当初はよい評価につながりやすいが，美しさから期待する相手の行動や性格に実態が及ばないものであった場合には，かえって，失望したり嫌悪感を抱く傾向が大きくなる。

(4) 類似性

　私たちは，自分とものの見方，考え方，行動の仕方，態度が類似している人によい印象をもつ傾向がある。「類は友を呼ぶ」という諺があるが，共通の話題がある人や考え方が似ている人と親しくなった経験を多くの人がしているだろう。

　バーンとネルソン (Byrne, D. & Nelson, D., 1965) は，態度の類似性 (similarity) が対人魅力に及ぼす影響に関する11の実験データを整理し，類似した態度の比率 (X) と魅力度 (Y) の関係は，$Y = 5.44 X + 6.62$ で表されること，すなわち，正比例の関係にあることを証明している。これは，態度が類似しているほど対人魅力を感じやすいことを意味する。

　このように態度が類似しているほど対人魅力を感じやすいのは，人が三者関係においてバランスを取ろうとする傾向があるからだろうと考えられている。

　ハイダー (Heider, F., 1958) は，自分を含む三者関係についてのバランス理論を唱えている。図14-1 を例にすると，自分を p，他者を o と x で表した場合に，三者間には p から o への好悪関係，p から x への好悪関係，p が認知する o から x への好

第14章 —— 個人と集団

悪関係が存在する。pがoあるいはxを，好き（like：L）である場合にその関係はポジティブであり，その関係を＋で表す。嫌い（dislike：DL）である場合にその関係はネガティブであり，－で表す。pが，oとxは仲がよく一体である（unit：U）と認知している場合にoとxの関係はポジティブであり，＋で表す。pが，oとxは仲がよくなく分離している（not unit：notU）と認知している場合にoとxの関係はネガティブであり，－で表す。この3つの＋と－をかけ合わせた結果が＋である場合にはバランス状態にあり，pの心理状態は安定している。しかし，かけ合わせた結果が－である場合にはインバランス状態であり，3つのうちのどこかを＋から－へまたは－から＋へと変えることでバランス状態に向かおうとする心理的力が働くと考えた。たとえば，図14-1では，①では，pはoを好きでxを嫌いだが，oとxは仲がよいら

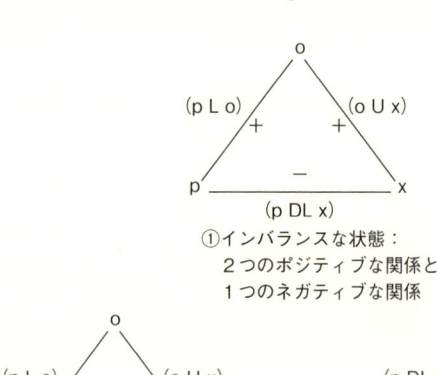

①インバランスな状態：
2つのポジティブな関係と
1つのネガティブな関係

②心情関係を変化させ，3つの
ポジティブな関係にする

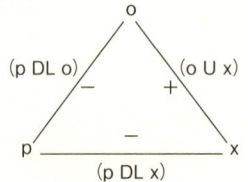

③心情関係を変化させ，2つの
ネガティブな関係と1つの
ポジティブな関係にする

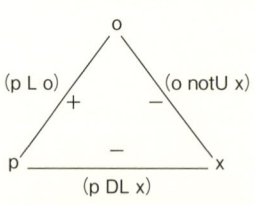

④一体感を変化させ，
2つのネガティブな関係と
1つのポジティブな関係にする

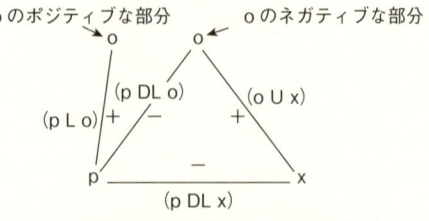

⑤分化する（対象の異なる面を見る）ことで
2つのネガティブな関係と
1つのポジティブな関係にする

図14-1　ハイダーのバランス理論（Heider, F., 1958, p.208）

しい。この場合に，pは心理的に不安定である。そこで，②または③，④，⑤のようにいずれかの関係を変えることで，安定に向かおうとするのである。

　認知理論の立場から，ニューカム（Newcomb, T. M., 1960）はA－B－Xモデルを用いて，態度の類似性が対人魅力につながりやすい理由について説明している。相互関係をもつ2人の人物をA，Bで，共通の対象（物・事柄・人）をXで表し，AとB，AとX，BとXの関係を正（＋）と負（－）の符号で表す。この3つの符号の積が＋ならば関係は安定しており，－ならば不安定だと考える。人間には，安定状態を好む傾向があるため，3つの積が－（すなわち，不安定）のときには＋（すなわち，安定）になるように変化が生じる。

　たとえば，Xはサッカーだとすると，Aはサッカー（X）が好き（＋），Bもサッカーが好き（＋）であり，AがBに好意をもっている（＋）場合には，積が＋であり，安定した関係である。ところが，Aはサッカー（X）が好き（＋）だが，Bはサッカーが嫌いであり（－），AはBに好意を抱いている（＋）場合には，積は－であり，関係は不安定である。このような場合には，AがBを好ましく思わない（－），あるいはAがサッカーをあまり好まなくなる（－）ことで安定した関係になる。逆に考えると，AがBに好意をもち（＋）その関係が安定して続くのは，AとBのXに対する態度が類似している場合なのである。

(5) 好意の返報性

　自分に好意をもってくれた人には好意を抱きやすく，逆に自分を嫌っている人には好意を抱きにくい傾向や，自分が好意を抱いた相手には，相手も自分に好意を抱いて欲しいと期待する傾向を好意の返報性（reciprocity of liking）という。

　相手が自分に好意をもってくれることで，自分が受け入れられた，認められた，あるいは，尊敬されたという思いを抱く。もともと人は，人から認められたいという欲求をもっているので，この欲求が満たされた満足感から，相手に対しても同じように好意を返すべきであるという規範が生じ，それにしたがって行動するからだと説明されている。

(6) 自己開示

　外見から形成する印象よりも，相手との会話を通して得られた情報から形成する情報のほうが，相手についてより確かに知ることができるだろう。自分についての情報を，他者に言葉を通して伝えることを自己開示（self-disclosure）という。

　知り合った当初には，当たり障りのない内容の話をする間柄から，つき合いが長くなるにしたがって伝える内容は深くなっていくのが一般的である。

　自己開示の相手・タイミングが適切である人は，好意をもたれる。一方，初対面の

第14章 ── 個人と集団

相手に内面的な深い内容のことを平気で話したり,つき合いが長いにもかかわらず,深い内容についてまったく話さない人は,好意をもたれにくい。

また,自己開示にも返報性があり,一方が深い内容の話をすると,相手もそれに応じて深い自己開示をする傾向がある。

● 第2節 社会的影響

1. 社会的促進と社会的抑制

人にみられていたり他の人と一緒に仕事をしたりすると,一人で作業をしている時よりも効率が上がったり,逆に効率が下がったりすることがある。また,大勢で仕事をすると,中に手を抜く人が出てきたりする。このように,自分を観察する人や自分と一緒に作業する人が存在することで,課題の達成度や生産能率に向上がみられる現象のことを社会的促進（social facilitation）という。たとえば,一人で勉強するよりも,人がいる場所で勉強するほうが,勉強が捗るという場合がそうである。

逆に自分を観察する人や自分と一緒に作業する人が存在することで,課題の達成度や生産能率に低下がみられる現象のことを社会的抑制（social inhibition）という。人にみられていたので,普段よりも少ししか作業できなかったという場合である。慣れていたり簡単な課題である場合には促進が起こりやすく,慣れておらず難しい課題である場合には抑制が起こりやすい。

集団で共同作業をする際に,単独の場合と比較して一人あたりの遂行量が低下する現象を社会的手抜き（social loafing）という。社会的怠惰とも呼ばれる。グループで教室の掃除をするときに,人数が多いほど,友だちと談笑しながら適当に掃除するようになるというような場合である。社会的手抜きが生じる原因としては,複数で責任を負うことで各自に責任が分散され,個人で感じる責任が一人の時よりも軽く感じられるという責任の所在の分散（diffusion of responsibility）が生じること,集団の中では自分の貢献度がわからないので努力しても認められないだろうし手を抜いても責任を追及されないだろうと考えることがあげられている。

2. 傍観者効果

道でケガをして倒れている人がいたとする。人通りが少ない道で周りに人がいない場合にあなたはどう行動するだろうか？ 人がたくさん歩いている道で,しかも,皆,知らない顔で歩いている場合であったならどうするだろうか？

一般的には,周りに人がたくさんいる場合のほうが援助の行動をしなくなる傾向がある。このように援助が必要とされる状況で,自分以外の他者が存在することにより援助行動が抑制される現象を傍観者効果（bystander effect）という。その理由には,

3つのことが考えられる。

　第1は責任の所在の分散である。大勢がいるから自分一人の時よりも助けることについての責任を軽く感じるのである。第2は，多数の無知（pluralistic ignorance）である。複数の人間がいる場合に，個々人が自分の意志通りには行動していないにもかかわらず，自分以外の人は（援助しなくてもよいと考えた結果）援助していないのだから，自分もしなくてもよいのだろうと考えることである。第3は，評価懸念（evaluation apprehension）である。これは，相手からの評価を気にすることが行動に影響することをいう。相手からの評価を気にして，本心とは異なる行動をするのである。たとえば，相手に否定的評価をされないように行動をしたり，相手が積極的に評価してくれるような行動をすることがある。

3．説得的コミュニケーションと態度変容
(1) 説得的コミュニケーションによる態度変容

　おもに言語的手段によって，相手の態度や行動を特定の方向へ変化させようとする働きかけを説得（persuasion）という。説得のためにするコミュニケーションを説得的コミュニケーションという。説得的コミュニケーションは，送り手，メッセージ内容，チャネル（伝える手段），受け手，状況の5つの要因からなる。説得を効率的に行うための主要な要因である送り手，メッセージ内容，受け手についてみてみよう。

　メッセージの送り手の特性によって説得の効果は異なる。特に，信憑性や魅力が高いほど説得効果がある。信憑性は，専門性と信頼性から成り立っている。専門性は説得される内容に関して正確で専門的な知識をもっている程度であり，信頼性は情報を誠実に伝えようとしていると認知される程度である。魅力に関しては，外見が魅力的な送り手のほうが説得効果が高く，受け手が男性よりも女性のほうが影響を受けやすい傾向がある。

　メッセージの示し方には，説得に都合のよい情報だけを提示する一面提示と，不都合な情報も含めて提示する両面提示がある。その効果は条件によって異なる。受け手のもともとの態度が送り手と同じ場合には一面提示が，同じでない場合には両面提示が，効果的である。また，教育水準の低い人や話題についての知識が少ない人には一面提示が，その逆の場合には両面提示が効果的である。

　恐怖感情を高めることで説得効果を高める方法を，恐怖喚起コミュニケーションという。たとえば，歯を磨かないと虫歯になって痛い目に合うというように，恐怖感情を与えて歯磨き習慣をもたせる方法がこれにあたる。恐怖感情を起こす内容のメッセージのほうが，説得効果は高い。

　説得を繰り返すと，ある程度の回数までは効果が高くなるが，それ以上繰り返すと効果が低くなるという山型を示す。

第14章 ── 個人と集団

同じ送り手，同じメッセージであっても，受け手によってその効果は異なる。受け手の説得されやすさを，被説得性という。被説得性は知能や自尊心といった受け手の特性や性別と密接にかかわっている。説得される内容について関心が高く自分の意見をもっている人は被説得性が低い。

(2) 説得の技法

人間には，人から好意を示されると示した相手に好意を抱く傾向（好意の返報性）と，いったん態度を明らかにするとその態度をなかなか変えられない傾向（コミットメントの一貫性）がある。この傾向を利用して，説得を効果的にする技法がある。

要請を受け入れてもらうことがなかなか難しいような場合に，まず，受け入れられやすい要請をして承認させてから，しだいに要請を大きくし，最終的には本来の要請を受け入れさせる方法が，フット・イン・ザ・ドア・テクニック（foot in the door technique）である。たとえば，最初に「アンケートです。最初に3つだけ簡単な質問に答えていただけませんか」と小さな要請をして受け入れてもらってから，次に「割引チケットを買いませんか」と要請し，最後に「割引チケットの回数券を買いませんか」と真の要請をすることで受け入れられやすくする。これは，最初に肯定的な態度を表明すると，一貫性を保つためにあとの要請も受け入れる率が高まる傾向（コミットメントの一貫性）を利用している。

本来要請したい内容よりも相対的に大きな要請をして，相手が拒否するとしだいに要請を小さくしていき，最後に本来の要請を受け入れさせる方法が，ドア・イン・ザ・フェイス・テクニック（door in the face technique）である。ささやかでもよいからプレゼントやサービスを最初に提供して「貸し」を作る，あるいは，最初にわざと高額な商品を提示して客が断わってから譲歩し，最終的には本来思っていた商品を買わせる。これは，客に「私も譲歩して買ってあげないといけないな」という好意の返報性を利用している。

● 第3節 集　団

1．集団の特性
(1) 集団と集合

集団（group）とは，2人以上の人間の集まりで，①構成員の間に持続的な相互作用があり，②その集団特有の規範があり，③集団固有の目標があり，目標達成のために協力し，④構成員は一定の地位や役割に合わせて行動し，⑤構成員の間には仲間意識があり，構成員以外の人たちと区別する意識が存在し，⑥集団への所属に魅力と愛着を感じている，といった特徴のいくつかがみられる場合をいう。たとえば，学校や

職場の人の集まりや，家庭生活・地域社会の中で形成される集まりや，趣味，政治，経済などの分野で形成される集まりである。

これに対して，集合（aggregate）とは，偶然居合わせた不特定多数の人々が一時的な目的をもって相互作用している場合をいう。駅で電車待ちの人の集まりであるとか，コンサート会場で入場待ちをするために並んでいる人の集まりなどである。集合と集団の境界の見きわめは，実際には難しい。

集合した人々の相互作用により自然発生した行動を集団行動（collective behavior）という。明確な目標もなく，未組織で流動的であるので，ときには，規範の欠落や逸脱行動（deviant behavior）にいたることがある。逸脱行動には，パニック（panic），モッブ（mob），流言（rumor）などがある。

パニックは不安や恐怖に駆り立てられ混乱した状態で逃走する状況をいう。地震や火災から逃げている状況がこれにあたる。それがさらに攻撃的になったものがモッブであり，リンチ・テロや暴動を行う群衆がこれにあたる。流言は正確かどうか証明できない情報が次々と伝えられ言いふらされているうちに信じ込まれていく一連の出来事をいう。たとえば，オイルショックのときに，トイレットペーパーが不足するという噂が広まり，信じ込まれた結果，日本中でトイレットペーパーを買い求める列ができ，店の棚から商品がなくなってしまった事例がある。また，信用金庫は危ないかもしれないという高校生の噂話から実在の信用金庫のとりつけ騒ぎにまで発展するという出来事も起きている。

(2) 集団過程

集団が継続して存在するためには，構成員が結びつき，集団としてまとまりをもつ必要がある。構成員に自発的に集団に留まるように作用する力の総体を集団凝集性（group cohesiveness）という。

集団凝集性を高める要因は，個々の成員の魅力度の高さ，成員間の類似性の高さ，成員間の相互理解・受容の高さ，成員間の相互作用の活発さ，集団目標の明瞭さ，集団目標や活動の魅力度の高さ，集団内での社会的地位の高さ，集団の社会的評価の高さ，集団の適度な大きさ，集団加入の困難さ，外部からの脅威などである。

集団凝集性が高い集団と低い集団では様々な差異がある。まず，集団凝集性が高い集団では，集団への定着率が高くなり，集団を出ていく人は少なくなる。また，統制力が高まり，成員は集団内での要請を快く受け入れようとする。さらに，成員の自信と心理的安定がもたらされ，コミュニケーション量が多くなる。凝集性の高さにより成員の動機づけが高まり，集団での課題遂行には正の効果があると考えられている。

ただし，凝集性の高さゆえに，集団意思決定場面では，集団思考（groupthink）という状況に陥ることがある。これは，集団内の意見の一致を重視するあまり，不都合

な情報は歪めて都合のよいように考え，自集団の基準のみに従い，外集団を客観的に見ずステレオタイプな見方をし，個人の疑問・意見を抑圧し，他メンバーに対しても同調するように圧力をかける，などの傾向に陥ることで集団討議の質が低下するためであると考えられている。

集団の発達とともに構成員に期待される考え方や行動の基準が形成される。このような基準を集団規範（group norm）という。多くは成員間に共有された暗黙のルールとして存在している。たとえば，サークルで話し合いのときにどの程度発言するのがよいのか，また先輩にはどの程度，親しく話しかけてよいのかなど，暗黙裡に決まっていることが多くあるだろう。慣習，伝統，規則なども暗黙的な集団規範であり，成文化されたものとしては校則や社規などがある。

集団規範に沿って行動しない成員が現れた場合には，規範に同調するように他の成員から直接的・間接的な力が働く。たとえば，クラスの中で他と違った行動をとる生徒に対して，無視したり陰口を言ったりする。そこで，集団規範に背いて他の構成員から拒否されるのを避けるために規範を守ろうとすることを規範的影響（normative social influence）を受けるという。また，転入生が，新しいクラスで仲間に入るためにクラスメートの行動を真似ることがある。このように手がかりとなる情報を得るために他の構成員の行動を真似ようとすることを情報的影響（informational social influence）を受けるという。

2．集団の種類

集団は様々な基準から分類される。分類基準は多様であり，1つの集団に1つの分類名が与えられるのではなく，1つの集団に様々な分類上の名称があてはめられる。代表的な分類基準について説明する。

第1の基準は，強制加入か任意加入かである。強制加入とは，生まれながらにして自身の意思とは無関係に属することである。家族・地域・国家などであり，全人格的な関わりがみられ，拘束力が非常に強く，集団からの離脱は困難である。任意加入とは，生後に保護者の意思，また，自身の意思によって加入することである。学校，会社，サークル，クラブなどであり，全人格的な関わりはみられず，部分的な関わりである。

第2は，小集団（small group）か大規模集団（large group）かである。集団の大きさ・規模を基準に分類するが，何人までという分け方ではない。構成員間の対人的相互関係が可能な規模か，不可能な規模かで分ける。小集団では，構成員がお互いに熟知し，相手の名前や所属階層を知っており，気安い関係である。大規模集団では，○○部長，○○係長のように相手の肩書で区別していたり，集団内に知らない人もいるという関係の人がいる。

第3は，公式集団（formal group）か非公式集団（informal group）かである。公式集団では，目標達成のために構成員の地位・役割などが規定されており，階層構造がある。企業の組織が代表的である。非公式集団は，構成員の個人的な感情や欲求に基づき形成された集団であり，趣味の集まりや友人仲間などである。

　第4は，集団優位か個人優位かである。集団優位の集団は，課題達成型集団とも呼ばれる。集団としての目標達成が個人の享楽よりも優先される。そのため，集団内の上下関係や規律・統制が厳しい。たとえば，大会優勝を目指す運動部などの例があげられる。個人優位の集団は，娯楽享受型集団とも呼ばれる。個人の楽しみや遊びが集団としての目標達成よりも優先される。集団内の上下関係や規律・統制は緩い。たとえば，同好会活動である。

　第5は，準拠集団（reference group）か非準拠集団かである。自分の思考・態度・判断・行動の基準となる枠組みを準拠枠（frame of reference）という。準拠枠をもち，個人の拠りどころとなっている集団を準拠集団，そうでない集団を非準拠集団という。準拠集団は家族や友人が一般的であるが，所属したいと憧れている集団やかつて所属していた集団も準拠枠形成に影響を与えるので，準拠集団に含む。

3．リーダーシップ
(1) リーダーシップ

　集団で何らかの目標達成のために活動を行うときには，指導・統率するリーダーが必要である。集団の目標達成や維持・強化のために，集団内のある成員が，集団の活動に影響を与える過程を，リーダーシップ（leadership）という。リーダーシップは本来，構成員全員が担っているものであり，自然発生的な非公式集団では，成員の中で最もリーダーシップを発揮している人がリーダーとして認められる場合が多い。しかし，公式集団では，階層構造が存在し構成員の地位・役割などが規定されていることから，リーダーシップは上位の役職者に期待されるものとなる。ここでは，リーダーが発揮するリーダーシップについてみていく。

(2) リーダーシップと集団の雰囲気

　リーダーがどのようにリーダーシップを発揮し，集団を統制するのかを探るため，ホワイトとリピット（White, R. & Lippitt, R., 1960）は，リーダーシップの類型と学級の雰囲気の関係についての研究を行った。

　実験では，リーダーシップのスタイルによって「独裁的リーダーシップ」「民主的リーダーシップ」「放任的リーダーシップ」の3つのグループに分けた。それぞれのグループは，10歳の子ども5人で構成し，グループのリーダーは大学院生が務めた。大学院生は，実験の前にリーダーシップのスタイルを演じる訓練を受けさせられ，実

第14章 —— 個人と集団

験中は与えられたリーダーシップのスタイルを演じた。「独裁的リーダーシップ」では，作業の方針・手順・分担などすべての活動についての意思決定をリーダーが行う。「民主的リーダーシップ」では，作業の方針・手順・分担などすべての活動についての意思決定を子どもたちが話し合い，リーダーは助言をした。決定されたことについては尊重し，支持した。「放任的リーダーシップ」では，作業の方針・手順・分担などすべての活動についての意思決定を子どもたちに任せ，リーダーはほとんど関与しなかった。

この実験から，リーダーシップの違いによりグループの雰囲気には大きな差異があることがわかった。

- 「独裁的リーダーシップ」では，集団の雰囲気が攻撃的であり，不平不満がみられ，リーダーや集団に対する満足度も低かった。また，リーダーがいる時といない時の行動に大きな違いがあった。リーダーがいるときには活発に活動し作業量も多かったが，いないときには怠けがちだった。
- 「民主的リーダーシップ」では，集団の雰囲気が友好的で，子どもたちの意欲が高く，創造的だった。また，活動への満足度も高かった。作業量は，独裁的リーダーシップのグループよりも僅かに少ないが，適切な量だった。
- 「放任的リーダーシップ」では，集団はまとまりがなく，緊張感のない雰囲気で，作業の質・量ともに3つの中で最低だった。失敗が多く，方針も一定せず，子どもたちは些細なことで口喧嘩などを行った。

リピットらの研究からは，民主的リーダーシップのリーダーが好ましいという示唆が得られる。だが，集団の構成員の個人的特性，集団自体の特性，課題の難易度によっては，作業遂行度や満足度の点で独裁的リーダーシップが好ましい場合もあることがその後の研究で報告されている。

(3) リーダーシップの機能

リーダーシップ研究の初期の頃には，優れたリーダーの知能・学歴・性格・社会経済的地位などの特性に対して関心が向けられた。しかし，一貫した結果は得られていない。特性に代わって関心が向けられたのが，集団活動においてリーダーシップが果たしている機能についてである。機能についての一連の研究の結果，リーダーの行動には，集団の課題遂行を牽引する機能と集団内の人間関係を円滑にする機能の2つがあると考えられるようになった。三隅は，この考え方を統合・発展させ，リーダーシップのPM理論を提唱した。

PM理論によれば，リーダーシップには，P機能（performance function：集団目

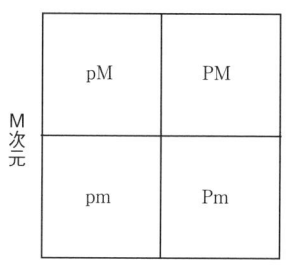

```
         pM  | PM
   M         |
   次  ------+------
   元        |
         pm  | Pm

         P 次元
```

図 14-1　PM 4 類型（三隅，1984，p.70）

標達成機能）と M 機能（maintenance function：集団維持機能）がある。P 機能は，集団の目標達成ないしは課題解決を指向する機能である。生産性や能率性の向上を目的とし，リーダーが仕事の計画を立て，部下に対して仕事の内容や量に関する積極的な指示・命令を明確に与えて仕事をするように圧力をかけ，部下を最大限に働かせる，など課題遂行を促進する機能である。M 機能は，集団の存続や維持・強化を指向する機能である。リーダーは部下を理解し，信頼し，支持し，好意的に接し，公平に扱い，失敗した部下には配慮し，意見を求め，諸問題を解決し，部下間の対立・不満・緊張を和らげ，気配りをする，など成員の満足度や集団凝集性を高める機能である。

　この 2 つの機能の高低を組み合わせると 4 つの型に分類できる（図 14-1）。PM 型，P 型（Pm 型の略称），M 型（pM 型の略称），pm 型である。PM 型は，P 機能も M 機能も高いリーダーである。仕事に関しては厳しく指導し，かつ部下の面倒をよく見て，部下との人間関係がよい。P 型は，P 機能が高く，M 機能は低いリーダーである。仕事に関しては厳しく指導するが，部下の面倒見はよくない。M 型は，M 機能が高く，P 機能は低いリーダーである。仕事に関する指導は緩いが，部下の面倒をよく見て，部下との人間関係がよい。pm 型は，P 機能も M 機能も低いリーダーである。仕事に関する指導は緩く，部下の面倒見もよくない。

　この 4 類型と集団効果について，幅広い対象に対する実証的な研究がなされた結果，次のことがわかっている。集団の生産性に関しては，短期的には，［PM 型＞ P 型＞ M 型＞ pm 型］の順となり，長期的には，［PM 型＞ M 型＞ P 型＞ pm 型］の順となる。集団凝集性やモラール（ヤル気・意欲）に関しては，［PM 型＞ M 型＞ P 型＞ pm 型］の順となる。リーダーに対する部下の満足度は PM 型リーダーが最も高く，pm 型リーダーが最も低い。ただし，これらの結果は，部下からのリーダー評価による場合にいえることであり，リーダー自身の自己評定結果からは，一貫した傾向は見出されていない。

引用文献

第1章
Adler, A. (1907). *Studie über Minderwertigkeit von Organen*. Urban & Schwarzenberg, Wien.（安田一郎(訳)（1984）．器官劣等性の研究　金剛出版）
Ainsworth, M. D. S., Blehar, M. C., Waters, E., & Wall, S. (1978). *Patterns of attachment: A psychological study of the strange situation*. Hillsdale, NJ: Lawrence Erlbaum.
Allport, G. W. (1937). *Personality: A psychological interpretation*. New York: Holt, Rinehart, & Winston.
Allport, G. W. (1961). *Pattern and growth in personality*. New York: Holt, Rinehart, & Winston.
Atkinson, R. C., & Shiffrin, R. M. (1968). Human memory: A proposed system and its control processes. In K. W. Spence & J. T. Spence (Eds.), *The psychology of learning and motivation: Advances in research and theory* (Vol. 2). New York: Academic Press, pp.89-195.
Atkinson, R. C., & Shiffrin, R. M. (1971). The control of short term memory. *Scientific American*, **225**(2), 82-90.
Bahnsen, J. F. A. (1867). *Beiträge zur charakterologie*, Vol.2. Leipzi: J. A. Brockhaus.
Baldwin, J. M. (1890). Origin of Right or Left Handedness. *Science*, **16**, 247-248.
Bandura, A., Ross, D., & Ross, S. A. (1961). Transmission of aggression through the imitation of aggressive models. *Journal of Abnormal and Social Psychology*, **63**(3), 575-582.
Bandura, A., Ross, D., & Ross, S. A. (1963). Imitation of film-mediated aggressive models. *Journal of Abnormal and Social Psychology*, **66**(1), 3-11.
Bandura, A. (1965). Influence of models' reinforcement contingencies on the acquisition of imitative responses. *Journal of Personality and Social Psychology*, **1**(6), 589-595.
Bernheim, H. (1884). *De la Suggestion dans l'État Hypnotique et dans l'État de Veille*. Paris: Octave Doin.
Bernheim, H. (1890). *Suggestive therapeutics: a treatise on the nature and uses of hypnotism*. Edinburgh & London: Young J. Pentland.
Bernheim, H. (1891). *Hypnotisme, suggestion, psychothérapie: études nouvelles*. Paris: Octave Doin.
Binet, A. (1890). La perception des longueurs et des nombres chez quelques petits enfants. *Revu Philosophique*, **30**, 68-81.
Binet, A. (1911). Nouvelles recherches sur la mesure du niveau intellectuel chezles enfants d'ecole. *L'Annee psychologique*, vol.17, pp.145-201.（中野善達・大沢雅子(訳)（1982）．知能の発達と評価　福村出版　pp.339-409.）
Binet, A., & Simon, T. (1905). Methodes nouvelles pour le diagnostic du niveau intellectuel des anormaux. *L'Annee psychologique*, vol.11, pp.191-244.（中野善達・大沢雅子(訳)（1982）．知能の発達と評価　福村出版　pp.47-114.）
Binet, A., & Simon, T. (1908). Le developpement de l'intelligence chez lesenfants. *L'Annee psychologique*, vol. 14, pp.1-94.（中野善達・大沢雅子(訳)（1982）．知能の発達と評価　福村出版　pp.229-337.）
Binswanger, L. (1947). *Ausgewählte Aufsätze und Vorträge, Bd. 1: Zur phänomenologischen Anthropologie*. Bern: Francke Verlag.（荻野恒一・宮本忠雄・木村 敏(訳)（1967）．現象学的人間学―講演と論文1　みすず書房）
Binswanger, L. (1992/1947). *Traum und Existenz* (Einleitung von M. Foucault). Bern: Gachnang & Springer.（フーコー, M.(序論)　荻野恒一・中村 昇・小須田健(訳) (2001)．夢と実存　みすず書房）
Blos, P. (1967). The second individuation process of adolescence. *Psychoanalytic Study of the Child*, **22**, 162-186.
Bobertag, O. (1911〜1912). Über Intelligenzprüfungen (nach der Methode Binet-Simon). *Zeitschrift für angewandte Psychologie*, **5**, 105-210; **6**, 495-538.

引用文献

Bowlby, J. (1951). *Maternal Care and Mental Health.* Geneva: World Health Organisation. (黒田実郎(訳), (1967). 乳幼児の精神衛生 岩崎学術出版社)
Bowlby, J. (1958). The nature of the child's tie to his mother. *International Journal of Psycho-Analysis,* **39**, 350-373.
Bowlby, J. (1960). Separation anxiety. *International Journal of Psycho-Analysis,* **41**, 1-25.
Bowlby, J. (1969). *Attachment and loss: Vol. 1. Attachment.* New York: Basic Books. (黒田実郎ほか(訳) (1975). 母子関係の理論1：愛着行動 岩崎学術出版社)
Bowlby, J. (1973). *Attachment and loss: Vol. 2. Separation.* New York: Basic Books. (黒田実郎ほか(訳) (1977). 母子関係の理論2：分離不安 岩崎学術出版社)
Bowlby, J. (1980). *Attachment and loss: Vol. 3. Loss.* New York: Basic Books. (黒田実郎ほか(訳) (1981). 母子関係の理論3：愛情喪失 岩崎学術出版社)
Braid, J. (1843). *Neurypnology; or, the Rationale of Nervous Sleep, Considered in Relation with Animal Magnetism.* Illustrated by Numerous Cases of its Successful Application in the Relief and Cure of Disease. London: John Churchill.
Broadbent, D. E. (1957). A mechanical model for human attention and immediate memory. *Psychological Review,* **64**(3), 205-215.
Broadbent, D. E. (1958). *Perception and communication.* London: Pergamon Press.
Bruner, J. S., Goodnow J. J., & Austin, A. (1956). *A study of thinking.* New York: Wiley.(岸本　弘ほか(訳) (1969). 思考の研究　明治図書)
Bruner, J. S., Olver, R. R., & Greenfield, P. M. (1966). *Studies in cognitive growth.* New York: Wiley. (岡本夏木ほか(訳) (1968, 1969). 認識能力の成長(上・下)　明治図書)
Bühler, C. (1922). *Das Seelenleben des Jugendlichen: Versuch einer Analyse und Theorie der psychischen Pubertät.* Jena: Gustav Fischer.
Burt, C. L. (1914a). The measurement of intelligence by the binet tests: Part Ⅰ. *The Eugenics Review,* **6**(1), 36-50.
Burt, C. L. (1914b). The measurement of intelligence by the binet tests: Part Ⅱ. *The Eugenics Review,* **6**(2), 140-152.
Burt, C. L. (1922). *Mental and scholastic tests.* London: P. S. King and Son.
Cattell, R. B. (1946). *The description and measurement of personality.* New York: Harcourt, Brace, & World.
Cattell, R. B. (1950). *Personality: A systematic, theoretical, and factual study.* New York: McGraw Hill.
Charcot, J. M. (1885). *Leçons sur les maladies du système nerveux faites à la salpêtrière.* Tome 2. Paris : Bureaux du Progrès Médical.
Charcot, J. M. (1887). *Oeuvres complètes de J. M. Charcot.* Tome 3. Paris: Bureaux du Progrès Médical.
Darwin, C. R. (1859). *On the origin of species by means of natural selection, or the preservation of favoured races in the struggle for life.* London: John Murray. (八杉龍一(訳) (1990). 種の起原(上・下)　岩波書店)
Darwin, C. R. (1877). A biographical sketch of an infant. *Mind,* **2**, 285-294.
Ebbinghaus, H. (1885). *Über das Gedächtnis, Untersuchungen zur experimentellen Psychologie.* Leipzig: Duncker & Humblot. (宇津木保・望月　衛(訳) (1978). 記憶について　誠信書房)
Ehrenfels, C. von. (1890). Über Gestaltqualitäten. In *Vierteljahrsschrift für wissenschaftliche Philosophie,* 14, Leipzig: Reisland. pp. 242-92.
Erikson, E. H. (1950). *Childhood and Society.* New York: W. W. Norton. (仁科弥生(訳) (1977/1980). 幼児期と社会(1・2)　みすず書房)
Erikson, E. H. (1968). *Identity: youth and crisis.* New York: Norton.
Erikson, E. H. (1982). *The life cycle completed : A review.* New York: Norton. (村瀬孝雄・近藤邦夫(訳) (2001). ライフサイクル―その完結　みすず書房)
Eysenck, H. J. (Ed.) (1960). *Behaviour therapy and neuroses.* London: Pergamon Press. (内山喜久雄(訳) (1987). 行動療法と神経症　黎明書房)

Eysenck, H. J. (1966). *The effects of psychotherapy*. New York: International Science Press.（大原健士郎・清水信(訳) (1969). 心理療法の効果　誠信書房）
Fairbairn, W. R. D. (1952). *Psychological studies of the personality*. London: Routledge & Kegan Paul.
Fechner, G. T. (1860). *Elemente der Psychophysik*. vol.2, Leipzig Druck und Verlag von Breitkopf und Härtel.
フランクル, V. E.（1983）．（霜山徳爾(訳)　死と愛：実存分析入門　春秋社）
フロイト, S.（新宮一成ほか(編)（2006-2012）．フロイト全集(全22巻・別巻1巻)　岩波書店）
Gesell, A. U. (1928). *Infancy and human growth*. New York: Macmillan.
Gesell, A. (1934). *An atlas of infant behavior: A systematic delineation of the forms and early growth of human behavior patterns*. vol.2, limited edition. Illustrated with 3,200 action photographs. New Haven: Yale University Press.
Gesell, A. (1940). *The first five years of life: A guide to the study of the preschool child*. New York: Harper & Bros.
Gesell, A., & Amatruda, C. S. (1941). *Developmental diagnosis: A manual of clinical methods and applications designed for the use of students and practitioners of medicine*. New York: Paul B. Hoeber.
Gesell, A., Amatruda, C. S., Castner B. M., & Thompson, H. (1939). *Biographies of child development: The mental growth careers of eighty-four infants and children: A ten-year study from the Clinic of Child Development at Yale University*. New York: Paul B. Hoeber.
Gesell, A., & Thompson, H. (1929). Learning and growth in identical infant twins: An experimental study by the method of co-twin control. *Genetic Psychology Monographs*, **6**, 1-124.
Gesell, A., & Thompson, H., assisted by Amatruda, C. S. (1934). *Infant behavior: Its genesis and growth*. New York: McGraw-Hill.（新井清三郎(訳)（1982）．小児の発達と行動　福村出版）
Gesell, A., & Thompson, H., assisted by Amatruda, C. S. (1938). *The psychology of early growth: Including norms of infant behavior, a method of genetic analysis*. New York: Macmillan.
Guillaume, P. (1925). *L'imitation chez l'enfant: E'tude psychologique*. France: Alcan.
Guntrip, H. (1971). *Psychoanalytic theory, therapy and the self*. New York: Basic Books.
Haeckel, E. H. (1866). *Generelle morphologie der organismen: Allgemeine grundzüge der organischen Formen-Wissenschaft, mechanisch begründet durch die von charles. Darwin reformirte Decendenz-Theorie*. vol.2. Georg Reimer, Berlin.
Hall, G. S. (1883). The contents of children's minds on entering school. *Princeton Review*, **2**, 249-272. (岸本 弘・岸本紀子(訳)（1968）．新入学児の心的内容　世界教育学選集：子どもの心理と教育　明治図書)
Hall, G. S. (1904). *Adolescence: Its psychology and its relations to physiology, anthropology, sociology, sex, crime, religion, and education* (Vol. I, II). New York: D. Appleton & Co.
Harlow, H. F. (1958). The nature of love. *American Psychologist*, **13**, 673-685.
Harlow, H. F., & Harlow, M. K. (1969). Effects of various mother-infant relationships on rhesus monkey behaviors. In B. M. Foss (Ed.), *Determinants of infant behavior* (Vol.4). London: Methuen.
Harlow, H. F., & Zimmerman, R. (1959). Affectional responses in the infant monkey. *Science*, **130**, 421-432.
Havighurst, R. J. (1953). *Human development and education*. New York: Longmans, Green.
Helmholtz, H. L. F. von (1856-66). *Handbuch der physiologischen optik*. 3 Bde., Hamburg und Leipzig: Verlag von Leopold Voss.
Helmholtz, H. (1863). *Die Lehre von den Tonempfindudungen als physiologische Grundlage für die Theorie der Music*. Braunschweig: Vieweg.
Hess, E. H. (1958). Imprinting in animals. *Scientific American*, **198**, 81-90.
Hollingworth, L. S. (1928). *The psychology of the adolescent*. New York: D. Appelton and Company.
市川源三（1911）．智能測定及個性之観察　光風館書店
Janet, P. (1889). *L'Automatisme psychologique: Essai de psychologie expérimentale sur les formes inférieures de la vie mentale (thesis)*. Paris: Felix Alcan.（松本雅彦(訳)（2011）．心理学的自動症

引用文献

みすず書房)
Jung, C. G. (1935). *Über Grundlagen der analytischen Psychologie.* (小川捷之(訳) (1976). 分析心理学 みすず書房)
Kretschmer, E. (1921). *Körperbau und Charakter.* (相場 均(訳) (1974). 体格と性格 文光堂)
Klein, M. (1935). A contribution to the psychogenesis of manic depressive states. In M. Klein (1964). *Contributions to Psychoanalysis, 1921-1945.* New York: McGraw Hill.
Klein, M. (1946). Notes on some schizoid mechanisms. In M. Klein (1975). *Envy, Gratitude and Other Works, 1946-1963.* New York: Delacorte Press.
Klein, G. S. (1964). Semantic power mesured through the interference of words with color-naming. *American Journal of Psychology,* **77**, 576-588.
Koch, K. (1949). *Der Baumtest; Der Baumzeichnenversuch als psychodiagnostisches Hilfsmittel.* Bern: Hans Huber.
Koffka, K. (1922). Perception: An introduction to the Gestalt-Theorie. *Psychological Bulletin,* **19**, 531-585.
Koffka, K. (1935). *Principles of Gestalt Psychology.* New York: Harcourt, Brace, & World.(鈴木正彌(監訳) (1988). ゲシュタルト心理学の原理 福村出版)
Köhler, W. (1917). *Intelligenzprüfungen an Menschenaffen.* Springer. (宮 孝一(訳) (1962). 類人猿の智慧試験 岩波書店)
Köhler, W. (1920). *Die physischen Gestalten in Ruhe und im stationären Zustand.* Phiolosophiscen Akademie.
Köhler, W. (1929). *Gestalt Psychology.* New York: Liveright.
久保良英(1918). 小學児童の智能査定の研究 児童研究所紀要, 1, 1-64
Lazarus, A. A. (1971). *Behavior therapy and beyond.* New York: McGraw-Hill.
Lazarus, A. A. (1981). *The practice of multimodal therapy : Systematic, comprehensive, effective psychotherapy.* New York: McGraw-Hill. (高石 昇(監訳), 東 斉彰・大塚美和子・川島恵美(訳) (1999). マルチモード・アプローチ：行動療法の展開 二瓶社)
Lewin, K. (1935). *A dynamic theory of personality.* New York: McGraw-Hill.
Lewin, K. (1936). *Principles of topological psychology.* New York: McGraw-Hill.
Lewin, K. (1938). The conceptual representation and the measurement of psychological forces. *Contributions to Psychological Theory,* I, 4. Durham: Duke University Press.
Lewin, K. (1939). Field theory and experiment in social psychology: Concepts and methods. *American Journal of Sociology,* **44**(6), 868-896.
Lewin, K. (1947). Frontiers in group dynamics: Concept, method and reality in social science. Social equilibria and social change. *Human Relations,* **1**, 5.
Lewin, K. (1948). *Resolving social conflicts: Selected papers on group dynamics.* G. W. Lewin (Ed.). New York: Harper & Row.
Lewin, K. (1951). *Field theory in social science: Selected theoretical papers.* D. Cartwright (Ed.). New York: Harper & Row.
Lewin, K., & Lippitt, R. (1938). An experimental approach to the study of autocracy and democracy. A preliminary note. *Sociometry,* **1**, 292-300.
Lewin, K., Lippitt, R., & White, R. K. (1939). Patterns of aggressive behavior in experimentally created "social climates". *Journal of Social Psychology,* **10**, 271-299.
Lindsay, P. H., & Norman, D. A. (1972). *Human information processing: An introduction to psychology.* New York, Academic Press.
Lindsley, O. R., Skinner, B. F., & Solomon, H. C. (1953). *Studies in behavior therapy (Status Report I).* MA: Metropolitan State Hospital.
Lindsley, O. R., & Skinner, B. F. (1954). A method for the experimental analysis of the behavior of psychotic patients. *American Psychologist,* **9**, 419-420.
Lorenz, K. Z. (1949). Er redete mit dem Vieh, den Vögeln und den Fischen. Wien: Borotha-Schoeler *(King*

Solomon's ring. London: Methuen, 1952)（日高敏隆（訳）（1975）．ソロモンの指環　早川書房）
Mach, E. (1886). Beiträge zur Analyse der Empfindungen. 1st ed., Jena: Fischer; Eng.
Maslow, A. H. (1943). A theory of human motivation. Psychological Review, **50**, 370-396.
McDougall, W. (1908). An introduction to social psychology. London: Methuen.
Mesmer, F. A. (1766). De planetarum influxu in corpus humanum. (Doctoral dissertation).
Mesmer, F. A. (1779). Mémoire sur la découverte du magnétisme animal. Geneva (and Paris): Didot le Jeune.
Miller, G. A. (1956). The magical number seven, plus or minus two: Some limits on our capacity for processing information. Psychological Review, **63**, 81-97.
Miller, G. A., Galanter, E., & Pribram, K. H. (1960). Plans and the Structure of Behavior. New York: Holt, Rinehart & Winston.
三宅鑛一（1908）．智力測定法（其一）　医学中央雑誌　第6巻1号，1-17.
三宅鑛一（1908）．智力測定法（其二）　医学中央雑誌　第6巻2号，26-38.
三宅鑛一（1908）．智力測定法（其三）　医学中央雑誌　第6巻3号，12-28.
三宅鑛一（1910）．通俗病的児童心理講話　敬文館書房
Mollon, J. D., & Perkins, A. J. (1996). Errors of judgement at Greenwich in 1796. Nature, **380**, 14 march.
Moreno, J. L. (1934). Who shall survive?: A new approach to the problem of human interrelations. Washington, DC: Nervous and Mental Disease Publishing Co.
Moreno, J. L. (1946). Psychodrama (Vol. 1.). New York: Beacon House.
Moreno, J. L. (1951). Sociometry, experimental method and the science of society: An approach to a new political orientation. New York: Beacon House.
Moreno, J. L. (1953). Who shall survive?: Foundations of sociometry, group psychotherapy and sociodrama. New York: Beacon House.
Moreno, J. L. (1959). Psychodrama (Vol. 2.) Foundations of psychotherapy. New York: Beacon House.
Moreno, J. L. (1969). Psychodrama (Vol. 3.) Action therapy and principles of practice. New York: Beacon House.
Morgan, C. D., & Murray, H. A. (1935). A method of investigating fantasies: The Thematic Apperception Test. Archives of Neurology and Psychiatry, **34**, 289-306.
中城　進　（2006）．教育心理学　二瓶社
中村淳子・大川一郎　（2003）．田中ビネー知能検査開発の歴史　立命館人間科学研究，**6**．93-111.
Neisser, U. (1976). Cognition and reality: principles and implications of cognitive psychology. W. H: Freeman.（古崎 敬・村瀬 旻（訳）（1978）．認知の構図：人間は現実をどのようにとらえるか　サイエンス社）
Newell, A. (1955). The chess machine: An example of dealing with a complex task by adaptation. In Proceedings of the 1955 Western Joint Computer Conference. Institute of Radio Engineers, New York, pp. 101-108. (Also issued as RAND Technical Report P-620.)
Newell, A., & Simon, H. A. (1956). The logic theory machine: A complex information processing system (Newell and Simon's RAND Corporation report on the Logic Theorist). IRE Transactions. Information Theory, **2**, 61-79.
Newell, A., Shaw, J. C., & Simon, H. A. (1958). Chess-playing programs and the problem of complexity. IBM J. Res. Develop, **2**, 320-25.
パヴロフ，I. P., 岡田靖雄・横山恒子（訳）（1979（1951））．高次神経活動の客観的研究　岩崎学術出版社　（初版：1923）
Pavlov, I. P. (1927). Conditioned reflexes: An investigation of the physiological activity of the cerebral cortex. Translated and Edited by G. V. Anrep. London: Oxford University Press.（河村 浩（訳）（1975）．大脳半球の働きについて―条件反射学（上・下）　岩波書店）
Piaget, J. (1923). Le langage et la pensée chez l'enfant. Delachaux.（大友 茂（訳）（1954）．児童の自己中心性　同文書院）
Piaget, J. (1924). Le jujement et la raisonnement chez l'enfant. Delachaux et Nestlé.（滝沢武久・岸田 秀（訳）（1968）．判断と推理の発達心理学　国土社）

引用文献

Piaget, J. (1926). *La représentation du monde chez l'enfant*. Delachaux.(大友 茂(訳)(1955).児童の世界観 同文書院)
Piaget, J. (1927). *La causalité physique chez l'enfant*. Libraire Félix Alcan.(岸田 秀(訳)(1970).子どもの因果関係の認識 明治図書)
Piaget, J. (1932). *Le jugement moral chez l'enfant*. Delachaux et Niestlé.(大友 茂(訳)(1957).児童の道徳判断の発達 同文書院)
Piaget, J. (1936). *La naissance de l'intelligence chez l'enfant*. Delachaux et Niestlé.(谷村 覚・浜田寿美男(訳)(1978).知能の誕生 ミネルヴァ書房)
Piaget, J. (1937). *La construction du réel chez l'enfant*. Delachaux et Niestlé.
Piaget, J. (1946). *La formation du symbole chez l'enfant*. Delachaux et Niestlé.(大友 茂(訳) 模倣の心理学(1968),遊びの心理学(1967),表象の心理学(1969) 黎明書房)
Piaget, J. (1947). *La psychologie de l'intelligence*. Colin.(波多野寛治・滝沢武久(訳)(1960).知能の心理学 みすず書房)
Preyer, W. (1882). *Die Seele des Kindes: Beobachtungen über die geistige Entwicklung des Menschen in den ersten Lebensjahren*. Grieben, Leipzig.
Reuchlin, M. (1957). *Histoire de la psychologie*. P. U. F.(豊田三郎(訳)(1990).心理学の歴史 白水社)
Ribot T. A. (1886). *La Psychologie du raisonnement: recherches expérimentales par l'hypnotisme*. Paris: Ancienne Librairie Germer Bailliere et Felix Alcan.
Rogers, C. (1942). *Counseling and psychotherapy: Newer concepts in practice*. Houghton Mifflin.(末武康弘・保坂 亨・諸富祥彦(共訳)(2005).ロジャーズ主要著作集1,カウンセリングと心理療法 岩崎学術出版社)
Rogers, C. (1951). *Client-centered therapy: Its current practice, implications and theory*. London: Constable.(保坂 亨・諸富祥彦・末武康弘(共訳)(2005).ロジャーズ主要著作集2,クライエント中心療法 岩崎学術出版社)
Rogers, C. (1961). *On becoming a person: A therapist's view of psychotherapy*. London: Constable.(諸富祥彦・末武康弘・保坂 亨(共訳)(2005).ロジャーズ主要著作集3,ロジャーズが語る自己実現の道 岩崎学術出版社)
Roid, G. H. (2003). *Stanford-Binet Intelligence Scales (SB5)*. Fifth Edition. Riverside Publishing.
Rorschach, H. (1921). *Psychodiagnostik*. Bern: Bircher.
Ross, E. A. (1908). *Social psychology: An outline and source book*. Macmillan.
Sears, R. R. (1944). Experimental analysis of psychoanalytic phenomena. In J. M. Hunt (Ed.) *Personality and the behavior disorders*. pp.306-332.
Sears, R. R. (1951). A theoretical framework for personality and social behavior. *American Psychologist*, **6**, 476-483.
Seay, B., Alexander, B. R., & Harlow, H. F. (1964). Maternal behavior of socially deprived rhesus monkeys. *Journal of Abnormal and Social Psychology*, **69**, 345-354.
Shannon, C. E. (1948). A mathematical theory of communication. *Bell System Technical Journal*, **27**, 379-423, 623-656.
Shannon, C. E., & Weaver, W. (1949). *The mathematical theory of communication*. The University of Illinois Press.
Shinn, M. W. (1893~1899). *Notes on the development of a child*. Issued in 3 parts (4 no.) Berkeley, CA: University of California Press.
Shinn, M. W. (1900). *The biography of a baby*. Boston: Houghton Mifflin.
Skinner, B. F. (1938). *The Behavior of organisms*. New Jersey: Prentice-Hall.
Spitz, R. A. (1945). Hospitalism: An inquiry into the genesis of psychiatric conditions in early childhood. *Psychoanalytic Study of the Child*, **1**, 53-74.
Spitz, R. A. (1946). Hospitalism: A follow-up report on investigation described in vol. I, 1945. *Psychoanalytic Study of the Child*, **2**, 113-117.
Spitz, R. A. (1951). The psychogenic diseases in infancy. *Psychoanalytic Study of the Child*, **6**, 255-275.

Spranger, E. (1914). *Lebensformen: Geisteswissenschaftliche Psychologie und Ethik drr Personlichkeit*. Halle: Max Niemeyer. (伊勢田耀子(訳)（1961）．文化と性格の諸類型　明治図書出版)
Spranger, E. (1924). *Psychologie des Jugendalters*. Leipxig: Quelle & Meyer.
Stern, C., & Stern, W. (1907). *Die Kindersprache*. Leipzig: Barth.
Stern, W. (1912). *Psychologische Methoden der Intelligenzpriifung*. Leipzig: Barth.
鈴木治太郎（1930）．実際的個別的智能測定法　東洋図書
Taine, H. A (1876). Note sur l'acquisition de langage chez les enfants et dans l'espere humaine. *Revue philosophique de la France et de l'étranger*, **1**, 5-23.
Taine, H. A. (1877). On the acquisition of language by children. *Mind*, **2**, 252-259.
田中寛一(1947)．田中びねー式智能検査法　世界社
Taylor, F. W. (1911). *The principles of scientific management*. Harper & Brothers.
テオプラストス(著), 森 進一(訳)（1982）．人さまざま　岩波書店
Terman, L. M. (1916). *The measurement of intelligence*. Boston: Houghton Mifflin.
Terman, L. M., & Merrill, M. A. (1937). *Measuring intelligence: A guide to the administration of the new revised Stanford-Binet test of intelligence*. Boston: Houghton Mifflin.
Terman, L. M., & Merrill, M. A. (1960). *Stanford-Binet Intelligence Scale: Manual for the third revision, Form L-M*. Boston: Houghton Mifflin.
Thorndike, E. R. (1898). Animal Intelligence: An experimental study of the associative processes in animals. *Psychological Review Monograph Supplements*, **8**, 1-109.
Thorndike, R. L., Hagen, E. P., & Sattler, J. M. (1986). *Stanford-Binet Intelligence Scale: Fourth edition (SB: SE)*. Riverside Publishing.
Tiedemann, D. (1787). Beobachtungen über die Entwicklung der Seelenfahigkeiten bei kindern. *Heissiche Beitrage zur Gelehrsamkeit und Kunst*, **2**, 313-315; **3**, 486-488.
Tolman, E. C., & Honzik, C. H. (1930). Intoroduction and removal of reward, and maze performance in rats. *University of California Publications in Psychology*, **4**, 257-275.
Watson, J. B., & Rayner, R. (1920). Conditioned emotional reactions. *Journal of Experimental Psychology*, **3**, 1-14.
Weber, E. H. (1834). *De pulsu, resorptione, auditu et tactu. Anatationes anatomicae et physiologicae*. Leipzig: Koehler.
Wechsler, D. (1939). *Wechsler-Bellevue Intelligence Scale*. New York: The Psychological Corporation.
Wechsler, D. (1949). *Manual for the Wechsler Intelligence Scale for Children*. New York: The Psychological Corporation.
Wechsler, D. (1955). *Manual for the Wechsler Adult Intelligence Scale*. New York: The Psychological Corporation.
Wechsler, D. (1967). *Manual for the Wechsler Preschool and Primary Scale of Intelligence*. New York: Psychological Corporation.
Wertheimer, M. (1912). Experimentelle Studien über das Sehen von Bewegung. *Zeitschrift für Psychologie*, **61**, 161-265.
Wiener, N. (1948). *Cybernetics, or control and communication in the animal and the machine*. New York: John Wiley & Sons.
Wiener, N. (1954). Cybernetics in history. In *The human use of human beings: Cybernetics and society*. Boston: Houghton Mifflin. pp.15-27.
Winnicott, D. W. (1971). *Playing and reality*. London: Tavistock Publication. (橋本雅雄(訳)（1979）．遊ぶことと現実　岩崎学術出版社)
Wolpe, J. (1958). *Psychotherapy by reciprocal inhibition*. Stanford: Stanford University Press.
Wolpe, J. (1969). *The practice of behavior therapy*. New York: Pergamon Press.
Wolpe, J., & Lazarus, A. A. (1966). *Behavior therapy techniques*. New York: Pergamon Press.
Wundt, W. (1873-74). *Grundzüge der physiologischen Psychologie*. first edition, vol.2. Leipzig: Engelmann.

引用文献

Wundt, W. (1880-83). *Logik: Eine Untersuchung der Principien der Erkenntnis und der Methoden wissenschaftlicher Forschung*. Stuttgart: Enke.
Wundt, W. (1886). *Ethik: Eine Untersuchung der Thatsachen und Gesetze des sittlichen Lebens*. Stuttgart: Enke.
Wundt, W. (1889). *System der Philosophie*. Leipzig: Engelmann.
Wundt, W. (1896). *Grundriss der Psychologie*. Leipzig: Engelmann.
Wundt, W. (1900-1920). *Völkerpsychologie, Vol.10*. Leipzig: Engelmann.
Yerkes, R. M.(Ed.) (1921). Psychological examining in the United States Army. *Memoirs of the National Academy of Sciences*, **15**, 1-890.

第2章

Andreasen, N. C. (2001). *Brave new brain*. Oxford University Press. (武田雅俊・岡崎祐士(監訳) (2004). 脳から心の地図を読む 新曜社 pp.103-118.)
Bear, M. F., Connors, B. W., & Paradiso, M. A. (2007). *Neuriscience: Exploring the brain*. (加藤宏司・後藤 薫・藤井 聡・山崎良彦(監訳) (2007). 神経化学—脳の探求 西村書店 p.4, p.137, pp.144-145, p.484.)
Blakeslee, S., & Blakeslee, M. (2007). *The body has a mind of its own*. Random House, Inc. (小松淳子(訳) (2009). 脳の中の身体地図 インターシフト pp.26-44.)
Bloom, F. E., Nelson, C. A., Lazerson, A. (2001). *Brain, mind, and behavior*, 3rd ed. Worth Publisers. (中村克樹・久保田 競(監訳) (2004). 新・脳の探検(下) 講談社 pp.78-88, pp.234-277.)
福島宏器 (2009). ほか人の損失は自分の損失？ 関 一夫・長谷川寿一(編) ソーシャルブレインズ 東京大学出版会 pp.191-216.
Harllow, H. F. (1971). *Learning to love*. (浜田寿美男(訳) (1978). 愛のなりたち ミネルヴァ書房 pp.109-126, pp.148-152.)
平山 諭 (2003). 神経伝達物質の話 平山 諭・保野孝弘(編著) 脳科学から見た機能の発達 ミネルヴァ書房 p.10, pp.31-36.
Iacoboni, M. (2008). *Mirroring people: The new science of how we connect with others*. Brockman Inc. (塩原通緒(訳) (2009). ミラーニューロンの発見 早川書房 pp.11-64.)
加藤俊徳 (2008). 脳は自分で育てられる 光文社 p.71.
永江誠司 (2004). 脳と発達の心理学 ブレーン出版 p.6, p.7.
NHKスペシャル (1993). 脅威の小宇宙・人体2—脳とこころ(第1集) 日本放送出版協会
Oliver, J. E. (1993). Intergenerational transmission of child abuse: Rates, research, and clinical implications. *The American Journal of Psychiatry*, **150**(9), 1315-1324.
Penfield, W. (1950). *The cerebral cortex of man*. The Macmillan Company. pp.21-65.
Pinel, J. (2003). *Biopsychology*, 5th ed. Pearson Education Inc. (佐藤 敬・若林孝一・泉井 亮・飛鳥井 望(訳) (2005). 神経の興奮伝導とシナプス伝導 ピネル バイオサイコロジー 西村書店 pp.59-77.)
Ramachandran, V. S., & Blakeslee, S. (1998). Phantom in the brain: Probing the mysterious of the human mind. (山下篤子(訳) (2011). 脳の中の幽霊 角川書店 pp.213-222.)
Rizzolatti, J., & Sinigaglia, C. (2006). *So quel che fai: Il cervello che agisce e i neuroni specchio*. Raffaello Cortina Editore. (柴田裕之(訳)・茂木健一郎(監訳) (2009). ミラーニューロン 紀伊国屋書店 pp.9-10, pp.96-132, pp.142-150, pp.202-209.)
澤口俊之 (1999). 幼児教育と脳 文藝春秋 pp.42-93.
坂井克之 (2008). 社会的な脳—心の脳科学 中央公論社 pp.157-181.
Teicher, M. H., Gold, C. A., Surrey, J., & Swett, C, Jr. (1993). Early childhood abuse and limbic system rating in adult psychiatric outpatients. *Journal of Neuropsychiatry Clinical Neuroscience*, **5**(3), 301-306.
時実利彦 (1962). 脳の話 岩波書店 p.80.
時実利彦 (1969). 目でみる脳 東京大学出版会 p.27.

友田明美（2012）．虐待によって生じる脳の変化 〈新版〉いやされない傷 診断と治療社 pp.48-105.
山本健一（2000）．意識と脳 サイエンス社 p.8.
吉田和典（2003）．脳の進化 平山 諭・保野孝弘（編著） 脳科学から見た機能の発達 ミネルヴァ書房 p.28, p.36-44.
渡辺 茂（2007）．神経細胞の形態と機能 渡辺 茂・小嶋祥三（編著） 脳科学と心の進化 岩波書店 p.36.

第3章

青木康子・加藤尚美・平澤美恵子(編)（2002）．助産学体系5 母子の心理・社会学〈第3版〉 日本看護協会出版会
花沢成一（1992）．母性心理学 医学書院
原田正文（2006）．子育ての変貌と次世代育成支援 名古屋大学出版会
Harlow, H.F., & Mears, C. (1979). *The human model: Primate perspectives.* V. H. Winston & Sons, A Division of Scripta Technica, Inc.（梶田正巳・酒井亮爾・中野靖彦(訳)（1985）．ヒューマンモデル サルの学習と愛情 黎明書房）
長谷川寿一（2006）．動物の子どもと親子関係 藤崎春代・武内 清（編） 子ども・青年の生活と発達 放送大学教育振興会 pp.21-34.
池上貴美子（1999）．模倣することの意味 正高信男（編） ことばと心の発達1 赤ちゃんの認識世界 ミネルヴァ書房 pp.75-114.
柏木惠子・若松素子（1994）．「親となる」ことによる人格発達―生涯発達的視点から親を研究する試み 発達心理学研究，**5**，72-83.
Klaus, M. H., & Kennell, J. H. (1976). Maternal-infant bonding. C. V. Mosby.（竹内 徹・柏木哲夫(訳)（1979）．母と子のきずな 医学書院）
松沢哲郎（2001）．おかあさんになったアイ 講談社
Meltzoff, A. N., & Moore, M. K. (1977). Imitation of facial and manual gestures by human neonates. *Science*, **198**, 75-78.
宮城音弥（1960）．性格 岩波書店
Napier, J. R. & Napier, P. H. (1985). *The natural history of the primates.* British Museum, Natural History.（伊沢紘生(訳)（1987）．世界の霊長類 どうぶつ社）
仁志田博司（2004）．新生児学入門〈第3版〉 医学書院
岡本依子・菅野幸恵・根ヶ山光一（2003）．胎動に対する語りにみられる妊娠期の主観的な母子関係―胎動日記における胎児への意味づけ 発達心理学研究，**14**, 64-76.
大日向雅美（1988）．母性の研究 川島書店
小野寺敦子（2003）．親になることによる自己概念の変化 発達心理学研究，**14**，180-190.
Portmann, A. (1951). *Biologische Fragmente zu einer Lehre vom Menschen*, Verlag Benno Schwabe & Co., Basel.（高木正孝(訳)（1961）．人間はどこまで動物か 岩波書店）
菅原ますみ（1992）．気質 東 洋・繁多 進・田島信元（編） 発達心理学ハンドブック 福村出版 p.729.
Thomas, A. & Chess, S., (1986). The New York longitudinal study: From infancy to early adult life. In R. Plomin, & J. Dunn (Eds.), *The study of temperament: Changes, continuities and challenges.* Lawrence Erlbaum Associates.
八木下暁子（2008）．父親役割の芽生え 岡本依子・菅野幸恵（編） 親と子の発達心理学 新曜社

第4章

Aamodt, S., & Wang, S. (2008). *Welcome to your brain.* Levine Greenberg Literary Agency.（三橋智子(訳)（2009）．脳のしくみ 東洋経済新報社 pp.138-144.）
Baillargeon, R., & Graber, M. (1987). Where's the Rabbit? 5.5-Month-Old Infants' Representations of the

239

● —— 引用文献

Height of a Hidden Object. *Cognitive Development*, **2**, 375-392.
Baltes, P. B. (1987). Theoretical propositions of Life-Span Developmental Psychology:On the dynamics between growth and decline, *Developmental Psychology*, **23**(5) 611-626.
Behrman, R., Kliegman, R., & Jenson, H. (2004). *Nelson textbook of pediatrics*. 17th ed.W. B. Saunders.（衛藤義勝（監修）（2005）．ネルソン小児科学　西村書店　pp.29-31.
Bloom, F., Nelson, C. A., & Lazerson, A. (2001). *Brain, mind, and behavior* (3rd ed.). New York: Worth.
Bowlby, J. (1969). *Attachment and loss, vol.1., Attachment*.（黒田実郎・大羽　蓁・岡田洋子・黒田聖一（訳）（2007）．母子関係の理論Ⅰ：愛着行動　岩崎学術出版社　pp.313-351.）
Bowlby,J. (1973)．*Attachment and loss. vol.2., Separation :Anxiety and Anger*.（黒田実郎・岡田洋子・吉田恒子（訳）（2007）．母子関係の理論Ⅱ：分離不安　岩崎学術出版社　pp.187-197.）
Bridges, K.M.B. (1932). Emotional development in early infancy, *Child Development*,**3**,324-334.
Chomsky, N. (1965). *Aspect of the theory of syntax*. The Massachusetts Institute of Technology.（安井稔（訳）（1970）．文法理論の諸相　研究社）
Erikson, E. H. (1959). *Identity and the life cycle*.（西平 直・中島由恵（訳）（2011）．アイデンティティとライフサイクル　誠信書房　pp.45-102，pp.194-195.）
Erikson, E. H., & Erikson, J. M. (1997). *The life cycle completed: Expanded edition*.（村瀬孝雄・近藤邦夫（訳）（2001）．ライフサイクル―その完結（増補版）　みすず書房　p.34.）
遠藤利彦（1995）．乳幼児における情動の発達とはたらき　麻生　武・内田伸子（編）　講座生涯発達心理学2　金子書房　pp.129-162.
遠藤利彦（2005）．アタッチメント理論の基本的枠組み　数井みゆき・遠藤利彦（編著）　アタッチメント　ミネルヴァ書房　pp.1-31.
Fantz, R. L. (1961). The origin of form perception, *Scientific American*, 66-72.
Fantz, R. L. (1963). Pattern vision in newborn infants, *Science*, **140**, 296-297.
Flavell, J. H., Shipstead, S. G., & Croft, C. (1978). Young children's knowledge about visual perception: Hiding objects from others, *Child Development*, **49** (4), 1208-1211.
橋本憲尚（1999）．メタ認知　中島義明（編）　心理学辞典　有斐閣　p.831.
Hess, E. H. (1973). *The laboratory analysis of social imprinting and socialization in birds, imprinting*. Van Nostrand Reinfold. pp.188-288.
警察庁　（2013）．平成24年中における自殺の状況
厚生労働省　（2013）．平成24年簡易生命表
九州大学小児科改訂版　遠城寺式・乳幼児分析的発達検査表
Lewin, K. (1939). Field theory and experiment in social psychology: Concepts and methods. *American Journal of Sociology*, **44**(6), 868-896.
Lorentz, K. (1965). *Über tierisches und menscheliches*. R. Piper & Co.（丘 直通・日高敏隆（訳）（1997）．動物行動学（上）　筑摩書房　pp.243-258.）
Lorenz, K. (1965). *Über tierisches und menschenliches verhalten*.（日高敏隆・丘 直通（訳）（2005）．動物行動学Ⅱ　新思索社　p.187.）
Lorenz, K. (1983). *Er redete mit dem Vieh, den Vögeln und den Fischen*.（日高敏隆（訳）（1998）．ソロモンの指環　早川書房　pp.156-178.）
Mahler, M., Pine, F., & Bergman, A. (1975). *The psychological birth of the human infant*.（高橋雅士・織田正美・浜　畑紀（訳）（2001）．乳児期の心理的誕生　黎明書房　pp.47-140.）
Marcia, J. E. (1966). Development and validation of ego-identity status, *Journal of Personal and Social Psychology*, **3**, 551-558.
Martini, F., Timmons, M., & McKinley, M. (2000). *Human anatomy*, 3rd ed.（井上貴央（監訳）（2003）．カラー人体解剖学　西村書店　p.557, p.587.）
松田素子（1996）．学習障害の実像を求めて　上野一彦・二上哲志・北脇三知也・牟田悦子・緒方明子（編）　LDとは　学習研究社　pp.52-53.
武藤清子（1979）．「自我同一性地位面接」の検討と大学生の自我同一性　教育心理学研究，**27**(3), 28-37
荻野美佐子　（1996）．言語の発達　大村彰道（編）　教育心理学Ⅰ　東京大学出版会　p.24.

Perner, J. (1991). *Understanding the representational mind.*（小島康次・佐藤 淳・松田真幸（訳）(2006). 発達する「心の理論」 ブレーン出版 pp.232-275.）
Piaget, J. (1952). La Psychologie de L' Intelligence.（波多野完治・滝沢武久（訳）(1967). 知能の心理学 みすず書房 pp.109-292.）
Piaget, J., & Inhelder, B. (1948). *The child's conception of space.* (Tr.) F. J. Langdon, & L. Lunzer (1956). London: Routridge. pp.209-246.
Piaget, J., & Inhelder, B.(1966). *La Psychologie de L'Infant.*（波多野完治・須賀哲夫・周郷 博（訳）(1969). 新しい児童心理学 pp.10-32, pp.55-152.）
Premack, D. G., & Woodruff, G. (1978). Does the chinpanzee have the theory of mind?, *Behavioral and Brain Science,* **1**(4), 515-526.
Portman, A. (1951). Biologische Fragmente zu einer Lehre vom Menschen, Verlag Benno Schwabe & Co., Basel.（高木正孝（訳）(1961). 人間はどこまで動物か 岩波書店 pp.25-58.）
Sameroff, A. J. (1975). Transactional models in early social relations. *Human Development,* 65-79.
新村 出（編）(1998). 発達 広辞苑〈第5版〉 岩波書店
Sorce, J. F., Emde, R. N., Campos, J. J., & Klinnert, M. D. (1985). Matarnal emotional signaling: Its effect on the visual cliff behavior of 1-year-olds. *Dvelopmental Psychology,* **21**, 195-200.
Thomas, A., Chess, S., & Birch, G. H. (1970). The origin of personality, *Scientific American,* **223**, 102-109.
ヴィゴツキー（1956）. 思考と言語〈新訳版, 2001〉 柴田義松（訳） 新読書社 pp.376-403.

第5章

Bruner, J. S., & Goodman, C. C. (1947). Value and need as organizing factors in perception. *Journal of Abnormal and Social Psychology,* **42**, 33-44.
Fechner, G. T. (1860). *Elemente der psychophysik.*: Leipzig: Breitkopf und Härtel.
日比野治雄 （1999）. ウェーバーの法則 中島義明（編） 心理学辞典 有斐閣 p.54.
Wertheimer, M. (1923). Untersuchungen zur Lehre von der Gestalt II, *Psycologische Forschung,* **4**, 301-350.

第6章

Bandura, A. (1973). *Aggression: A social learning analysis.* Englewood Cliffs, NJ: Prentice-Hall.
Bridges, K. M. B. (1932). Emotional development in early infancy. *Child Development,* **3**, 324-341.
Deci, E. L. (1975). *Intrinsic motivation.* New York: Plenum Press.（安藤延男・石田梅男（訳）(1980). 内発的動機づけ―実験社会心理学的アプローチ 誠信書房）
Dollard, J., Doob, L. W., Miller, N. E., Mowrer, O. H., & Sears, R. R. (1939). *Frustration and aggression.* New Haven: Yale University Press.（宇津木 保（訳）(1959). 欲求不満と暴力 誠信書房）
Eibl-Eibesfeldt, I. (1970). *Liebe und hass.* R.Piper & Co.Verlag.（日高敏隆・久保和彦（訳）(1974). 愛と憎しみ1 みすず書房）
Field, T. M., Woodson, R., Greenberg, R., & Cohen, D. (1982). Discrimination and imitation of facial expressions by neonates. *Science,* **218**, 179-181.
Freud, S. (1933). *Warum Krieg?* In: Gesammelte Werke (Bd.XIV). London: Image Publishing.（上井正徳・吉田正己（訳） (1974). 何故の戦争か 〈改訂版〉フロイド選集8 日本教文社）
濱 治世・濱 保久・鈴木直人 (2001). 感情心理学への招待―感情・情緒へのアプローチ サイエンス社
Harlow, H. F. (1950). Learning and satiation of response in intrinsically motivated complex puzzle performance by monkeys. *Journal of Comparative and Physiological Psychology,* **43**, 289-294.
平井 久 （1992）. 情動と動機づけ 梅本堯夫・大山 正（編） 心理学への招待―こころの科学を知る サイエンス社 pp.133-156.

● ── 引用文献

今田純雄　(1999).　本能説　中島義明(編)　心理学辞典　有斐閣　pp.804-805.
クルト・レヴィン(著)，猪股佐登留(訳)　(1956).　社会科学における場の理論　誠信書房
Maslow A. H. (1954). *Motivation and personality*. New York: Harper & Row. (小口忠彦(訳)　人間性の心理学　(1971). 産業能率大学出版部)
Morris, D. (1977). *Manwatching*. Elsevier International Projects Ltd. (藤田　統(訳)　(1980). マンウォッチング　小学館)
中村　真　(2005).　情動の諸理論　中島義明・箱田裕司・繁桝算男(編)　新 心理学の基礎知識　有斐閣　pp.251-252.
坂上裕子　(1999).　豊かな内的世界　繁多　進(編)　乳幼児発達心理学　福村出版　pp.71-84.
Schlosberg, H. (1952). The description of facial expression in terms of two dimensions, *Journal of Experimental Psychology*, **44**(4), 229-237.
荘厳舜哉　(1997).　文化と感情の心理生態学　金子書房
Watson, J. B., & Rayner, R. (1920). Conditioned emotional reactions, *Journal of Experimental Psychology*, **3**, 1-14.
渡邊伸行・鈴木竜太・山田　寛　(2006).　表情認知に関わる顔の視覚的構造変数の再検討　認知心理学研究, **3**(2), 167-179.
Yamada, H. (1993). Visual information for categorizing facial expressions of emotion, *Applied Cognitive Psychology*, **7**, 257-270.
吉田正昭　(1970).　表情　東洋・大山 正・詫摩武俊・藤永 保(編)　心理学の基礎知識　有斐閣　pp.72-23.

第7章

American Psychiatric Association　(2002).　(髙橋三郎・大野　裕・染矢俊幸(訳)　(2004). DSM-Ⅳ-TR 精神疾患の診断・統計マニュアル　医学書院)
安藤寿康　(1999).　遺伝／環境　中島義明・安藤清志・子安増生・坂野雄二・繁桝算男・立花政夫・箱田裕司(編)　心理学辞典　有斐閣　p.37.
安藤寿康　(2000).　心はどのように遺伝するか―双生児が語る新しい遺伝観　講談社
安藤寿康　(2005).　知能研究と因子分析　中島義明・箱田裕司・繁桝算男(編)　新 心理学の基礎知識　有斐閣　pp.300-301.
Binet, A. (1911). *Les idées moderne sur l'enfants*. Flammarion. (波多野完治(訳)　新しい児童観　明治図書)
古橋啓介　(1999).　創造性　中島義明・安藤清志・子安増生・坂野雄二・繁桝算男・立花政夫・箱田裕司(編)　心理学辞典　有斐閣　p.533.
Gardner, H. (1983). *Frames of mind: The theory of multiple intelligences*. Basic Books.
Gerstorf, D., Ram, N., Hoppmann, C., Willis, S. L., & Schaie, K. W. (2011). Cohort differences in cognitive aging and terminal decline in the Seattle Longitudinal Study, *Developmental Psychology*, **47**, 1026-1041.
Guilford, J. P. (1956). The structure of intellect, *Psychological Bulletin*, **53**, 267-293.
Guilford, J. P. (1959). "Three faces of intellect", *American Psychologist*, **14**(8), 469-479.
子安増生　(1999).　知能　中島義明・安藤清志・子安増生・坂野雄二・繁桝算男・立花政夫・箱田裕司(編)　心理学辞典　有斐閣　p.579.
日本心理適正研究所(編著)　(1976).　WPPSI知能診断検査指針　日本文化科学社
Salovey, P., & Mayer, J. D. (1990). Emotional intelligence. *Imagination, Cognition, and Personality*, **9**, 185-211.
佐藤達哉　(2005).　知能検査の表現法　中島義明・箱田裕司・繁桝算男(編)　新 心理学の基礎知識　有斐閣　p.297.
Schaie, K. W., Labouvie, G. V., & Buech, B. U. (1973). Generational and cohort-specific differences in adult cognitive functioning: A fourteen-year study of independent samples. *Developmental Psychology*, **9**,

151-166.
Sternberg, R. J. (1985). *Beyond IQ: A triarchic theory of human intelligence*. New York: Cambridge University Press.
Spearman, C. E. (1904). General intelligence, objectively determined and measured. *American Journal of Psychology*, **15**, 201-293.
Thurstone, L. L. (1938). *Primary mental abilities*. Chicago: University of Chicago Press.
氏家達夫 (2006). 成人発達とエイジング　氏家達夫・陳 省仁(編)（2006）. 基礎発達心理学　放送大学教育振興会　pp.166-179.
Walters, J. M., & Gardner, H. (1986). The theory of multiple intelligences: Some issues and answers. In R. J. Sternberg & R. K. Wagner (Eds.), *Practical intelligence: Nature and origins of competence in the everyday world*. Cambridge: Cambridge University Press. pp.163-182.
Wechsler, D. (1958). *The measurement and appraisal of adult intelligence* (4th ed.). Baltimore: Williams & Wilkins.

第 8 章

Baudura, A.（Eds.）(1971). *Psychological modeling: Conflicting theories*. Chicago: Aldine Ahterton.（原野広太郎・福島脩美(訳)（1975）. モデリングの心理学　金子書房）
Baudura, A., Ross, D., & Ross, S. A. (1963). Imitation of film-mediated aggressive models, *Journal of Abnormal and Social Psychology*, **66**, 3-11.
Baudura, A. (1977). *Social learning theory*. New Jersey: Prentice-Hall.（原野広太郎(監訳)（1979）. 社会的学習理論―人間理解と教育の基礎　金子書房）
Köhler, W. (1917). *Intelligenzprüfungen an menschenaffen*. Springer.（宮 孝一(訳)（1962）. 類人猿の智慧試験　岩波書店）
Pavlov, I. P. (1927). *Conditioned reflexes: An investigation of the physiological activity of the cerebral cortex*. Translated and Edited by G. V. Anrep. London: Oxford University Press.（河 村　浩（訳）（1975）. 大脳半球の働きについて―条件反射学(上・下)　岩波書店）
Skinner, B. F. (1938). *The behavior of organisms*. New Jersey: Prentice-Hall.
Thorndike, E. R. (1898). Animal Intelligence: An experimental study of the associative processes in animals, *Psychological Review Monograph Supplements*, **8**, 1-109.
Tolman, E. C., & Honzik, C. H. (1930). Introduction and removal of reward, and maze performance in rats. *University of California Publications in Psychology*, **4**, 257-275.
Watson, J. B. (1913). Psychology as the behaviorist views it. *Psychological Review*, **20**, 158-177.
Watson, J. B. (1929). Behaviorism-the modern note in psychology. In　J. B.Watson, & W. McDougall (Eds.), *The battle of behaviorism*. New York: W. W. Norton.
Watson, J. B., & Rayner, R. (1920). Conditioned emotional reactions, *Journal of Experimental Psychology*, **3**, 1-14.

第 9 章

Atkinson, R. C., & Shiffrin, R. M. (1968). Human memory: A proposed system and its control processes. In K. W. Spence & J. T. Spence (Eds.), *The psychology of learning and motivation: Advances in research and theory* (Vol. 2). New York: Academic Press. pp. 89-195.
Baddeley, A. D. (2000). The episodic buffer: A newcomponento of working memory?. *Trends in Coguinitive Sciences*, **4**, 417-423.
Baddeley, A. D., & Hitch, G. J. (1974). Working memory, In G. A. Bower (Ed.), *Recent advances in learning and motivation* (Vol. 8). New York: Academic Press. pp. 47-90.

引用文献

Cofer, C. N., Bruce, D. R., & Reicher, G. M. (1966). Custering in free recall as a function of certain methodological variations. *Journal of Experimental Psychology*, **71**, 858-866.

Craik, F. I. M., & Lockhart, R. S. (1972). Level of processing: A framework for memory research. *Journal of Verbal Learning and Verbal Behavior*, **11**, 671-684.

Ebbinghaus, H. (1885). *Über das Gedächtnis, Untersuchungen zur experimentellen Psychologie.* Leipzig: Duncker & Humblot. (Translated by H. A. Ruger & C. E. Bussenius (1913). *Memory: A contribution to experimental psychology.* New York: Teachers College, Columbia University.)

Fechner, G. T. (1860). *Elemente der psychophysik* (Vol.2). Leipzig Druck und Verlag von Breitkopf und Härtel.

Fueud, S. (1901). Zur psychopathologie des Allatagslebens. *Monatsschrift fur psychiatrie und Neurologie*, Bd. Heft 1 u.2.（井村恒郎ほか(編訳)（1970）．フロイト著作集4　日常生活の精神病理学　人文書院）

Glanzer, M., & Cunitz, A. R. (1966). Two storage mechanisms in free recall. *Journal of Verbal Learning and Verbal Behavior*, **5**, 351-360.

McGeoch, J. A. (1942). *The psychology of human learning: An introduction.* New York: Longman.

Murdock, B. B. Jr (1962). The serial position effect of free recall. *Journal of Experimental Psychology*, **64**, 482-488.

Parkin, A. J. (1987). *Memory and amnesia: An introduction.* Oxford: Basil Blackwell.

Parkin, A. J. (1990). Declarative and procedural knowledge. In M. W. Eysenck (Ed.), *The blackwell dictionary of cognitive psychology.* Oxford: Basil Blackwell.（アイゼンク，M. W.（編）野島久雄・重野　純・半田智久(訳)（1998）．認知心理学事典　新曜社　pp.237-239.）

Slamecka, N. J., & Graf, P. (1978). The generation effect: Delineation of a phenomenon. *Journal of Experimental Psychology: Human Learning and Memory*, **4**, 592-604.

Squire, L. R. (1987). *Memory and brain.* Oxford University Press.（河内十郎(訳)（1989）．記憶と脳　医学書院）

第10章

Allport, G. W. (1937). *Personality: Psychological interpretations.* New York: Henry Holt.（詫摩武俊・青木孝悦・近藤由紀子・堀　正(訳)（1982）．パーソナリティ―心理学的解釈　新曜社）

東　洋・柏木惠子・R. D. ヘス（1981）．母親の態度・行動と子どもの知的発達―日米比較研究　東京大学出版会

ブラゼルトン，T. B.（著）　穐山富太郎(監訳)（1998）．ブラゼルトン新生児行動評価(第3版)　医歯薬出版

Cattell, R. B. (1950). *Personality: A systematic theoretical and factual study.* McGraw-Hill.

Eysenck, H. J. (1970). *The structure of human personality*(3rd ed.). Methuen.

フロイト，S.（著）古沢平作(訳) (1969). 続精神分析入門　〈改訂版〉フロイド選集3　日本教文社

フロム，E.（著）日高六郎(訳) (1951). 自由からの逃走　東京創元社

ホーナイ，K.（著）我妻　洋(訳) (1973). 現在の神経症的人格　誠信書房

木村　駿 (1964). TAT診断法入門　誠信書房

Erikson, E. H. (1959). *Identity and the life cycle: Selected papers.* New York: International University Press.（西平　直・中島由恵(訳)（2011）．アイデンティティとライフサイクル　誠信書房）

クレッチメル，E.（著）相場　均(訳) (1960). 体格と性格―体質の問題および気質の学説によせる研究　文光堂

レヴィン，K.（著）相良守次・小川　隆(訳) (1957). パーソナリティの力学説　岩波書店

箕浦康子 (2003). 子どもの異文化体験(増補改訂版)　新思索社

ミッシェル，W.（著）詫摩武俊(監訳) (1992). パーソナリティの理論―状況主義的アプローチ　誠信書房

宮城音弥　(1960)．性格　岩波書店
宮城音弥　(1998)．性格研究の方法論　詫摩武俊(編)　性格　日本評論社　pp.1-14.
野村　昭　(1987)．社会と文化の心理学　北大路書房
岡本祐子　(1997)．中年からのアイデンティティ発達の心理学　ナカニシヤ出版
ロールシャッハ, H.（著）　鈴木睦夫(訳) (1998)．新・完訳精神診断学　金子書房
Sheldon, W. H., & Stevens, S. S. (1942). *The varieties of temperament: A psychology of constitutional differences.* Harper.
シュプランガー, E.（著）　伊勢田耀子(訳) (1961).文化と性格の諸類型　世界教育学選集　明治図書 pp.18-19.
Symonds, P. W. (1939). *The psychology of parent-child relationships.* Oxford, England: Appleton-Century.
田島信元〔2000）．気質の人格発達への影響　詫摩武俊・鈴木乙史・清水弘司・松井　豊(編)　シリーズ・人間と性格　第2巻 性格の発達　ブレーン出版　pp.65-80.
瀧本孝雄　(2000)．内田クレペリン精神検査　詫摩武俊・鈴木乙史・清水弘司・松井　豊(編)　シリーズ・人間と性格　第6巻 性格の測定と評価　ブレーン出版　pp.157-171.
詫摩武俊　(1971)．性格　講談社
詫摩武俊　(2003)．性格の発達　詫摩武俊・瀧本孝雄・鈴木乙史・松井　豊(編)　性格心理学への招待―自分を知り他者を理解するために〈改訂版〉　サイエンス社　pp.80-93.
詫摩武俊・天羽幸子・安藤寿康　(2001)．ふたごの研究―これまでとこれから　ブレーン出版
詫摩武俊・鈴木乙史・清水弘司・松井 豊(編) (2000)．シリーズ・人間と性格　第1巻 性格の理論，第2巻 性格の発達　ブレーン出版
Thomas, A., Chess, S., & Birch, H. G. (1970). The origin of personality. *Scientific American,* **223**, 102-109.
塘利枝子(編) (2005)．アジアの教科書に見る子ども　ナカニシヤ出版
辻平治郎(編) (1998).5因子性格検査の理論と実際―こころをはかる5つのものさし　北大路書房
辻岡美延　(1965).新性格検査法：Y-G性格検査実施・応用・研究手引　竹井機器工業
依田　明　(1990)．きょうだいの研究　大日本図書
ユング, C.G.（著）　高橋義孝(訳) (1970)．人間のタイプ　〈改装版〉ユング著作集1　日本教文社

第11章

坂野雄二　(1999)．ストレスの基礎研究の現状　河野友信・石川俊男(編)　ストレス研究の基礎と臨床　至文堂　pp.68-77.
Caplan, G. (1974). *Support system and community mental health.* Behavioral Publications.（近藤喬一・増野 肇・宮田洋三(訳) (1979)．地域ぐるみの精神衛生　星和書店　pp.46-66.）
Eysenck, H. J. (1991). *Smoking, personality, and stress.* New York: Springer-Verlag. （清水義治・永沼 寛・永島克彦(監訳) (1993)．たばこ・ストレス・性格のどれが健康を害するか　星和書店　pp.101-133.）
Friedman, M., & Rosenman, R. H. (1974). *Type A behavior and your heart.*（河野友信(監修) (1993)．タイプA　性格と心臓病　創元社　pp.63-133.）
原信一郎　(1999)．ストレスとホメオスターシス　現代のエスプリ(別冊)　現代のストレスシリーズⅠ ストレス研究の基礎と臨床　至文堂　pp.125-138.
Holmes, T. H., & Lahe, R. H. (1967). The social readjustment rating scale. *Journal of Psychosomatic Research,* **11**, 213-218.
伊藤忠弘　(1999)．自己効力感　氏原 寛・小川捷之・近藤邦夫・鑪 幹八郎・東山紘久・村山正治・山中康弘(編)　カウンセリング辞典　ミネルヴァ書房　p.256.
小杉正太郎　(2002)．ストレス心理学　川島書店　pp.1-29, pp.124-136.
Lazarus, R. S. (1999). *Stress and emotion.* Springer Publishing Company.（本明 寛(監訳) (2004)．ス

● ─── 引用文献

トレスと情動の心理学　実務教育出版　pp.59-102.)
Lazarus, R. S., & Folkman, S. (1984). *Stress, appraisal, and coping.* (本明 寛・春木 豊・織田正美(監訳) (1991). ストレスの心理学　実務教育出版　pp.25-51, pp.119-181.)
National Child Traumatic Stress Network and National Center for PTSD (2006). *Psychological first aid; Field oparation guide,* 2nd ed. (兵庫県心のケアセンター (訳) (2011). 災害時のこころのケア　医学書院　pp.96-113, p.188.)
森本兼曩 (1999). ストレス危機の予防医学　NHKブックス　pp.141-161.
成田善弘 (2004). 心身症　氏原 寛・亀口憲治・成田義弘・東山紘久・山中康弘(編)　心理臨床大事典改訂版　培風館　p.774.
中西龍一 (2003). クライエントの声からストレス・マネジメントを探る　荒木紀幸・倉戸ツギオ(編)　健康とストレス・マネジメント　ナカニシヤ書店　pp.163-185.
野村 忍 (1999). タイプA行動パターン　中島義明・安藤清志・子安増生・坂野雄二・繁桝算男・立花政夫・箱田裕司(編)　心理学辞典　有斐閣　p.557.
大塚泰正 (2002). 心理学的ストレスの測定と評価　小杉正太郎(編著)　ストレス心理学　川島書店　pp.97-122.
Selye, H. A. (1936). A syndrome produced by diverse nocuous agents, *Nature,* **138**, 32.
Selye, H. A. (1983). The stress concept: Past, present, and future, In C. L. Cooper (Ed.), *Stress research.* John Wiley & Sons, pp.1-20.
嶋 信宏 (2004). ストレスとコーピング　氏原 寛・亀口憲治・成田義弘・東山紘久・山中康弘(編)　心理臨床大事典(改訂版)　培風館　pp.154-156.

第12章

American Psychiatric Association (2000). *Diagnostic and Statistical Manual of Mental Disorders.* 4 th ed. Text Revision (DSM-IV-TR) (高橋三郎・大野 裕・染矢俊幸(訳) (2004). DSM-IV-TR：精神疾患の診断・統計マニュアル新訂版　医学書院　p.87.)
American Psychiatric Association (2013). *Diagnostic and Statistical Manual of Mental Disorders.* 5th ed. (DSM-5TM) Intellectual pp.33-41. Autism Spectrum Disorder, Attention-Deficit /Hyperactivitiy Disorder, Specific Learning Disorder, pp.50-74.
Asperger, H. (1944). Die "Autistischen Psychopathen" im Kindelter. *Archiv für Psychiatrie und Nervenkrankenheiten,* **117**, 76-136. (詫摩武元(訳) (1993). 小児期の自閉的精神病質　児童青年精神医学とその近接領域 **34**, 180-197, 282-301.)
坂野雄二 (1999). 発達障害　中島義明・安藤清志・子安増生・坂野雄二・繁桝算男・立花政夫・箱田祐司(編)　有斐閣　p.693.
Baron-Cohen, S., Leslie, A. M., & Frith, U . (1985). Does the autistic child have a "theory of mind", *Cognition,* **21**, 37-46.
Frith, U. (Ed.)(1991). *Autism and Asperger Syndrome.* The Press Syndicate of the University of Cambridge, U.K. (冨田真紀(訳) (1996). 自閉症とアスペルガー症候群　東京書籍　pp.35-40.)
Heward, W. L. (2003). *Exceptional children: An introduction to special education.* 7th edition. (篠原吉徳(訳) (2007). 学習障害　中野良顯・小野次朗・榊原洋一(監訳)　特別支援教育　明石書店　pp.274-323.)
五十嵐一枝 (2002). LD (学習障害)　次良丸睦子・五十嵐一枝　発達障害の臨床心理学　北大路書房　pp.32-54.
Kanner, L. (1943). Autistic Disturbances of Affective Contact. *Nervous Child,* **2**, 217-250.
文部科学省　http://www.mext.go.jp/a_menu/shotou/tokubetu/004/008/001.htm
文部科学省 (1999). 学習障害及びこれに類似する学習上の困難を有する児童生徒の指導方法に関する調査研究協力者会議　学習障害児に対する指導について(報告)　平成11年7月2日
　　http://www.mext.go.jp/a_menu/shotou/tokubetu/material/002.htm

永江誠司　(2004)．発達障害と脳―脳と発達の心理学　ブレーン出版　pp.283-317.
Perner, J. (1991). *Understanding the representational mind.* The MIT Press.（松田真幸（訳）(2006)．小島康次・佐藤　淳・松田真幸（訳）　発達する「心の理論」　ブレーン出版　pp.243-257.）
Pinel, J. (2003). *Biopsychology,* 5th ed. Pearson Education Inc.（佐藤　敬・若林孝一・泉井　亮・飛鳥井　望（訳）(2005)．認知神経科学的研究法と失読症　ピネル バイオサイコロジー：脳―心と行動の神経科学西村書店　pp.332-334.）
Premack, D., & Premack, A. (2003). *Original intelligence unlocking the mystery of who we are.* McGraw-Hill Companies.（鈴木光太郎（訳）・長谷川寿一（監修）(2005)．心の理論―他者の気持ちが分かる　新曜社　pp.221-251）
Rutter, M. (1974)　The development of infantile autism. *Psychological Medicine,* **4**(2), 147-163.
Schultz, D. (1977). *Growth psychology.* Litton Educational Publishing, Inc.（上田吉一（監訳）(1982)．精神的健康の本質　健康な人格　川島書店　pp.251-256.）
司馬理恵子（1997）．のび太・ジャイアン症候群　主婦の友社
下山晴彦（2004）．発達障害　子安増生・二宮克美（編）　発達心理学(改訂版)　新曜社　pp.78-81.
杉山登志郎（2011）．発達障害のいま　講談社
The American Association on Mental Retardation: AAMR (1992). *Mental retardation,* 9th ed.Washington Dc.（アメリカ精神遅滞学会　(1999)．北島善夫（訳）　病因　茨木俊彦（監訳）　精神遅滞〈第9版〉　学苑社　pp.121-154.）
WHO　(2005)．融　道男・中根允文・小見山実・岡崎祐士・大久保善朗（監訳）ICD-10　精神および行動の障害―臨床記述と診断ガイドライン〈新訂版〉　医学書院　p.262.
Wing, L. (Ed.) (1976). *Early Childhood Autism,* 2nd ed. Pergamon Press.（久保紘章（訳）(1980)．診断・臨床的記述・予後　久保紘章・井上哲雄（監訳）　早期小児自閉症　星和書店　pp.19-83.）
Wing, L. (1981).　Asperger's syndrome : A clinical account. *Psychological Medicine,* **11**,115-129.

第13章

American Psychiatric Association (2013). Schizophrenia,Bipolar and Related Disorders, Major Depressive Disorder, Anorexia Nervosa, Bulimia Nervosa, Alcohol Use Disorder. *Diagnostic and Statistical Manual of Mental Disorders,* 5th ed. (DSM-5TM).
American Psychiatric Association (2000). DSM-Ⅳ-TR　高橋三郎・大野　裕・染矢俊幸（訳）(2004)．DSM-Ⅳ-TR　精神疾患の診断・統計マニュアル
Bear, M. F., Connors, B. W., & Paradiso, M. A., (2007). *Neuroscience: Exploring the brain.* Lippincott Willians & Willkins /Wolters Kluwer Health.（加藤宏司・後藤　薫・藤井　聡・山崎良彦(監訳)(2007)．神経化学―脳の探求　西村書店　pp.515-534.）
Beck, A.T., (1976). *Cognitive therapy and the emotional disorders.* Mark Paterson and International University Press.（大野　裕（訳）(1990)．認知療法―精神療法の新しい発展　岩崎学術出版社　pp.177-218.）
Ellis, A., & Harper, A. (1975). *A new guide to rational living.*　Prentice-Hall.（北見芳雄（監修）(1981)．論理療法　川島書店　pp.85-104.）
Freeman, J. B., Garcia, A. M., Swedo, S. E., Rapoport, J. L., Fucci, C. M., & Leonard, M. D. (2004). In J. M. Wiener, & M. K.Dulcan (Ed.), *Textbook of child and adolescent psychiatry,* Third ed., American Psychiatric Publishing.（太田豊作（訳）(2002)．強迫性障害　斎藤万比古・生地 新（総監督）　児童青年精神医学大辞典　西村書店　pp.424-433.）
Freud, S. (1909). *Über psychoanlyse.*（2007)．(道籏泰三（編）精神分析について　岩波書店　pp.118-169.）
Gendrin, E. (1978). *Focusing.* Bantam Books Inc.（村山正治・都留春夫・村瀬孝雄(訳)(1982)．フォーカシング　福村出版　pp.5-16.）
Rogers, C. (1951).　A theory of personality and behavior., Client-Centered Therapy. *Constable and Company Limited,* 481-533.

247

● ─── 引用文献

Rogers, C. (1961). *On become a person :Therapistr's view of psychotherapy*. London: Constable, pp.39-58.
Mason, P. T., & Kreger, R. (1998). *Stop walking on eggshells*. New Harbinger.（荒井秀樹・野村祐子・東原美和子(訳)（2003）．境界性人格障害　星和書店　pp.9-16.）
丹羽真一（1999）．精神障害　中島義明・安藤清志・子安増生・坂野雄二・繁桝算男・立花政夫・箱田裕司(編集)　心理学辞典　有斐閣　p.489, p.645.
岡野憲一郎（2013）．脳から見える心　岩崎学術出版　pp.137-150
Pinel, J. (2003). *Biopsychology* 5th ed.: Pearson Education.（佐藤 敬・若林孝一・泉井 亮・飛鳥井望(訳)　ピネル バイオサイコロジー（2005）．西村書店　pp.59-77, pp.354-369.）
Spitz, R.A. (1959). *Die entstehung der ersten objektbeziehungen*.（古賀行義(訳)（1965）．母子関係の成りたち　同文書院　pp.97-103.）
Tudor, K., & Merry, T. (2002). *Dictionary of Person-Centered Psychology*.（岡村達也(監訳)（2008）．ロジャーズ辞典　金剛出版 pp.9-10, pp.42-43, pp.45-48, pp.183-184.）
Weller, E. B., Weller, R. A, & Danielyan, A. K. (2004). Mood disorders in adolescents. In J. M. Wiener, & M. K. Dulcan (Eds.), *Textbook of child and adolescent psychiatry*. 3rd ed. Washington, D.C.: American Psychiatric Publishing.（新井慎一・蓮舎寛子(訳)（2012）．前思春期の気分障害　齋藤万比古・生地 新(監訳)　児童青年精神医学辞典　西村書店　pp.316-331.）
WHO　2005　（障害　用語上の問題点）序論　ICD-10　精神および行動の障害―臨床記述と診断ガイドライン　融 道夫・中根允文・小宮山実・岡崎祐士・大久保善朗(訳)　医学書院　p.5.）
Wolpe, J. (1969). *The practice of behavior therapy*. Pergamon Press.（内山喜久雄(監訳)（1971）．行動療法の実際　黎明書房　pp.85-131.）
山上敏子（2004）．行動療法　氏原 寛・亀口憲治・成田義弘・東山紘久・山中康弘(編)　心理臨床大事典〈改訂版〉培風館　pp.335-339.
Yankura, J., & Dryden, W. (1994). *Albert Ellis*. Sage Publications of London.（岡田 弘(訳)（1998）．論理構成への貢献　國分康孝・國分久子(監訳)　アルバート・エリス 人と業績　川島書店 p.60, pp.39-91.）

第14章

Asch, S. E. (1946). Forming impressions of personality. *Journal of Abnormal and Social Psychology*, **41**, 258-290.
Byrne, D., & Nelson, D. (1965). Attraction as a linear function of proportion of positive reinforcements, *Journal of Personality and Social Psychology*, **1**, 659-663.
Festinger, L., Schachter, S., & Back, K. (1950). *Social pressures in informal groups: A study of housing community*. New York: Harper.
Heider, F.（1958）*The psychology of interpersonal relations*. New York: John Wiley & Sons.
三隅二不二（1984）．リーダーシップ行動の科学〈改訂版〉有斐閣
Newcomb, T. M. (1960). Varieties of interpersonal attraction. In D. Cartwright & A. Zander (Eds.), *Group dynamics*. (2nd ed.). Evanston, IL: Row, Peterson.
大橋正夫・佐々木薫(編)（1989）．社会心理学を学ぶ　有斐閣
Segal, M.W. (1974). Alphabet and attraction: An unobtrusive measure of the effect of propinquity in a field setting. *Journal of Personality and Social Psychology*, **30**, 654-657.
Walster, E., Aronson, V., Abrahams, D., & Rottmann, L. (1966). Importance of physical attractiveness in dating behavior. *Journal of Personality and Social Psychology*, **4**, 508-516.
White, R., & Lippitt, R. (1960). *Autocracy and democracy*. New York: Harper & Row.
Zajonc, R.B. (1968) . Attitudinal effects of mere exposure, *Journal of Personality and Social Psychology*, **9**, 1-27.

人名索引

あ行

アイゼンク（Eysenck, H. J.） 16, 151, 211
アイブル-アイベスフェルト（Eibl-Eibesfeldt, I.） 102
アスペルガー（Asperger, H.） 189
東洋 157
アッシュ（Asch, S. E.） 216
アトキンソン（Atkinson, R. C.） 14, 132
アドラー（Adler, A.） 2
イアコボーニ（Iacoboni, M.） 30
ウィーナー（Wiener, N.） 14
ウィーバー（Weaver, W.） 14
ヴィゴツキー（Vygotsky, L. S.） 15
ウィング（Wing, L.） 189, 190
ウェーバー（Weber, E. H.） 3, 76
ウェクスラー（Wechsler, D.） 5, 105, 112
ウェルトハイマー（Wertheimer, M.） 12, 79
ウォルスター（Walster, E.） 219
ウォルピ（Wolpe, J.） 16, 211
ウッドラフ（Woodruff, G.） 60, 193
ウッドワース（Woodworth, R. S.） 99
ヴント（Wundt, W.） 3
エインズワース（Ainsworth, M. D. S.） 10
エーレンフェルス（Ehrenfels, C. von.） 12
エビングハウス（Ebbinghaus, H.） 4, 82, 129, 130, 138
エリクソン（Erickson, E. H.） 11, 55, 65, 68, 71, 160
エリス（Ellis, A.） 211, 212
大日向雅美 38
岡本依子 37
小野寺敦子 38, 40
オリヴァー（Oliver, J. H.） 32
オルポート（Allport, G. W.） 6, 146, 151

か行

ガードナー（Gardner, H.） 108
加藤俊徳 30
カナー（Kanner, L.） 189
カプラン（Caplan, G.） 170
ガレヌス（Galenus, C.） 6, 148
キャッテル（Cattell, R. B.） 6, 108, 110, 151
キャノン（Cannon, W. B.） 92, 103
ギヨーム（Guillaume, P.） 7
ギルフォード（Guilford, J. P.） 107, 113
グッドマン（Goodman, C. C.） 86
グラーフ（Graf, P.） 137
クライン（Klein, M.） 15
グラバー（Graber, M.） 58
クレイク（Craik F. I. M.） 137
クレッチマー（Kretchemer, E.） 6, 148
クレペリン（Kraepelin, E.） 155
ケーラー（Köhler, W.） 12, 116, 125
ゲゼル（Gesell, A. L.） 8
ゴールトン（Galton, F.） 105
コッホ（Koch, K.） 15
コフカ（Koffka, K.） 12

さ行

サーストン（Thurstone, L. L.） 107
ザイアンス（Zajonc, R. B.） 218
サイモンズ（Symonds, P. M.） 43, 158
サロヴェイ（Salovey, P.） 106
シアーズ（Sears, R. R.） 9
シーガル（Segal, M.W.） 218
ジェームズ（James, W.） 103
シェルドン（Sheldon, W. H.） 149
ジェンドリン（Gendrin, E.） 211
シフリン（Shiffrin, R. M.） 14, 132
シモン（Simon, T.） 4, 111
シャイエ（Schaie, K.W.） 109, 110
シャクター（Schachter, S.） 103
ジャネ（Janet, P.） 2
シャノン（Shannon, C. E.） 14
シャルコー（Charcot, J. M.） 2
シュテルン（Stern, W.） 4, 7, 111
シュプランガー（Spranger, E.） 6, 10, 149
シュロスバーグ（Schlosberg, H.） 99
シン（Shinn, M. W.） 7
スキナー（Skinner, B. F.） 11, 16, 121, 116
鈴木治太郎 5
スティーブンス（Stevens, S. S.） 149
スピアマン（Spearman, C. E.） 105, 106
スピッツ（Spitz, R. A.） 9, 200
スペンサー（Spencer, H.） 105

249

● 人名索引

スラメッカ（Slamecka, N. J.）　137
セリエ（Selye, H.）　164, 165, 166
ソース（Sorce, J. F.）　64
ソーンダイク（Thorndike, E. L.）　11, 116, 120

た行

ダーウィン（Darwin, C. R.）　7, 102
ターマン（Terman, L. M.）　4, 105, 112
田中寛一　5
チェス（Chess, S.）　44, 54
チョムスキー（Chomsky, N.）　62
ティーデマン（Tiedemann, D.）　7
テイラー（Taylor, F. W.）　13
ディルタイ（Dilthey, W.）　6
テーヌ（Taine, H. A.）　7
テオプラストス（Theophrastus）　6
デシ（Deci, E. L.）　96
トーマス（Thomas, A.）　156
トーランス（Torrance, E. P.）　113
トールマン（Tolman, E. C.）　11, 116 ,125
トマス（Thomas, A.）　44, 54
友田明美　31

な行

ナイサー（Neisser, U.）　14
ニューエル（Newell, A.）　14
ニューカム（Newcomb, T. M.）　221
ネルソン（Nelson, D.）　219
ノーマン（Norman, D. A.）　14

は行

バード（Bard, P.）　103
パーナー（Perner, J.）　193
ハーロウ（Harlow, H. F.）　10, 35, 92, 93, 95
バーン（Byrne, D.）　219
ハイダー（Heider, F.）　219
ハヴィガースト（Havighurst, R. J.）　11
バッデリー（Baddeley, A. D.）　132
パブロフ（Pavlov, I. P.）　11, 116
バンデューラ（Bandura, A.）　12, 116, 125, 126, 127
ピアジェ（Piaget, J.）　8, 57, 65, 67, 109
ヒッチ（Hitch, G. J.）　132
ビネー（Binet, A.）　4, 105, 111
ビューラー（Bühler, C.）　10
ビンスワンガー（Binswanger, L.）　15
ファンツ（Fantz, R. L.）　53
フィールド（Field, T. M.）　101
フェスティンガー（Festinger, L.）　218
フェヒナー（Fechner, G. T.）　3, 76, 129
フォルクマン（Folkman, S.）　168
プライヤー（Preyer, W.）　7
フラヴェル（Flavell, J. H.）　60
ブラゼルトン（Brazelton, T. B.）　157
フランクル（Frankl, V. E.）　15
フリードマン（Friedman, M.）　173
フリーマン（Freeman, J. B.）　208
ブリッジズ（Bridges, K. M. B.）　101
ブルーナー（Bruner, J. S.）　15, 86
ブレイド（Braid, J.）　1
プレマック（Premack, D. G.）　60, 193
フロイト（Freud, S.）　2, 97, 143, 149, 208
ブロードベント（Broadbent, D. E.）　14
ブロス（Blos, P.）　10
フロム（Fromm, E.）　150
ブント（Wundt, W.）　82
ベアー（Bear, M. F.）　208
ベイラージョン（Baillargeon, R.）　58
ヘス（Hess, E. H.）　9
ベック（Beck, A. T.）　211
ヘッケル（Haeckel, E. H.）　8
ベルネーム（Bernheim, H.）　2
ヘルムホルツ（Helmholtz, H. L. F.）　3
ボウルビィ（Bowlby, J.）　9, 63
ホーナイ（Horney, K.）　150
ホール（Hall, G. S.）　8, 10
ボールドウィン（Baldwin, J. M.）　7
ホーン（Horn, J. L.）　108
ホリングワース（Hollingworth, L. S.）　10
ポルトマン（Portman, A.）　33, 52
ホルムズ（Holmes, T. H.）　167
ホワイト（White, R.）　227

ま行

マーシア（Marcia, J. E.）　69
マギュー（McGeoch, J. A.）　139
マクデューガル（McDougall, W.）　13, 89
マズロー（Maslow, A. H.）　16, 94
マッハ（Mach, E.）　12
マレー（Murray, H. A.）　15, 154
三隅二不二　228
ミッシェル（Mischel, W.）　147
宮城音弥　146
ミュラー・リエル（Muller-Lyer, F. C.）　82
ミラー（Miller, G. A.）　14
ムーア（Moore, M. K.）　42

メイヤー（Mayer, J. D.) 106
メスメル（Mesmer, F. A.) 1
メルツォフ（Meltzoff, A. N.) 42
モーガン（Morgan, C. D.) 15
モレノ（Moreno, J. L.) 13

や行

ヤーキーズ（Yerkes, R. M.) 5
八木下暁子 39
矢田部達郎 151
ユング（Jung, C. G.) 2, 6, 149
依田 明 159

ら行

ラザルス（Lazarus, A. A.) 16
ラザルス（Lazarus, L. S.) 168, 169
ラマチャンドラン（Ramachandran, V. S.) 25

ランゲ（Lange, C.) 103
リゾラッティ（Rizzolatti, G.) 30
リピット（Lippitt, R.) 227
リボー（Ribot, T. A.) 2
リンズリー（Lindsley, O. R.) 16
リンゼイ（Lindsay, P. H.) 14
ルイス（Lewis, M.) 63
ルビン（Rubin, E.) 78
レイ（Lahe, R. H.) 167
レヴィン（Lewin, K.) 10, 13, 89, 68, 98, 147
ローゼンマン（Rosenman, R. H.) 173
ロールシャッハ（Rorschach, H.) 15, 154
ローレンツ（Lorenz, K.) 9, 51
ロジャーズ（Rogers, C. R.) 16, 210
ロックハート（Lockhart, R. S.) 137

わ行

ワトソン（Watson, J. B.) 11, 104, 116, 118

251

事項索引

あ行

アイコニック記憶　132
「愛情供給」説　9
「愛情喪失」説　9
愛着　46
アイデンティティ確立　160
アイデンティティ・ステータス　69
アイデンティティの危機　161
アスペルガー症候群(障害)　189
アセチルコリン　20
アドレナリン　20
アニバーサリー効果　175
アニミズム　60
アメリカ精神医学会　197
アルツハイマー型認知症　70
安定型　10
アンビバレント型　10
意識　2
維持リハーサル　135
一次的動機　91
一次的欲求　90
逸脱行動　225
遺伝要因　110
イド(エス)　2
意味記憶　131, 134
印象形成　216
インプリンティング　9, 34
ウェーバーの法則　76
うつ病　20, 199
運動再生過程　127
エコーイック記憶　132
S-R説　116
S-S説　116
エピソード記憶　131, 134
エピソード的バッファー　133
エビングハウスの忘却曲線　138
M機能　229
嚥下反射　52
延髄　22
エンドルフィン　20
エントレインメント　41
オキシトシン　35
音韻ループ　133

オペラント行動　124
オペラント条件づけ　121

か行

外向型　6
下意識　2
外傷後ストレス障害　174
概念的プライミング　142
外発的動機づけ　96
回避型　10
拡散的思考　113
学習　115
学習曲線　128
学習障害　183
学習の転移　128
カクテルパーティ現象　78
獲得性行動　115
仮現運動　81
過剰学習　128
家族　157
可知差異　76
葛藤　96
感覚　73
感覚運動期　57
感覚記憶　131
間隔スケジュール　123
感覚貯蔵庫　132
感覚登録器　132
間欠強化　123
観察法　152
干渉理論　143
間接プライミング　142
寛大効果　217
間脳　22
記憶　129
記憶方略　136
記号－意味学習説　116
気質　156
規準喃語　61
規範的影響　226
記銘　129
キャノン－バード説　103
ギャングエイジ　66

急性ストレス障害　174
吸啜反射　52
橋　22
強化　119
境界人　10
強化子　122
強化スケジュール　123
共感的理解　210
強迫性障害　207
近接性　218
クーイング　61
クライエント　209
クライエント中心療法　16
群化　79
警告反応期　165
KJ法　113
系統的脱感作法　16, 211
系列位置効果　139
ゲシュタルト心理学　12
結晶性知能　108
限局性学習障害　183
言語的ラベリング　136
顕在記憶　130
検索　129
検索失敗説　143
現存在分析　16
原皮質　24
権力への意志　2
好意の返報性　221
効果の法則　121
高機能自閉症　193
高原現象　128
公式集団　227
高次条件づけ　120
口唇探索反射　52
行動療法　16, 211
光背効果　217
コーピング　168
心の理論　60, 193
古典的条件づけ　11, 116
古皮質　24
個別式知能検査　5

さ行

再生法　130
再認法　130
催眠術　1
催眠状態　2
作業検査法　153, 155

サクセスフル・エイジング　72
作動記憶　132
三項関係　63
三項随伴性　125
ジェームズ−ランゲ説　102
自我　2
自我同一性（アイデンティティ）　56
自我防衛機制　97
視空間スケッチパッド　133
試行錯誤学習　11, 120
自己開示　221
自己実現動機　95
自己実現理論　16
自己中心性　59
思春期障害　65
思春期スパート　65
視床　22
視床下部　22
視線の交流　42
実験心理学　3
実念論　60
質問紙法　153
自伝的記憶　144
児童虐待　31
シナプス　19
自発的　122
自発的回復　119
自発的行動　121
自発的微笑　42
自閉症　189
自閉症スペクトラム障害　190
自閉性障害　189
嗜癖　205
社会心理学　13
社会的再適応評価尺度（SRRS）　167
社会的参照　64
社会的促進　222
社会的手抜き　222
社会的動機　93
シャルパンチェ効果　83
集合　225
就巣性　33
集団　224
集団規範　226
集団凝集性　225
集団行動　225
集団式知能検査　5
集団思考　225
集中的思考　113

253

● ── 事項索引

集中練習　127
主題統覚検査(TAT)　15, 154
出生順位　159
準拠集団　227
純粋性・自己一致　210
小1プロブレム　66
消去　119
消去スケジュール　124
条件刺激　117
条件反応　117
小集団　226
情動　99
情動伝染　64
小脳　28
情報処理理論　14
初期経験　51
初頭効果　139, 217
処理水準　136
新型うつ病　201
新近効果　217
新近性効果　140
神経細胞　18
人工論　60
心身症　172
身体的魅力　219
心理療法　208
図　78
衰退理論　142
スキーマ　216
スキンシップ　41
ステレオタイプ　217
ストレス　164
ストレス・マネジメント　175
ストレッサー　165
ストレンジ・シチュエーション法　10
性格　145
性格心理学　6
生活空間　13
成熟優位説　8
精神障害　197
精神物理学　3
精神分析　208
精神分析学　2
生成効果　136
生成文法仮説　62
精緻化　136
精緻化リハーサル　135
生得的行動　115
生得的動機　91

青年心理学　10
生理的早産　33
摂食障害　204
説得　223
説得的コミュニケーション　223
節約法　130
セラピスト　209
セロトニン　21
前意識　2
前概念的思考期　59
宣言的記憶　131, 134
潜在学習　11, 125
潜在記憶　130
全習法　128
前操作期　57
前頭葉　26
早期幼児自閉症　189
双極性障害　201
喪失体験　72
走性　115
想定類似性　217
ソーシャルスキル・トレーニング　194
ソーンダイクの問題箱　120
促進プライミング　141
側頭葉　26
ソシオグラム　13
ソシオメトリック・テスト　13

た行

第一印象　215
第一反抗期　46
大規模集団　226
対象関係論　15
対人魅力　218
体制化　136
第2の個体化過程　10
第二反抗期　47
大脳基底核　24
大脳皮質　25
大脳辺縁系　24
タイプA　173
タイプC　174
タイプB　173
多因子説　107
多重知能理論　108
短期記憶　131
短期貯蔵庫　132
単純接触効果　218
地　78

知覚　53, 73
知覚的プライミング　141
力　13
知的障害　179
知能　105
知能検査　4
知能構造　8
注意過程　127
注意欠如多動性障害（ADHD）　20, 186
中央実行系　133
中性刺激　117
中脳　21
聴覚的感覚貯蔵庫　132
長期記憶　131
長期貯蔵庫　132
超自我　2
直接プライミング　141
貯蔵　129
直観的思考期　59
定位反応　117
DSM-5　179
抵抗期　166
手がかり再生法　130
適応　163
適応的障害　180
適刺激　74
テスト・バッテリー　155
テスト法　153
手続き的記憶　131, 135
転移　208
展望的記憶　144
動因　90
投影法　153
動機づけ　89
動機づけ過程　127
道具的条件づけ　11, 121
統合失調症　20, 198
洞察学習　12, 125
洞察学習説　125
動物磁気　1
ドーパミン　20
独裁的リーダーシップ　228
トポロジー心理学　13
トラウマ　174

な行

内向型　6
内的作業モデル　63
内発の動機づけ　96

2因子説　106
匂いの交換　41
二項関係　63
二次的就巣性　33
二次的動因説　9
二次的動機　93
二次的欲求　90
二重貯蔵モデル　132
日常記憶　143
人間性心理学　95
人間中心療法　211
認知　73
認知行動療法　211, 213
認知心理学　14
認知地図　125
認知的評価　168
認知的複雑性　218
認知療法　212
認知理論　11, 116
ネガティブプライミング　141
脳幹　21
脳血管型認知症　70
ノルアドレナリン（エピネフリン）　20

は行

把握反射　52
パーソナリティ　146
パーソナリティ障害　202
バウム・テスト　15, 154
罰　123
発達　49
発達期待　157
発達障害　179
発達心理学　6
バビンスキー反射　52
バラード・ウィリアムズ現象　139
バランス理論　219
般化　120
反射　115
汎適応症候群　165
P機能　228
非公式集団　227
微笑行動　42
ビッグ・ファイブ　152
疲憊（疲弊）期　166
比率スケジュール　123
フェヒナーの法則　76
フォーカシング　211
符号化　129, 131

● ─── 事項索引

分散練習　127
不適刺激　74
部分強化　123
プライミング効果　141
フラストレーション　96
フラッシュバルブ記憶　144
ブレーン・ストーミング法　113
プロラクチン　35
分化　120
分化的忘却説　139
分習法　128
ベビーサイン　63
ベビー図式　53
弁別閾　76
弁別行動　121
弁別刺激　124
傍観者効果　222
放任的リーダーシップ　228
保持　129
保持過程　127
母子関係　9
ホスピタリズム　9
保存の概念　59
母乳哺育　41
ホムンクルス　26
ホメオスタシス　163
本能　115

ま行

マスキング　77
三つ山問題　60
ミラー・ニューロン　30
民主的リーダーシップ　228
無意識　2
無意味綴り　4
無条件刺激　116
無条件の肯定的配慮　210
無条件反射　116

無条件反応　116
メタ認知　66
メモリースパン・テスト　132
面接法　153
網様体　22
モデリング　12, 125
物の永続性　58
模倣行動　42
モロー反射　52

や行

矢田部-ギルフォード性格検査　151
誘因　90
養育態度　43, 158
抑圧説　143
抑制的プライミング　141
欲求　90

ら行

来談者中心療法　209
リーダー　227
リーダーシップ　227
離巣性　33
リハーサル　131, 132
流動性知能　108
臨床心理学　15
類似性　219
レスポンデント条件づけ　116
レミニセンス　138
連合理論　11, 116
連続強化　123
ロールシャッハ・テスト　15, 154
論理情動療法　211, 213

わ行

ワーキングメモリ　185
ワード・ホヴランド現象　139

256

● 編者紹介

中城　進（なかじょう・すすむ）

1952年　高知県高知市に生まれる
1988年　大阪市立大学大学院生活科学研究科後期博士課程単位取得満了
現在　　畿央大学教育学部教授
主著・論文
　　　　『「発達の課題化」を考える』(単著)　臨床心理学研究　Vol. 26, No.1, 15-25. 1988年
　　　　『エラスムス教育論』(翻訳と解説：単著)　二瓶社　1994年
　　　　『教育を構想する人びと』(単著)　関西大学出版部　1997年
　　　　『散在する権力』(単著)　大学教育出版　1999年
　　　　『心理学』(編著)　二瓶社　2003年
　　　　『教育心理学』(単著)　二瓶社　2006年

● 執筆者一覧　(執筆順：*は編者)

*中城　進	畿央大学教育学部教授	1, 8, 9章
三好　環	畿央大学教育学部教授	2, 4, 11, 12, 13章
粕井　みづほ	畿央大学教育学部教授	3, 5, 6, 7, 14章
木村　竜也	金沢工業大学基礎教育部准教授	10章

人間理解のための心理学

| 2014年3月20日　初版第1刷発行 | 定価はカバーに表示 |
| 2021年9月20日　初版第3刷発行 | してあります。 |

　　　　編著者　　中　城　　進
　　　　発行所　　㈱北大路書房
　　　〒603-8303　京都市北区紫野十二坊町12-8
　　　　　　　　　電　話　(075) 431-0361㈹
　　　　　　　　　ＦＡＸ　(075) 431-9393
　　　　　　　　　振　替　01050-4-2083

Ⓒ 2014　　制作／T.M.H.　　印刷・製本／亜細亜印刷㈱
　　検印省略　落丁・乱丁本はお取り替えいたします。
　　　　ISBN978-4-7628-2848-5　　Printed in Japan

・ JCOPY 〈㈳出版者著作権管理機構 委託出版物〉
本書の無断複写は著作権法上での例外を除き禁じられています。
複写される場合は，そのつど事前に，㈳出版者著作権管理機構
（電話 03-5244-5088, FAX 03-5244-5089, e-mail: info@jcopy.or.jp）
の許諾を得てください。